존 번연의 기도

존 번연의 기도

2019년 6월 11일	초판 1쇄 인쇄
2019년 6월 17일	초판 1쇄 발행

지은이 | 존 번연
옮긴이 | 정혜숙
펴낸이 | 황성연
펴낸곳 | 도서출판 청우

등록번호 | 제2001-000055호
주문처 | 열린유통
주 소 | 경기도 파주시 광탄면 혜음로 883번길 39-32
전 화 | 031-906-0011
팩 스 | 0505-365-0011

ISBN 978-89-94846-45-3 03230

Copyright ⓒ 2019, 도서출판 청우
저작권법에 의하여 한국 내에서 보호받는 저작물이므로 무단전제와
무단복제를 금합니다. 이 책의 내용의 일부 또는 전부를 사용하려면
반드시 저작권자와 도서출판 청우의 서면 동의를 받아야 합니다.

※ 정가는 뒷표지에 있습니다.
※ 잘못되거나 파손된 책은 구입하신 서점에서 교환하여 드립니다.

천로역정의 작가 존 번연의 최고의 기도서

존 번연의 기도

존 번연 지음 | 정혜숙 옮김

청우

| 옮긴이 머리말 |

　청교도의 영성은 여전히 이 시대의 보고(寶庫)이며, 바쁘고 분주한 시대를 사는 우리를 뿌리 깊은 영성의 세계로 안내한다. 특히 「천로역정」을 통해 무한한 영적 감동으로 수천만 그리스도인의 심령을 사로잡았던 존 번연이 쓴 이 책을 접하는 것은 이루 말할 수 없는 큰 축복이자 기쁨이다.

　이 책은 인간의 영혼 깊은 곳을 찾아가는 힘이 있다. 나는 이 책을 번역하는 과정에서 번연의 영적인 체험과 고백을 접하고는 나의 영혼이 그의 강한 영적 흡인력에 함몰되어 가는 것을 느꼈다. 사실 「천로역정」을 통해 보여준 번연의 영성 세계는 그가 이 책에서 강조하는 것과 같은 뿌리 깊은 기도생활에 바탕을 두고 있다.

　나는 또한 이 책을 번역하면서 그리스도 중심적인 기도생활의 위대함에 관하여 깨닫게 되었다. 번연에게 있어 기도는 단지 하나님으로부터 무언가를 얻어내기 위한 수단이 아니었다. 그에게 있어 기도는 무한한 하나님의 사랑과 예수 그리스도의 십자가의 죽음을 통해 오는 은혜를 경험함으로써 영적인 부흥과 회복을 일으키는 비밀이 담겨 있는 것이었다. 우리가 이 책을 통해 가슴 죄는 숨 가쁜 영적인 여행을 마칠 때쯤이면 이미 우리의 간구와 마음의 소원이 놀라운 방법으로 응답된 사실을 발견하게 될 것이다.

   나는 번연의 이 책이 이 시대에 영적으로 갈급해하는 많은 문제 속에 고통받는 성도들에게 주시는 하나님의 큰 선물이 될 것임을 믿어 의심치 않는다. 이 책은 그리스도인의 근본적인 기도 교본인 동시에 영적 회복의 비밀과 능력을 담고 있다. 아무쪼록 이 책을 통해 하나님의 백성들이 하나님의 깊은 사랑을 체험하고 기도가 응답받는 놀라운 축복을 누리길 기도한다.

옮긴이 정혜숙

C·O·N·T·E·N·T·S
차 례

옮긴이 머리말 • 004

| Part 1 | 영으로 기도하라

1. 하늘문을 여는 진정한 기도 • 012

기도는 많은 사람들이 생각하는 것처럼 몇 마디 중얼거리는 것, 재잘재잘 지껄이는 듣기 좋은 찬사의 표현이 아니다. 기도는 마음속에서 일어나는 분별 있는 감정이다. 기도는 일상에서 때로는 죄에 대한 감정을, 때로는 하나님의 자비를 분별하는 능력이다.

2. 탄식하며 도우시는 성령으로 기도하라 • 033

우리는 너무나 연약한 존재이기에 성령의 도움 없이는 아무것도 할 수 없다. 그 어떤 방법과 수단을 동원한다 할지라도 하나님과 그리스도, 그리고 하나님의 축복된 일을 생각하는 것조차 불가능하다. 그리고 기도 응답의 기쁨 또한 경험할 수 없다.

3. 성령으로 하는 기도와 총명으로 하는 기도 • 059

우리의 영혼이 기도를 계속하기 위해서는 성령의 빛이 비친 총명이 반드시 필요하다. 왜냐하면 사탄은 우리가 하나님 앞에서 간구하지 못하도록 유혹할 것이며 하나님은 그러한 사람에게 기꺼이 자비를 주시지 않을 것이라고 생각하도록 만들기 때문이다.

4. 기도의 원칙을 삶 속에 적용하라 • 072

기도는 하나님의 명령이자 우리의 의무이다. 기도는 하나님의 영에 의해서 하는 것이다. 그러기에 우리는 때를 얻든 그렇지 못하든 간에 언제 어디서나 하나님께 나아가야 한다. 사탄이 우리를 주관하지 못하도록 삶 속에서, 지금 있는 그곳에서 기도해야 한다.

| Part 2 | 은혜의 보좌 앞으로 담대히 나아가라

5. 거룩한 사람은 다른 보좌를 구별할 수 있다 • 098

보좌, 은혜의 보좌라고 하는 용어는 영광이 더욱 크게 나타난다. 왜냐하면 '은혜'라고 하는 단어는 하나님이 우리를 구원하고 용서하신 모든 것을 보여주기 때문이다. 또한 은혜의 보좌는 휴식처일 뿐만 아니라 존귀함과 권위의 장소이기 때문이다.

6. 우리는 담대히 나아오라는 권면을 받는다 • 155

우리는 히브리서에서 은혜의 보좌 앞으로 나아가도록 권면하는 특권을 볼 수 있다. 이를 통해 우리는 모든 사람이 확신을 갖지 않고서는 누구도 나아올 수 없다는 결론을 내릴 수 있다. 그것은 그리스도 안에서 하나님의 자비가, 우리 영혼의 갈망이 필요하다는 것을 의미한다.

7. 은혜의 보좌 앞으로 어떻게 나아갈 수 있는가? • 167

우리가 자비를 구하기 위해서 은혜의 보좌로 나아갈 수 있다면 우리는 예수님의 보혈로 나아가야만 한다. 당신이 예수님의 육체를 통해서 들어가지 않으면 하나님의 영광, 그리고 은혜로 다스리게 될 하나님의 뜻은 우리의 눈에서 완전히 사라지게 될 것이다.

8. 은혜의 보좌 앞으로 담대히 나아가라 • 188

지금 하나님은 은혜의 보좌에 앉아 계신다. 우리는 기도하기 위해서 반드시 은혜의 보좌 앞으로 나아가야 한다. 은혜의 보좌 위에 앉아 계신 하나님께 나아가야 한다. 우리는 긍휼하심을 받고 때를 따라 돕는 은혜를 얻기 위하여 담대히 은혜의 보좌로 나아가야 한다.

The Prayer Best Collection 2

P·A·R·T·1

영으로 기도하라

* * * * *

　기도는 개인적으로, 혹은 공적으로 사용될 수 있는 하나님의 법령이자 영적인 간구를 한 사람이 하나님과 아주 친밀한 상태에 이르게 하는 법령이다. 그것은 너무 효과적인 행동이어서 하나님으로부터 직접 얻을 수 있다. 자신을 위한 기도, 그리고 다른 사람을 위한 중보기도는 둘 다 위대한 일이다. 기도하는 사람은 하나님 앞에 마음의 문을 연 사람이다. 그리고 비록 모든 것이 텅 비어 있다 하더라도 마음의 문을 연 것으로 그 영혼은 충만히 채워져 있다. 기도를 통해서 그리스도인은 하나님과 친구가 되기 위해 하나님 앞에 마음의 문을 열 수 있다. 그리고 하나님과의 교제를 통해 새로운 언약을 얻게 된다.

　나는 여기서 사적인 기도와 공적인 기도를 구별해서 다룰 것이다. 또한 마음속으로 하는 기도와 소리 내어 하는 기도의 차이를 말할 것이다. 어떤 때는 기도의 은사와 은혜에 대한 차이점을 거론하기도 할 것이다. 그러나 나는 여기서 진정한 기도란 무엇인가에 대해 집중적으로 다룰 것이다. 우리의 손과 눈과 목

✽ ✽ ✽ ✽ ✽

소리를 모두 높이 올려도 이것 없이는 아무런 의미가 없다. 그것은 오직 영으로 기도하는 것이다.

나는 1부를 서술함에 있어서 다음과 같은 질문에 답하는 형식으로 글을 전개할 것이다. 우리는 이 질문의 해답을 찾는 과정을 통해 진정 영으로 하나님과 교제하는 법을 터득하게 될 것이다. 첫째, 진정한 기도란 무엇인가? 둘째, 성령으로 기도한다는 것은 무슨 뜻인가? 셋째, 성령으로 하는 기도와 총명으로 하는 기도는 어떻게 다른가? 넷째, 어떻게 기도의 원칙을 삶 속에 적용할 것인가?

01
Prayer by John Bunyan _ Part 1

하늘문을 여는
진정한 기도

기도는 우리의 마음과 영혼을 예수 그리스도를 통해 하나님께 거짓 없이 신실하고 분별 있게 쏟아 붓는 것이다. 그리고 성령의 능력과 도우심 안에서 하나님이 약속하셨던 일을 위해 말씀에 따라 교회의 유익을 위해서 하는 것이다. 또한 하나님의 뜻에 대한 믿음의 순종을 통해 이루어지는 것이다.

이러한 표현 안에는 다음과 같은 일곱 가지 요소가 포함된다. 첫째, 기도는 거짓 없는 신실한 것이다. 둘째, 기도는 분별 있는 것이다. 셋째, 기도는 예수 그리스도를 통해 하나님께 애정 깊은 마음과 영혼을 쏟아 붓는 것이다. 넷째, 기도는 성령의 강력한 힘에 의지해서 그의 도우심으로 하는 것이다. 다섯째, 기도는 하나님이 약속하셨던 일을 위해, 그리고 말씀에 따라 하는 것이다. 여섯째, 기도는 교회의 유익을 위해서 하는 것이다. 일곱째, 기도는 하나님의 뜻에 순종하는 믿음을 갖고 하는 것이다.

기도는 하나님께 우리의 영혼을 신실하게 쏟아 붓는 것이다

다윗은 기도할 때 특별히 더 신실했다. "내가 나의 입으로 그에게 부르짖으며 나의 혀로 높이 찬송하였도다. 내가 나의 마음에 죄악을 품었더라면 주께서 듣지 아니하시리라"(시 66:17-18). 기도가 이루어지기 위한 중요한 요소는 신실함이다.

"하나님이여 나를 지켜주소서. 내가 주께 피하나이다. 내가 여호와께 아뢰되 주는 나의 주님이시오니 주밖에는 나의 복이 없다 하였나이다. 땅에 있는 성도들은 존귀한 자들이니 나의 모든 즐거움이 그들에게 있도다. 다른 신에게 예물을 드리는 자는 괴로움이 더할 것이라. 나는 그들이 드리는 피의 전제를 드리지 아니하며 내 입술로 그 이름도 부르지 아니하리로다"(시 16:1-4). "너희가 내게 부르짖으며 내게 와서 기도하면 내가 너희들의 기도를 들을 것이요, 너희가 온 마음으로 나를 구하면 나를 찾을 것이요, 나를 만나리라"(렘 29:12–13).

하나님은 신실함이 없는 어떤 기도도 받지 않으신다. 신실함이 부족한 기도를 하나님이 거절하신 예를 우리는 호세아 7장 14절에서 볼 수 있다. "성심으로 나를 부르지 아니하였으며 오직 침상에서 슬피 부르짖으며 곡식과 새 포도주로 말미암아 모이며 나를 거역하는도다." 사람에게 보이기 위한 기도, 그리고 기도하는 행위 때문에 박수갈채를 받는 것은 위선이며 겉치레에 불과하다.

신실함은 무화과나무 아래 있던 나다나엘에 대해 예수님이 말씀하셨던 바로 그것이다. "예수께서 나다나엘이 자기에게 오는 것을 보시고 그를 가리켜 이르시되 보라, 이는 참으로 이스라엘 사람이라. 그 속에 간사한 것이 없도다"(요 1:47). 이 선한 사람은 무화과나무 아래서 기도할 때 하나님께 자신의 영혼을 쏟아 부었다. 주님 앞에 진지하고 거짓 없는 영혼을 쏟아 부었다. 이러한 신실함이 있는 기도의 중요한 특징은 하나님의 관심에 초점이 맞춰져 있다는 것이다. 그러므로 악인의 제사는 하나님이 미워하셔도 정직한 자의 기도는 하나님이 기뻐하신다(잠 15:8).

그렇다면 왜 하나님이 기뻐 받으시는 기도의 기본적인 요소가 신실함이어야만 할까? 신실함은 하나님께 자신의 마음을 열고 솔직히 고백하게 하기 때문이다. 그리고 거짓 없이 사실 자체를 하나님이 책망하시도록 그 영혼을 옮기며, 또한 아첨 없이 전심으로 하나님께 부르짖도록 하기 때문이다. "에브라임이 스스로 탄식함을 내가 분명히 들었노니 주께서 나를 징벌하시매 멍에에 익숙하지 못한 송아지 같은 내가 징벌을 받았나이다. 주는 나의 하나님 여호와이시니 나를 이끌어 돌이키소서. 그리하시면 내가 돌아오겠나이다"(렘 31:18).

신실함은 길모퉁이 외진 곳에 홀로 있는 것과 같이 온 세상 앞에 드러난다. 신실함은 두 개의 다른 얼굴을 갖고 있지 않다. 신실함은 기도의 책임감으로 하나님과 함께해야만 한다. 기도는 단순한 입 운동이 아니라 신실하고, 하나님을 좋아하는 것이며, 그 마음을 살피고 존중히 여기는 것이다. 그리고 그것이 진실한 기도라면 신실함은 기도가 나오는 문이 될 것이다.

**기도는 신실함과 분별 있는 것을
우리의 영혼에 쏟아 붓는 것이다**

—

기도는 많은 사람들이 생각하는 것처럼 몇 마디 중얼거리는 것, 재잘재잘 지껄이는 듣기 좋은 찬사의 표현이 아니다. 기도는 마음속에서 일어나는 분별 있는 감정이다. 기도는 다양한 일상에서 때로는 죄에 대한 감정을, 때로는 자비를 받는 느낌을,

혹은 하나님이 자비를 베푸실 준비가 되어 있음을 분별하는 것이다.

우리의 영혼 속에는 한탄하는 느낌, 신음하는 소리, 그리고 마음이 분열되는 것과 같은 그런 감정이 있다. 올바른 기도는 그 마음의 감정을 발산하기 때문에 슬픔과 괴로움을 극복해낸다. 어떤 무거운 짐이 육체를 짓누름으로써 피가 더 빨리 순환해 신체를 강하게 하는 것처럼 말이다.

"내가 부르짖음으로 피곤하여 나의 목이 마르며 나의 하나님을 바라서 나의 눈이 쇠하였나이다"(시 69:3). "한나가 마음이 괴로워서 여호와께 기도하고 통곡하며"(삼상 1:10). 다윗은 "내가 피곤하고 심히 상하였으매 마음이 불안하여 신음하나이다. 주여 나의 모든 소원이 주 앞에 있사오며 나의 탄식이 주 앞에 감추이지 아니하나이다. 내 심장이 뛰고 내 기력이 쇠하여 내 눈의 빛도 나를 떠났나이다"(시 38:8-10)라고 했다.

에브라임은 스스로 그 자신에게 탄식했다. "에브라임이 스스로 탄식함을 내가 분명히 들었노니 주께서 나를 징벌하시매 멍에에 익숙하지 못한 송아지 같은 내가 징벌을 받았나이다. 주는 나의 하나님 여호와이시니 나를 이끌어 돌이키소서. 그리하시면 내가 돌아오겠나이다"(렘 31:18).

베드로는 몹시 슬퍼하며 눈물을 흘렸다. "이에 베드로가 예수의 말씀에 닭 울기 전에 네가 세 번 나를 부인하리라 하심이 생각나서 밖에 나가서 심히 통곡하니라"(마 26:75). 예수님은 심한 통곡과 눈물로 간구하셨다. "그는 육체에 계실 때에 자기를 죽음에서 능히 구원하실 이에게 심한 통곡과 눈물로 간구와 소원을 올렸고 그의 경건하심으로 말미암아 들으심을 얻었느니라"(히 5:7).

이 모든 것은 하나님의 정의에 대한 감각, 죄책감, 지옥과 파멸에 대한 고통으로 이루어진다. "사망의 줄이 나를 두르고 스올의 고통이 내게 이르므로 내가 환난과 슬픔을 만났을 때에 내가 여호와의 이름으로 기도하기를 여호와여 주께 구하오니 내 영혼을 건지소서 하였도다"(시 116:3-4). "나의 환난 날에 내가 주를 찾았으며 밤에는 내 손을 들고 거두지 아니하였나니 내 영혼이 위로 받기를 거절하였도다"(시 77:2). "내가 아프고 심히 구부러졌으며 종일토록 슬픔 중에 다니나이다"(시 38:6). 이 모든 성경 구절 속에서 기도가 분별 있는 감정을 옮기는 것을 볼 수 있다. 그리고 죄에 대한 감정을 제일 먼저 형성한다는 사실을 알 수 있다.

우리가 때때로 자비를 받게 될 때, 즉 자비로 용기를 북돋워주거나 위로해 줄 때, 혹은 자비로 힘을 주거나 활기를 띠게 해줄 때, 또는 자비를 가르치게 될 때 우리는 달콤함을 느낀다. 그러므로 다윗은 축복하고 찬양하기 위해 그의 영혼을 쏟아 부었다. 위대하신 하나님을 경배하기 위해 그의 영혼을 쏟아 부었다.

"내 영혼아 여호와를 송축하라. 내 속에 있는 것들아 다 그의 거룩한 이름을 송축하라. 내 영혼아 여호와를 송축하며 그의 모든 은택을 잊지 말지어다. 그가 네 모든 죄악을 사하시며 네 모든 병을 고치시며 네 생명을 파멸에서 속량하시고 인자와 긍휼로 관을 씌우시며"(시 103:1-4). 그러므로 성자의 기도는 때때로 찬양과 감사로 바뀐다. 그렇지만 그것은 여전히 기도이다.

여기에 하나의 미스터리가 있다. 빌립보서 4장 6절에 "아무것도 염려하지 말고 다만 모든 일에 기도와 간구로 너희 구할 것을 감사함으로 하나님께 아뢰라"고 기록되어 있는 것처럼 하나님의 백성이 찬양과 함께 기도하는 것이다. 자비를 받는 데 있어서 분별력 있는 감사는 하나님의 시각 안에서 하는 능력 있는 기도에 있다. 이것은 하나님을 설득하는 강력한 힘이 된다.

때때로 기도하는 중에 자비의 감정이 우리의 영혼 속에 임한다. 이것은 다시금 영혼을 활활 불태우는 것이다. "만군의 여호와 이스라엘의 하나님이여 주의 종의 귀를 여시고 이르시기를 내가 너를 위하여 집을 세우리라 하셨으므로 주의 종이 이 기도로 주께 간구할 마음이 생겼나이다"(삼하 7:27). 이러한 자비는 다른 사람들과 함께 야곱, 다윗, 다니엘 등을 자극했다.

기도는 애정 깊은 우리의 영혼을
하나님께 쏟아 붓는 것이다

―

진정한 기도에는 뜨거움과 힘, 생명, 활력, 깊은 애정이 담겨 있다. "하나님이여 사슴이 시냇물을 찾기에 갈급함 같이 내 영혼이 주를 찾기에 갈급하니이다"(시 42:1). "내가 주의 법도들을 사모하였사오니 주의 의로 나를 살아나게 하소서"(시 119:40). "사람의 행사로 논하면 나는 주의 입술의 말씀을 따라 스스로 삼가서 포악한 자의 길을 가지 아니하였사오며"(시 17:4). "내 영혼이 여호와의 궁정을 사모하여 쇠약함이여 내 마음과 육체가 살아 계시는 하나님께 부르짖나이다"(시 84:2). "주의 규례들을 항상 사모함으로 내 마음이 상하나이다"(시 119:20).

하나님을 향한 깊은 애정은 기도 안에서 발견할 수 있다. "주여 들으소서. 주여 용서하소서. 주여 귀를 기울이시고 행하소서. 지체하지 마옵소서. 나의 하나님이여 주 자신을 위하여 하시옵소서. 이는 주의 성과 주의 백성이 주의 이름으로 일컫는 바 됨이니이다"(단 9:19). 모든 구절은 그 속에 강렬한 열정을 갖고 있다. 야고보는 이것을 강력한 기도의 역사라고 불렀다. "예수께서 힘쓰고 애써 더욱 간절히 기도하시니 땀이 땅에 떨어지는 핏방울 같이 되더라"(눅 22:44). 예수님은 하나님의 도움의 손길을 얻기 위해 하나님 앞에서 그의 애정을 더욱더 많이 끌어들였다. 많은 사람들이 예수님의 기도에 담긴 열정을 갖고 기도하게 된다면 이 얼마나 힘 있는 기도가 되겠는가?

하지만 슬프게도 대부분의 사람들은 예수님이 그들을 위해 기도하셨던 것과 같은 책임 의식을 전혀 갖고 있지 않다. 오히려 신실하게 드리는 기도를 아주 이상한 행동인 것으로 간주하고 그것을 걱정한다. 그들은 약간의 입술 운동, 그리고 육체적인 운동에 스스로 만족하고 만다. 그들은 상당히 비실제적인 기도를 혼잣말로 중얼거리며 만족하고 있다. 그러나 깊은 애정이 기도 속에 스며들 때 우리의 전인격이 하나님과 관계를 맺게 된다. 그리고 이와 같은 상황에서 그 영혼은 하나님께 전력을 쏟게 된다. 이 과정을 통해 선한 열망이 이루어지며 예수 그리스도와의 교제와 위로가 있게 된다.

무지함, 신성을 모독하는 일, 그리고 기도의 힘보다는 외형적인 것에 열심을 내는 사람들의 마음은 질투의 영으로 사로잡힌다. 그들 중 몇 사람은 거듭남이 무엇인지, 그리고 하나님의 아들인 예수 그리스도를 통해 하나님 아버지와 교제하는 것이 무엇인지 알고 있다. 또한 그들은 자기의 마음이 거룩해지는 은혜의 능력을 느끼는 것이 무엇인지를 알고 있다.

그러나 그들은 이러한 모든 기도에도 불구하고 여전히 저주받은, 술 취한, 매춘부같이 음란한, 그리고 지긋지긋하고 혐오스러운, 악의에 가득 찬, 질투하는, 남을 속이는, 하나님의 자녀들을 핍박하는 생활을 하고 있다. 얼마나 무서운 심판이 그들 앞에 다가오고 있는지! 그들의 모든 기도와 모든 위선적인 모임은 앞으로 받게 될 심판으로부터 결코 그들을 도와줄 수 없을 것이며 그들의 피난처가 될 수 없다.

기도는 마음과 영혼을 쏟아 붓는 일이다. 자신의 마음속을 털어놓는 것이며 하나님께 마음 문을 여는 것이다. 그리고 기도는 우리가 요구하고 탄식하며 신음하는 가운데서 깊은 애정을 그 영혼에 쏟아 붓는 행위이다. "주여 나의 모든 소원이 주 앞에 있사오며 나의 탄식이 주 앞에 감추이지 아니하나이다"(시 38:9). "내 영혼이 하나님 곧 살아 계시는 하나님을 갈망하나니 내가 어느 때에 나아가서 하나님의 얼굴을 뵈올까. 내가 전에 성일을 지키는 무리와 동행하여 기쁨과 감사의 소리를 내며 그들을 하나님의 집으로 인도하였더니 이제 이 일을 기억하고 내 마음이 상하는도다"(시 42:2,4).

바울과 베드로의 동역자였던 마가는 "나는 내 영혼을 쏟아 붓는다"고 했다. 그것은 하나님께 기도하는 중에 아주 귀한 생명과 전적인 힘을 다하고 있다는 것을 의미한다. 이것은 성경의 또 다른 곳에서도 찾아볼 수 있다. "백성들아 시시로 그를 의지하고 그의 앞에 마음을 토하라. 하나님은 우리의 피난처시로다"
(시 62:8). 이것은 불쌍한 우리를 죄의 포로와 노예의 신분에서
해방시켜주겠다고 하셨던 그 약속을 믿고 기도하는 것이다. "그
러나 네가 거기서 네 하나님 여호와를 찾게 되리니 만일 마음을
다하고 뜻을 다하여 그를 찾으면 만나리라"(신 4:29).

거듭 말하지만 기도는 우리의 마음과 영혼을 하나님께 쏟아
붓는 것이다. 이것은 또한 기도의 가장 탁월한 영을 보여주는
것이다. 이것을 행하시는 분은 바로 위대하신 하나님이다. "언
제 네가 하나님 앞에 오겠는가?" 진정으로 기도하고 있을 때 그
영혼이 주장해야 하며, 하늘 아래 모든 피조물이 다 헛되다는
것을 보여주어야 한다. 기도할 때 오직 하나님만이 그 영혼 속
에 남아 있어야 하며, 하나님 한 분만으로 만족해야 한다. "참
과부로서 외로운 자는 하나님께 소망을 두어 주야로 항상 간구
와 기도를 하거니와"(딤전 5:5).

다윗은 고백한다. "여호와여 내가 주께 피하오니 내가 영원히
수치를 당하게 하지 마소서. 주의 의로 나를 건지시며 나를 풀
어주시며 주의 귀를 내게 기울이사 나를 구원하소서. 주는 내가
항상 피하여 숨을 바위가 되소서. 주께서 나를 구원하라 명령하
셨으니 이는 주께서 나의 반석이시요 나의 요새이심이니이다.
나의 하나님이여 나를 악인의 손, 곧 불의한 자와 흉악한 자의

장중에서 피하게 하소서. 주 여호와여 주는 나의 소망이시요 내가 어릴 때부터 신뢰한 이시라"(시 71:1-5).

많은 사람들이 하나님께 기도한다. 하지만 올바른 기도는 하나님을 우리의 유일한 소망과 피난처, 그 밖의 모든 것으로 만드는 것이다. 진정한 기도는 우리를 보살펴 줄 수 있는 실제적이고 가치 있는 대상이 오직 하나님 한 분만이라는 사실을 보여 주는 것이다.

기도는 신실하고 분별 있고 애정 깊은 우리의 마음과 영혼을 예수 그리스도를 통해서 하나님께 쏟아 붓는 것이다. 여기서 '그리스도를 통해서'라고 하는 것이 반드시 첨가되어야 한다. 그렇지 않으면 그것이 기도인지 아닌지 의심해 보아야 한다. 설사 겉으로 보기에는 기도라 할지라도 결코 뛰어나고 능력 있는 기도는 될 수 없다.

예수 그리스도는 우리의 영혼이 하나님과 친분 관계를 맺을 수 있는 유일한 길이다. 하나님과의 교제는 예수 그리스도 없이 불가능하다. 또한 만군의 주되신 하나님께 귀를 기울이는 것조차 불가능하다(요 14:6). "너희가 나의 이름으로 무엇이든지 요구한다면" "무엇이든지 너희가 나의 이름으로 아버지께 요청한다면 나는 그것을 행할 것이다." 이것이 바로 다니엘의 기도였다. "그러하온즉 우리 하나님이여 지금 주의 종의 기도와 간구를 들으시고 주를 위하여 주의 얼굴빛을 주의 황폐한 성소에 비추시옵소서"(단 9:17). 다윗은 간구한다. "여호와여 나의 죄악이 크오니 주의 이름으로 말미암아 사하소서"(시 25:11).

그러나 지금 많은 사람들이 진정으로 하는 기도 가운데 그리스도의 이름을 언급하지 않는다. 그리고 진실하게 효율적으로 예수 그리스도의 이름으로, 혹은 그분을 통해서 하나님께 기도하지 못하고 있다. 그리스도를 통해서 하나님께 다가가는 것은 기도에서 가장 어려운 부분이다. 사람들은 자기가 처해 있는 상황을 분별할 것이다. 그리고 신실하게 자비를 열망할 것이다. 그렇지만 그리스도의 이름으로 하나님께 나아가지 않는다.

그리스도의 이름을 통해서 하나님께 나아가고자 하는 사람은 먼저 하나님에 대한 지식을 가져야 한다. "믿음이 없이는 하나님을 기쁘시게 하지 못하나니 하나님께 나아가는 자는 반드시 그가 계신 것과 또한 그가 자기를 찾는 자들에게 상 주시는 이심을 믿어야 할지니라"(히 11:6). 또한 그리스도를 통해서 하나님께 나아가는 사람은 반드시 예수 그리스도를 알아야 한다. 모세는 주님께 "원하건대 주의 길을 내게 보이사 내게 주를 알리시고"(출 33:13)라고 말했다.

하나님이 계시를 주시지 않으면 우리는 그리스도를 알 수 없다(마 11:27). 우리가 그리스도를 통해서 나아가는 것은 마치 사람들이 안전보호장치 아래 자신을 숨기는 것처럼 죄인들이 주 예수 그리스도의 그늘에 자신을 숨기는 것이다.

다윗은 종종 그리스도를 가리켜 "여호와는 나의 반석이시요 나의 요새시요 나를 건지시는 이시요 나의 하나님이시요 내가 그 안에 피할 나의 바위시요 나의 방패시요 나의 구원의 뿔이시요 나의 산성이시로다"(시 18:2)라고 고백했다. 그가 예수 그리스도를 통해서 그의 대적을 이겼기 때문이 아니라 그가 그리스도를 통해서 하나님 아버지의 마음에 들었기 때문이다. 하나님은 아브라함에게 말씀하셨다. "이후에 여호와의 말씀이 환상 중에 아브람에게 임하여 이르시되 아브람아 두려워하지 말라. 나는 네 방패요 너의 지극히 큰 상급이니라"(창 15:1).

그리스도를 통해서 하나님께 나아오는 자는 예수님이 덧입혀 주시는 믿음을 가져야 하며, 하나님 앞에서 자신을 드러내 보일 수 있는 믿음을 가져야 한다. 믿음을 소유한 사람은 지금 하나님 안에서 거듭났다. 그는 그리스도와 연합한 것에 의해 하나님의 아들이 되었다. 그는 그리스도인이 된 것이다.

그러므로 하나님 안에서 거듭난 사람은 하나님께 나아간다. 하나님은 그 사람을 그리스도의 한 부분으로, 즉 그의 몸과 살, 그리고 피의 한 부분으로 간주하신다. 그 사람은 선택, 변화, 교화를 통해 하나님과 연합한다. 그리고 하나님의 영은 하나님에 의해서 그 사람의 마음속으로 전달된다. 그래서 그는 그리스도의 공적으로, 그분의 보혈과 의, 승리, 중보에 힘입어 하나님께 나아가는 것이다.

우리는 "그가 사랑하시는 자 안에서 우리에게 거저 주시는 바"(엡 1:6)로 그분 앞에 서 있는 것이다. 이러한 이유 때문에 불쌍한 피조물은 그리스도인이 되고, 이러한 중에 하나님과 친분 관계를 맺게 되는 것이다. 이 연합의 덕분으로, 또한 성령이 그에게로 전달되는 것이다. 그것에 의해 그는 하나님 앞에서 그의 영혼을 쏟아 부을 수 있다.

**기도는 말씀에 의지해서
하나님께 영혼을 쏟아 붓는 것이다**

—

이 모든 것이 서로 작용하는 결합 없이는 기도가 불가능하므로 서로에게 의존한다. 또한 기도가 아무리 감동하게 하는 힘이 있다 할지라도 신실하고 분별 있고 애정 깊은 것이 없다면 그 기도는 하나님께 응답받지 못할 것이다. 신실하고 분별 있고 애정 깊은 것 없이 우리의 마음을 하나님께 쏟아 붓는다면 그것은 단지 입 운동에 지나지 않는다. 그리고 그 기도가 그리스도를 통하지 않은 것이라면 그것은 하나님의 귓가에 들리지도 못할 것이다.

또한 기도가 성령의 능력과 도우심에 의한 것이 아니라면 그것은 단지 아론의 아들들이 이상한 불을 담아 여호와 앞에 분향하는 것과 같게 된다. "아론의 아들 나답과 아비후가 각기 향로를 가져다가 여호와께서 명령하시지 아니하신 다른 불을 담아 여호와 앞에 분향하였더니 불이 여호와 앞에서 나와 그들을 삼키매 그들이 여호와 앞에서 죽은지라"(레 10:1-2). 즉 성령의 가르침과 도우심으로, "하나님의 뜻대로"(롬 8:27) 간구하지 않으면 드려질 수 없다는 것을 의미한다.

그러므로 기도는 하나님이 약속하신 유익을 위해서 마음과 영혼을 하나님께 쏟아 붓는 것이다. 하나님의 말씀 범위 안에 있을 때만이 진정한 기도이다. 만약 그 기도가 하나님의 말씀과 관계없다면 그것은 하나님에 대한 모독이며 쓸데없이 내뱉은 말에 지나지 않는다. 다윗은 기도할 때 하나님의 말씀에서 눈을 떼지 않았다. "내 영혼이 진토에 붙었사오니 주의 말씀대로 나를 살아나게 하소서"(시 119:25). 그는 계속해서 기도한다. "나의 영혼이 눌림으로 말미암아 녹사오니 주의 말씀대로 나를 세우소서"(시 119:28). 그리고 또 고백한다. "주의 종에게 하신 말씀을 기억하소서. 주께서 내게 소망을 가지게 하셨나이다"(시 119:49).

성령은 말씀을 통해, 말씀과 함께, 말씀에 의한 것이 아니면 그리스도인의 마음을 참으로 소생하게 하거나 분발하게 하지 않으신다. 이는 우리가 주님께 나아가서 이야기하도록 자극하기 위해서, 마음을 가져오게 하고 마음 문을 열게 하기 위해서, 그리고 하나님의 말씀에 의지하여 주장하고 탄원하게 하기 위해서이다.

다니엘은 하나님의 선지자였다. 다니엘은 이스라엘 백성들의 포로생활이 거의 끝나가고 있다는 것을 하나님의 말씀을 통해 알았다. 그때 그는 말씀에 의지해서 하나님께 기도했다. 그는 기도 첫머리에서 "나 다니엘은 하나님의 말씀을 통해서 알게 되었습니다"라고 고백했다. 또한 예레미야도 그의 기록에서 "수십 년 동안 주의 말씀이 임하여서 예루살렘의 황폐가 70년 내에 끝날 것"이라고 이야기했다. 그리고 그는 "나는 비탄에 잠겨서 베옷을 입고 금식하며 기도와 탄원으로 구하기 위해서 나의 얼굴을 주 하나님 쪽으로 향하였다"라고 덧붙였다.

우리가 하나님의 뜻에 따라 기도할 때 성령은 우리의 영혼을 도와주며 지배하신다. 하나님의 말씀과 약속에 따라서 인도해주신다. 이것은 예수님이 자신의 생명이 위기에 처해 있던 순간에 보여주신 담대함 속에서 잘 나타나고 있다. "너는 내가 내 아버지께 구하여 지금 열두 군단 더 되는 천사를 보내시게 할 수 없는 줄로 아느냐. 내가 만일 그렇게 하면 이런 일이 있으리라

한 성경이 어떻게 이루어지겠느냐 하시더라"(마 26:53-54). 성경에 이런 약속이 있다는 것은 우리도 우리 원수의 손에서 곧 구원함을 받을 수 있다는 것이며, 또한 천사들에 의해서 도움을 받을 수 있다는 것이다.

기도는 하나님의 말씀과 약속을 의지해서 하는 것이다. 말씀에 의한 기도는 그 방식에서도 직접적이어야 한다. "그러면 어떻게 할까. 내가 영으로 기도하고 또 마음으로 기도하며"(고전 14:15). 그곳에 하나님의 말씀이 없이는 마음도 있을 수 없다. 만약 우리가 하나님의 말씀을 거절한다면 우리에게 무슨 지혜가 있겠는가. "지혜롭다 하는 자들은 부끄러움을 당하며 두려워 떨다가 잡히리라. 보라. 그들이 여호와의 말을 버렸으니 그들에게 무슨 지혜가 있으랴"(렘 8:9).

기도는 교회의 유익을 위해
하나님의 뜻에 순종하는 것이어야 한다

이것은 하나님을 존중하기 위해서, 그리스도를 높이기 위해서, 혹은 하나님 백성의 유익을 위해서 도움이 되는 것은 무엇이든지 다 포함하고 있다. 하나님을 위한, 그리스도를 위한, 그리고 그의 백성을 위한 모든 것이 함께 연결되어 있다. 즉 하나의 유익을 위해 기도하면 다른 유익도 당연히 포함된다는 뜻이다. 그리스도께서 하나님 안에 계신 것처럼 성도들도 그리스도 안에 있는 것이다. 하나님은 성도들을 눈동자와 같이 중요하게 여기신다. 하나님은 우리의 죗값을 치르기 위해서 예수 그리스도를 우리에게 주셨다. 그리고 예수님이 그의 보혈로 우리를 값주고 사셨기에 우리는 기도 가운데서 요청할 수 있다. 지금 우리는 교회의 풍성한 은혜를 위해서, 그리고 모든 유혹에 대항해서 이겨낼 수 있도록 도와달라고 기도해야 한다.

하나님은 그것 때문에 어려워 할 것이 아무것도 없다고 말씀하신다. 모든 일은 협력하여 선을 이룰 것이라고 말씀하신다. 또한 마음이 비뚤어지고 사악한 민족 가운데서 하나님의 영광을 위해 결백하고 천진난만한 백성들을 하나님의 아들로 지켜 주시겠다고 하신다. 이것은 요한복음 17장에서 하신 예수님의 기도의 핵심이기도 하다.

또한 빌립보서에서 두드러지게 보여주고 있는 바울의 기도 대부분도 그러한 방향으로 나아가고 있다. "내가 기도하노라. 너희 사랑을 지식과 모든 총명으로 점점 더 풍성하게 하사 너희로 지극히 선한 것을 분별하며 또 진실하여 허물없이 그리스도의 날까지 이르고 예수 그리스도로 말미암아 의의 열매가 가득하여 하나님의 영광과 찬송이 되기를 원하노라"(빌 1:9-11). 이것은 보기에 짧은 기도이지만 처음부터 끝까지 교회의 유익을 갈망하는 것으로 가득 차 있다.

그러므로 우리는 "뜻이 하늘에서 이루어진 것같이 땅에서도 이루어지이다"(마 6:10)라는 순종하는 마음으로 기도드려야 한다. 우리는 모든 겸손함 속에서 자신과 기도, 그리고 우리가 가진 모든 것이 하나님의 발아래 놓여 있게 해야 한다. 그리고 그분으로 하여금 하늘의 신령한 지혜로 최선의 것을 보고 결정하시게 해야 한다. 의심할 것 없이 하나님은 자신의 영광을 위해서, 그리고 우리의 유익을 위해서 최고의 방법으로 우리의 요구에 응답하실 것이다. 그러므로 우리가 하나님의 뜻에 순종하는 기도를 드릴 때 우리에 대한 하나님의 사랑과 응답에 대해 의심하거나 의문시하는 논쟁은 하지 말아야 한다.

그러나 우리는 매 순간 그렇게 지혜롭지 못하기 때문에 때때로 사탄은 그런 약점을 이용한다. 그래서 우리가 하나님의 뜻에 순종하는 기도를 하려고 할 때 우리를 유혹하여 시험에 들게 만든다. 만약 우리가 이러한 사탄의 유혹에 빠져 있다면 그 기도는 하나님의 영광을 증거하지 못할 것이다. "그를 향하여 우리가 가진 바 담대함이 이것이니 그의 뜻대로 무엇을 구하면 들으심이라. 우리가 무엇이든지 구하는 바를 들으시는 줄을 안즉 우리가 그에게 구한 그것을 얻은 줄을 또한 아느니라"(요일 5:14-15).

앞에서 말했던 것처럼 성령을 통하지 않고 성령의 기름부음 바 되지 않은 기도는 응답받을 수 없다. 왜냐하면 그것은 하나님의 뜻 밖에 있기 때문이다. 오직 성령만이 그것을 알고 계시기 때문이다. "사람의 일을 사람의 속에 있는 영 외에 누가 알리요. 이와 같이 하나님의 일도 하나님의 영 외에는 아무도 알지 못하느니라"(고전 2:11).

02
Prayer by John Bunyan _ Part 1

탄식하며 도우시는
성령으로 기도하라

나는 성령과 함께 기도할 것이다. 성령으로 기도한다는 것은 앞에서도 언급했던 것처럼 신실하고 분별 있게, 그리고 애정 깊은 우리의 마음과 영혼을 가지고 그리스도를 통해서 하나님 앞에 나아가는 것이다. 이것은 신실한 마음으로 하나님께 나아가는 것이 반드시 하나님의 영이 역사하심으로써 가능한 것임을 보여준다. 이 세상에서 자신의 힘만을 의지하여 하나님께 나아갈 수 있는 사람은 아무도 없다. 오직 성령의 도우심으로 하나님께 나아갈 수 있다. "이는 그로 말미암아 우리 둘이 한 성령 안에서 아버지께 나아감을 얻게 하려 하심이라"(엡 2:18).

사도 바울은 말한다. "이와 같이 성령도 우리의 연약함을 도우시나니 우리는 마땅히 기도할 바를 알지 못하나 오직 성령이 말할 수 없는 탄식으로 우리를 위하여 친히 간구하시느니라. 마음을 살피시는 이가 성령의 생각을 아시나니 이는 성령이 하나님의 뜻대로 성도를 위하여 간구하심이니라"(롬 8:26-27). 이 말씀 안에는 기도의 영을 발견하는 지혜가 가득하기에, 그리고 성령의 도움 없이 기도하려고 하는 인간의 무능함이 있기에 그에 대한 해설을 몇 마디 하려 한다.

먼저 "우리를 위하여"라는 표현을 깊이 생각해보자. 우리는 사도들이며, 아주 특별한 일꾼, 즉 이방인을 위한 그리스도의 일꾼으로 하나님 복음의 제사장 직무를 하는 자이며, 지혜로운 건축자이며, 낙원으로 이끌려가는 자들이다. 우리는 마땅히 무엇을 기도해야 하는지 알지 못한다. 바울과 그의 동료들은 로마 교회의 교황이나 대주교처럼 기도하지 않았다. 그것은 은혜나 은사가 조금도 존재하지 않는 기도문과 같은 것도 아니다. 우리는 우리를 위해서 무엇을 간구해야 하는지 알지 못한다. 우리는 우리가 마땅히 해야 할 기도에 대한 문제를 알지 못한다.

또한 우리는 누구에게 기도해야 하는지에 대해서도 모른다. 그리고 누구를 통해서, 누구를 매개체로 해서 기도해야 하는지도 알지 못한다. 이러한 일을 아는 사람은 아무도 없다. 단지 성령의 도우심으로만 알 수 있다.

당신은 그리스도를 통한 하나님과의 교제를 위해 기도하고 있는가? 당신은 하나님의 은혜로 말미암아 믿음을 위해, 칭의를 위해 기도하고 있는가? 그리고 진정으로 당신의 마음이 죄 씻음 받기 위해서 기도하고 있는가? 이러한 일을 알고 있는 사람은 이 세상에 아무도 없다. "사람의 일을 사람의 속에 있는 영 외에 누가 알리요. 이와 같이 하나님의 일도 하나님의 영 외에는 아무도 알지 못하느니라"(고전 2:11).

다시 말하지만 우리는 성령의 도움 없이는 기도의 문제를 알지 못한다. 성령의 도움 없이는 기도의 방법도 알지 못한다. 그래서 바울은 "우리는 마땅히 기도할 바를 알지 못하나 오직 성령이 말할 수 없는 탄식으로 우리의 연약함을 도우신다"고 덧붙여 말한 것이다. 여기서 주목할 점은 우리가 이 세상에서 할 수 있다고 생각하는 일과는 달리 영적인 책임을 다하는 일은 우리의 힘만으로 성공할 수 없다는 사실이다. 사도들이 최상의 상태에 있을 때, 참으로 성령이 그들을 도와주고 계실 때 그들은 자신의 마음을 표현하기에 부족한 탄식과 신음을 기꺼이 그만두었다. 대신 성령이 말할 수 없는 탄식으로 간구하셨다.

"우리는 마땅히 기도할 바를 알지 못한다." 여기서 주목해야 할 것은 "우리가 마땅히 해야 할 것"이라는 부분이다. 이러한 말씀을 생각하지 않기 때문에, 혹은 진리 안에서 그것을 이해하지 못하기 때문에, 여로보암이 하나님의 말씀 안에 계시된 것과 다른 예배 방식으로 그 문제와 방법을 취했던 것처럼 유혹을 받는다.

"그의 마음에 스스로 이르기를 나라가 이제 다윗의 집으로 돌아가리로다. 만일 이 백성이 예루살렘에 있는 여호와의 성전에 제사를 드리고자 하여 올라가면 이 백성의 마음이 유다 왕 된 그들의 주 르호보암에게로 돌아가서 나를 죽이고 유다의 왕 르호보암에게로 돌아가리로다 하고, 이에 계획하고 두 금송아지를 만들고 무리에게 말하기를 너희가 다시는 예루살렘에 올라갈 것이 없도다. 이스라엘아 이는 너희를 애굽 땅에서 인도하여 올린 너희의 신들이라 하고 하나는 벧엘에 두고 하나는 단에 둔지라. 이 일이 죄가 되었으니 이는 백성들이 단까지 가서 그 하나에게 경배함이더라. 그가 또 산당들을 짓고 레위 자손 아닌 보통 백성으로 제사장을 삼고 여덟째 달, 곧 그 달 열다섯째 날로 절기를 정하여 유다의 절기와 비슷하게 하고 제단에 올라가되 벧엘에서 그와 같이 행하여 그가 만든 송아지에게 제사를 드렸으며 그가 지은 산당의 제사장을 벧엘에서 세웠더라. 그가 자기 마음대로 정한 달, 곧 여덟째 달 열다섯째 날로 이스라엘 자손을 위하여 절기로 정하고 벧엘에 쌓은 제단에 올라가서 분향하였더라"(왕상 12:26-33).

사도 바울은 말한다. 우리는 마땅히 기도해야 하지만, 그것은 인간의 모든 책략, 기술, 교활함, 그리고 인간의 계획으로 할 수 있는 것이 아니라고. 또한 천사의 모든 기술을 다 동원한다 해도 할 수 있는 것이 아니라고 말이다. "우리는 마땅히 기도할 바를 알지 못하나 오직 성령이 말할 수 없는 탄식으로 우리를 위하여 친히 간구하시느니라." 더욱이 그것은 인간의 욕망과 성령이 함께 연합하는 것이 아니라 오직 '성령'만이 우리의 연약함을 도와줄 수 있다. 우리 인간의 두뇌로 생각하고 계획할 수 있는 일은 하나도 없다.

많은 사람들이 잘못 구하기 때문에 받지 못하는 것이다. 이것은 쾌락, 혹은 정욕을 위하여 구하는 사람들과 같다. "구하여도 받지 못함은 정욕으로 쓰려고 잘못 구하기 때문이라"(약 4:3). 하나님이 응답하시는 기도는 생각나는 대로 마구잡이로 하는 기도가 아니다. 하나님은 우리가 기도하는 동안 무슨 근원에서부터 일어났는지 우리의 마음을 살피고 찾으신다. "그를 향하여 우리가 가진 바 담대함이 이것이니 그의 뜻대로 무엇을 구하면 들으심이라"(요일 5:14).

하나님은 그 기도하는 마음을 알기 위해서 탐구하신다. 그리고 우리가 자신을 위해서, 그리고 성도들을 위해서 하나님의 뜻에 따라 탄원하는지는 오직 성령만이 아신다. 오직 하나님의 뜻에 따라 간구한 것을 하나님이 들으신다. 그리고 그 밖의 것은 아무것도 없다. 우리가 구할 수 있도록 가르칠 수 있는 분은 오직 성령밖에 없다. 모든 일을 발견해 낼 수 있는, 심지어 하나님의 깊은 일까지도 찾아낼 수 있는 분은 오직 성령뿐이시다. 우리가 비록 기도문을 수천 번 읽는다 하더라도 성령이 함께하시지 않으면 우리는 마땅히 기도할 바를 알지 못한다. 또한 우리의 연약함이 우리로 그런 역사를 하지 못하게 만든다. 이러한 연약함에 대해 모두 말하는 것은 어려운 일이지만, 여기서 몇 가지 예를 들어보고자 한다.

우리는 너무 연약한 존재이기에
성령 없이는 아무것도 할 수 없다

―

우리는 너무 연약하므로 성령 없이는 그 어떤 방법과 수단을 동원한다 할지라도 하나님과 그리스도, 그리고 하나님의 축복된 일을 생각하는 것이 불가능하다. 하나님은 악한 자에 대하여 "모든 사상에 하나님이 없다"(시 10:4)라고 말씀하신다. 또한 악한 자들은 하나님이 자기와 같은 줄로 생각한다. 왜냐하면 그들 마음속에 지닌 모든 생각이 오직 악하기 때문이다.

이 말씀은 창세기 6장 5절과 8장 21절에서 계속 반복되고 있다. "여호와께서 사람의 죄악이 세상에 가득함과 그의 마음으로 생각하는 모든 계획이 항상 악할 뿐임을 보시고." "여호와께서 그 향기를 받으시고 그 중심에 이르시되 내가 다시는 사람으로 말미암아 땅을 저주하지 아니하리니 이는 사람의 마음이 계획하는 바가 어려서부터 악함이라. 내가 전에 행한 것같이 모든 생물을 다시 멸하지 아니하리니."

악한 자는 기도의 대상인 하나님과 그리스도에 대하여 올바른 생각을 못할 뿐만 아니라 자신의 연약함을 도우시는 성령의 존재에 대해서도 모르기 때문에 자신을 하나님 앞에 알리기 위해 무엇이 필요한지 알지 못한다.

성령은 이처럼 연약한 영혼에게 영적인 일을 보여주는 계시자이시다. 성령은 우리가 영적인 것을 이해할 수 있도록 도와주신다. 우리 주 예수님은 제자들에게 말씀하셨다. "내가 그를 너희에게로 보내리니 그가 와서 죄에 대하여 의에 대하여 심판에 대하여 세상을 책망하시리라"(요 16:7-8).

나는 내가 태어나면서부터 어둠 가운데 있는 것을 알고 있다. 그리고 내가 하는 어떠한 일을 이해하기에 무지하다는 사실도 잘 알고 있다. 마찬가지로 비록 당신이 이러한 과정, 또는 다른 과정을 시도한다 해도 여전히 당신의 무지함은 계속 남아 있을 것이다. 그 잔재는 당신의 마음속에 퍼져 있다. 그리고 당신은 그것을 제거할 수가 없다.

또한 당신에게는 영적인 이해력도 주어지지 않았다. 단지 성령만이 그 모든 것을 알고 계신다. 올바른 기도는 내적인 의도와 마찬가지로 외적인 표현도 성령이 그 영혼에 비춰 깨닫게 하는 것으로부터 와야 한다. 그렇지 않으면 성령은 그 기도를 무익하고 혐오스러운 것이라고 책망하신다. 왜냐하면 그 마음과 혀가 성령 안에서 연합해서 나아가지 않았기 때문이다.

만약 성령이 우리의 연약함을 도와주시지 않는다면 우리는 정말로 아무것도 할 수가 없다. 다윗은 이 사실을 너무 잘 알고 있었다. 그래서 하나님께 부르짖고 있다. "주여 내 입술을 열어주소서. 내 입이 주를 찬송하여 전파하리이다"(시 51:15). 다윗은 그의 사역과 말을 통해 명백하게 나타나 있는 것처럼 자신뿐만 아니라 다른 사람에게도, 아니 우리 세대의 누구에게도 자신의 완벽함을 내세울 수 있는 사람이었다.

그럼에도 이러한 선한 사람, 이러한 선지자가 하나님을 향해 예배드릴 때 주님이 그를 도와주셔야만 했다. 다윗은 참으로 아무것도 할 수가 없었다. 그래서 그는 "주여 내 입술을 열어주소서. 내 입이 주를 찬송하여 전파하리이다"라고 외친 것이다. 그는 성령이 말하도록 하신 것 외에는 어떤 올바른 말도 할 수가 없었다. "성령도 우리 연약함을 도우시나니 우리는 마땅히 기도할 바를 알지 못하나 오직 성령이 말할 수 없는 탄식으로 우리를 위하여 친히 간구하시느니라."

오직 성령과 함께하는 기도만이
가장 효율적인 기도이다
—

우리가 아무리 기도한다 할지라도 성령과 함께하지 않는다면 어떤 능력 있는 기도도, 효율적인 기도도 드릴 수 없다. 왜냐하면 성령이 없으면 사람들은 분별력이 없어지고, 그들의 기도는 위선적이고 냉랭하게 변하기 때문이다. 그들과 그들이 드린 기도는 둘 다 하나님이 보시기에 혐오스러운 것이다.

신약성경에서 예를 찾아 보자. "그들은 과부의 가산을 삼키며 외식으로 길게 기도하는 자니, 그 받는 판결이 더욱 중하리라 하시니라"(막 12:40). "바리새인은 서서 따로 기도하여 이르되 하나님이여 나는 다른 사람들, 곧 토색, 불의, 간음을 하는 자들과 같지 아니하고 이 세리와도 같지 아니함을 감사하나이다. 나는 이레에 두 번씩 금식하고 또 소득의 십일조를 드리나이다 하고"(눅 18:11-12). "그들이 날마다 나를 찾아 나의 길 알기를 즐거워함이 마치 공의를 행하여 그의 하나님의 규례를 저버리지 아니하는 나라 같아서 의로운 판단을 내게 구하며 하나님과 가까이하기를 즐거워하는도다. 우리가 금식하되 어찌하여 주께서 보지 아니하시오며 우리가 마음을 괴롭게 하되 어찌하여 주께서 알아주지 아니하시나이까. 보라. 너희가 금식하는 날에 오락을 구하며 온갖 일을 시키는도다"(사 58:2-3).

효율적인 기도는 아주 뛰어난 목소리로 하는 기도가 아니다. 또한 애정 깊고 신실한 것처럼 보이는 기도도 아니다. 이런 기도는 하나님과 아무런 상관이 없다. 위의 사람들은 너무나도 연약한 것으로 가득 차 있기 때문에 하나님의 말씀을 제대로 지킬 수 없었을 뿐만 아니라 한마디 기도도 그리스도를 통해서 하나님께 받아들여지지 않았다. 이런 이유 때문에 바리새인과 그들의 기도를 하나님이 거절하셨던 것이다.

의심할 바 없이 그들은 자신을 위해서 아주 뛰어난 표현을 사용했다. 하지만 그들은 자신을 도와줄 수 있는 예수 그리스도의 영을 소유하지 않았다. 자신의 연약함만을 갖고 기도한 것이다. 그래서 성령의 능력을 힘입은 신실하고 분별 있고 애정이 담긴 영혼을 하나님께 쏟아 붓기에 충분하지 않았던 것이다. 하늘에 기대고 의지하는 기도는 성령을 힘입어 이쪽에서 저쪽으로 보내어지는 기도이다.

그러므로 성령만이 인간을 기도의 상태 안으로 넣으실 수 있다. 말하는 것은 우리가 습관적으로 하는 것처럼 단지 얘기하는 것에 지나지 않는다. 그 마음속에 곤경이 없다면 그것은 입으로만 예배하는 것에 불과하다. 그것은 효과적인 기도가 되지 못한다. 저주받은 이 위선이 대부분의 사람들 마음속에 있으며, 또한 기도하는 사람의 마음속에 있다.

그러나 성령이 역사 하실 때 성령은 우리에게 그 재난을 보여주신다. 그리고 성령은 그 고통이 어디에 자리 잡고 있는지, 어떤 상태인지, 또한 얼마나 견디기 어려운 일인지를 보여주신다. 성령은 실제로 죄에 대하여, 그리고 고통에 대하여 확신시켜 하나님의 말씀에 따라서 기쁘고, 신실하고, 분별 있고, 애정 깊은 방식으로 기도하도록 우리의 영혼 속에 부어주신다.

"그러나 내가 너희에게 실상을 말하노니 내가 떠나가는 것이 너희에게 유익이라. 내가 떠나가지 아니하면 보혜사가 너희에게로 오시지 아니할 것이요, 가면 내가 그를 너희에게로 보내리니 그가 와서 죄에 대하여, 의에 대하여, 심판에 대하여 세상을 책망하시리라. 죄에 대하여라 함은 그들이 나를 믿지 아니함이요"(요 16:7-9).

또한 우리가 우리의 죄를 보게 된다 할지라도 여전히 성령의 도움 없이는 기도할 수 없다. 왜냐하면 가인과 유다처럼 하나님으로부터 멀리 도망가려고 할 것이기 때문이다. 고통에 대한 완전한 절망감은 성령이 주시는 것이 아니다. 우리가 우리의 죄에 대하여, 그리고 하나님의 저주에 대하여 진정한 분별력을 가진다면 그 상황에서 우리로 하여금 기도하도록 설득시키는 것은 어려운 일이다. 우리는 마음속으로 다음과 같이 말할 것이기 때문이다. "이는 헛되니 우리는 우리의 계획대로 행하며 우리는 각기 악한 마음이 완악한 대로 행하리라 하느니라"(렘 18:12).

우리는 하나님을 찾는 일을 헛된 일이라고 말한다. 우리는 너무나 미천하고 가엾은 인간이라서, 그리고 너무나 저주받은 피조물이라서 누구에게도 주목받지 못하리라고 생각한다. 그러나 지금 여기에 성령이 와 계신다. 그리고 우리의 영혼 속에 머물러 계신다. 성령은 우리로 하여금 얼굴을 들어 하나님을 바라보게 하신다. 그리고 우리의 마음속에 자비의 마음을 넣어주어 하나님께 나아가도록 도우신다. 그래서 성령은 '보혜사'(요 14:26)라고 불린다.

그러므로 기도는 성령과 함께, 그리고 성령 안에서 해야 한다. 이 세상에 성령 없이 하나님께 올바르게 나아가는 방법을 알고 있는 사람은 단 한 사람도 없다. 우리는 쉽게 그리스도 안에서 하나님께 올바르게 나아가려고 하지만 거기에는 수많은 어려운 일이 있다. "오직 하나님이 성령으로 이것을 우리에게 보이셨으니 성령은 모든 것, 곧 하나님의 깊은 것까지도 통달하시느니라"(고전 2:10).

우리가 하나님께 나아가는 방법을 보여주시는 분도, 또한 하나님 안에 거하는 것이 우리를 바람직하게 만든다는 것을 보여주시는 분도 바로 성령이시다. "내가 참으로 주의 목전에 은총을 입었사오면 원하건대 주의 길을 내게 보이사 내게 주를 알리시고, 나로 주의 목전에 은총을 입게 하시며 이 족속을 주의 백성으로 여기소서"(출 33:13). "그가 내 영광을 나타내리니 내 것을 가지고 너희에게 알리시겠음이라"(요 16:14).

우리는 성령 없이는 결코
하나님의 자비를 누릴 수 없다

비록 우리가 자신의 고통을 알고 있어도, 그리고 하나님께 나아가는 방법을 알고 있어도 성령 없이는 하나님이 허락하신 자비를 함께 나눌 수 없다. 연약한 영혼이 죄와 하나님의 진노를 자각하고 믿음 안에서 "아버지"라고 말할 수 있다는 것이 얼마나 위대한 특권인가! 하지만 우리 중 대부분은 자신의 힘으로 하나님을 "아버지"라고 부를 수 있다고 말한다. 그러나 나는 자신의 힘으로 감히 하나님을 아버지라고 부를 수 없다. 성령이 바로 이러한 일을 위해서 우리의 마음속에 보내져서 우리가 "아빠 아버지"라고 부를 수 있도록 도우셔야 한다. 그것은 어떤 사람에게든지 너무 위대한 사역이어서 성령 없이는 지식으로든지 믿음으로든지 행할 수 없는 일이다.

지식으로 말한다는 것은 우리가 하나님의 자녀가 되어야 한다는 것과 거듭나야 한다는 것을 알고 있다는 것이다. 그리고 믿음으로 말한다고 하는 것은 은혜의 역사가 그 안에서 이루어져서 그 영혼이 좋은 경험으로부터 믿게 되는 것을 말하는 것이다. 이것이 "좋으신 아버지"라고 올바르게 부르는 것이다. 그리고 이것은 많은 사람들이 행하는 것처럼 입으로만 재잘거리는 것이 아니다. 그렇게 하는 것은 바른 기도생활이 아니다.

여기 올바른 기도생활이 있다. 성령 앞에서, 그리고 성령과 함께 할 때, 또한 우리가 죄를 분별하게 될 때 우리는 성령의 능력을 힘입어서 말하게 된다. 그리고 "아버지"라고 부르짖게 된다. 믿음 안에서 부르짖는 이 한마디의 말은 형식적으로 쓰인 기도문을 읽는 것보다, 냉랭하고 내키지 않는 마음으로 부르짖는 것보다, 수많은 말을 하는 기도보다도 훨씬 더 좋은 것이다.

우리는 자신에 대해서, 우리의 고통에 대해서 하나님이 알고 계신 것처럼 의식하지 못한다. 그리고 그리스도를 통해서 하나님께 나아가는 것이 무엇인지도 분별하지 못한다. 아! 가엾은 영혼이여, 당신의 고난을 생각해보라. 그리고 당신의 영적 눈멂과 무지함을 보여달라고 하나님께 부르짖어라. 그러나 그 전에 당신은 하나님 아버지를 부르짖을 준비가 되어 있어야 한다. 당신은 기도의 방식을 통해서, 혹은 어떤 신앙의 고백을 통해서 하나님을 아버지라고 말해야 한다는 사실을 알고 있다. 그러나 당신의 영혼에 은혜의 역사에 대한 어떠한 체험이 없다면 당신은 거짓말하는 자가 되고 마는 것이다.

또한 당신은 하나님을 우리 아버지라고 부를 수 있다. 그러나 당신이 어떠한 성령의 역사도 없이 하나님을 그렇게 부른다면 그것은 하나님에 대해서 불경한 언사를 쓰는 것이다! "보라. 사탄의 회당, 곧 자칭 유대인이라 하나 그렇지 아니하고 거짓말하는 자들 중에서 몇을 네게 주어 그들로 와서 네 발 앞에 절하게 하고 내가 너를 사랑하는 줄을 알게 하리라"(계 3:9). "내가 네 환난과 궁핍을 알거니와 실상은 네가 부요한 자니라. 자칭 유대인이라 하는 자들의 비방도 알거니와 실상은 유대인이 아니요 사탄의 회당이라"(계 2:9).

요한복음 8장에서 유대인들이 예수 그리스도께 그랬던 것처럼 죄인들이 거룩한 체하면서 그것을 자랑할 때 예수님은 분명한 언어로 그들의 위선적인 모든 겉치레가 가져올 그들의 운명에 대하여 말씀하셨다. 그러므로 모든 저주받은 뚜쟁이, 도둑, 주정꾼, 욕설하는 자, 그리고 과거에도 그렇게 했을 뿐만 아니라 지금도 여전히 그렇게 하고 있는 편견 있는 사람들은 먼저 정직한 사람이 되어야만 한다. 그러지 않으면 신성 모독적인 목구멍과 위선적인 마음으로 교회에 나와 "우리 아버지!"라고 부르짖는 꼴이 된다. 그래서 우리는 예수님이 가르쳐주신 다음의 기도를 잘 묵상하고 진정으로 "우리 아버지"라고 고백할 수 있어야 한다.

먼저, "하늘에 계신 우리 아버지여"라고 하는 것은 아마도 당신의 기도의 주된 표현일 것이다. 당신은 이 기도의 첫 번째 단어가 의미하는 것을 알고 있는가? 당신은 "우리 아버지"라고 부르짖을 수 있는가? 당신은 진정으로 거듭났는가? 당신은 영적인 입양을 받았는가? 당신은 그리스도 안에서 당신 자신을 볼 수 있는가? 그리고 당신은 그리스도의 성도로서 하나님께 나아갈 수 있는가? 혹은 당신은 이러한 일에 대해 무지해서 아직 감히 "우리 아버지"라고 말할 수 없는가? 당신은 육체의 행위를 행하고 있지 않은가? 그리고 아직 감히 하나님을 우리 아버지라고 부르지 못하고 있지 않은가? 아니, 당신은 하나님의 자녀를 필사적으로 박해하는 자가 아닌가? 당신은 저주받은 것을 당신의 마음속에 갖고 있지 않은가? 당신은 목구멍에서부터 나오는 신성 모독적인 이러한 말들, 심지어 "우리 아버지"라고 하는 말로 인해서 괴로워하고 있지 않은가?

사탄은 하나님의 아들 가운데 그 자신을 나타내는 것처럼 아버지 앞에, 심지어 우리 아버지 앞에 자신을 나타낸다. "하루는 하나님의 아들들이 와서 여호와 앞에 섰고 사탄도 그들 가운데에 온지라"(욥 1:6). 우리는 "우리 아버지여"라고 부르라고 명령을 받았기 때문에 이 세상에 있는 눈멀고 무지한 모든 피조물도 또한 똑같은 말, 즉 "우리 아버지"를 사용한다.

둘째, 당신은 진정으로 "그의 이름이 거룩히 여김을 받으시오며"라고 가슴으로부터 나오는 기도를 하는가? 당신은 하나님의 이름, 거룩함과 위엄을 높이기 위해서 묵상해 보았는가? 당신의 가슴과 삶의 모습은 이러한 구절에 동의하는가? 당신은 하나님이 당신에게 명령하신 모든 의로운 사역을 즉각 행하기 위해서 그리스도와 친밀해지려고 노력했는가? 만약 당신이 하나님이 허락하신 "우리 아버지"를 진정으로 부르짖을 수 있다면 그렇게 행한 것이다. 하지만 반대로 그것이 온종일 당신의 생각 속에 있지 않다면 당신은 속이는 혀를 갖고 기도한 것이다. 당신은 매일의 삶 속에서 위선을 행하고 있는 것이다.

셋째, 당신은 진정으로 하나님의 나라를 소유하고 있는가? 또한 하늘에서 뜻이 이루어진 것같이 땅에서도 이루어지기를 진정으로 기도하고 있는가? 비록 당신이 기도 형식에 따라서 하나님의 나라가 이루어지기를 기도했다 할지라도, 당신은 나팔 소리를 듣기 위해서, 그리고 죽음에서 부활한 것을 보기 위해서 미칠 정도로 그렇게 충분히 준비되어 있지 않을 수 있다. 당신은 지금 당신 안에서 이루어진 모든 행동을 설명하기 위해 하나님 앞에 나아가야만 한다. 그러나 바로 이런 생각이 당신을 불쾌하게 만들 수도 있다. 그리고 하나님의 뜻이 하늘에서 이루어진 것같이 이 땅에서도 이루어진다면 그것은 당신의 파멸을 뜻하는 것일 수도 있다. 하늘에서는 하나님을 향하여 결코 반항할 수 없기 때문이다.

그리고 만약 하나님이 이 땅을 그렇게 취급하신다면 당신은 지옥으로 내려가 있지 않겠는가? 그 나머지 간구도 마찬가지가 되지 않겠는가? 만약 사람들이 그들의 입에서 나오는 거짓말과 신성 모독하는 것을 단지 알기만 한다면, 심지어 그들이 최대한 거룩한 체한다는 것을 알기만 한다면 이 세상을 다니는 것이 얼마나 두렵겠는가? 그리고 사람들을 쳐다보는 것조차도 얼마나 슬프겠는가?

주님은 당신을 일깨우고 계신다. 그리고 당신과 연약한 영혼에게 겸손함으로 성급하지 않고 분별없이 행하지 않도록, 그리고 입으로만 기도하지 않도록 주의시키기 위해서 가르치고 계신다. 그러므로 당신은 하나님 앞에 다가갈 때 지혜자가 말했던 것처럼 행동해야 한다. "너는 하나님 앞에서 함부로 입을 열지 말며 급한 마음으로 말을 내지 말라. 하나님은 하늘에 계시고 너는 땅에 있음이니라. 그런즉 마땅히 말을 적게 할 것이라"(전 5:2).

올바른 기도를 하기 위해서는
성령의 도움을 반드시 받아야 한다

우리가 기도할 때 마음과 영혼이 하나님을 우러러볼 수 있도록 도우시는 분은 성령님밖에 없다. "마음의 경영은 사람에게 있어도 말의 응답은 여호와께로부터 나오느니라"(잠 16:1). 즉 하나님을 위한 모든 사역, 특별히 기도에서 우리의 마음이 혀와 일치한다면 그것은 하나님의 성령에 따라서 준비된 것이다. 참으로 혀는 두려움 없이, 혹은 지혜 없이도 저절로 움직이기 쉽다. 그러나 혀가 마음의 응답이라면 그 마음은 하나님의 성령에 따라서 준비된 것이며 하나님의 명령과 열망을 반영한 것이다.

"여호와여 나의 영혼이 주를 우러러보나이다"(시 25:1)라는 고백 속에 전능한 말씀이 있다. 그러나 이것은 성령의 능력 없이는 어떠한 사람에게도 불가능한 사역이다. 이것은 하나님의 성령이 "간구하는 심령"(슥 12:10)이라고 불리는 가장 큰 이유이다. 왜냐하면 하나님의 성령은 진정으로 행하기 위해서 간구할 때 그 마음을 도우시기 때문이다. 그러므로 사도 바울은 말한다. "모든 기도와 간구를 하되 항상 성령 안에서 기도하고 이를 위하여 깨어 구하기를 항상 힘쓰며 여러 성도를 위하여 구하라"(엡 6:18).

나는 이 장의 첫머리에 "나는 성령과 함께 기도할 것이다"라고 적었다. 기도 속에 마음이 들어 있지 않다면 그 기도는 생명이 없는 단순한 소리에 불과하다. 성령을 우러러보지 않는 마음은 하나님을 향하여 결코 기도할 수 없다. 나는 다른 사람들이 그 마음속에서 무슨 생각을 하고 있는지, 혹은 어떻게 기도하는지 알지 못한다. 그들이 하나님의 성령을 우러러보고 있는지, 그렇지 않은지 전혀 알지 못한다. 그렇지만 나는 두 가지를 확신한다.

하나는 피조물인 우리의 마음이 성령을 우러러보고, 또한 기도할 수 있는 모든 준비가 되어 있을지라도 기도서에 나오는 모든 기도를 다한다는 것은 불가능하다는 사실이다. 왜냐하면 그것은 오직 하나님의 은혜로만 할 수 있는 사역이기 때문이다. 그리고 다른 하나는 성령을 우러러보는 그 마음을 계속해서 유지할 수 없다는 것이다. 진정으로 거기에는 그 마음을 하나님과 함께 유지하기 위한 책임 있는 기도생활이 필요하다. 모세는 기도하는 중에 하나님을 향하여 그의 손을 계속해서 올림으로써 위대한 일을 한 적이 있다(출 17:12). 그렇지만 광야생활 중에는 얼마나 더 많이 그 마음을 성령 안에서 유지해야 했을까!

우리는 점점 입으로만 하나님을 향해 다가가고 있다. 입술로만 하나님을 찾고 있다. 우리의 마음은 하나님에게서 점점 멀어지고 있다(사 29:13). 우리는 마태복음 15장 8~9절에 기록되어 있는 사람들의 관습을 갖고 행하고 있다. "이 백성이 입술로는 나를 공경하되 마음은 내게서 멀도다. 사람의 계명으로 교훈을 삼아 가르치니 나를 헛되이 경배하는도다."

여기서 나는 단지 내가 경험했던 사실을 말하는 것뿐이다. 그리고 내가 부딪혔던 것처럼 당신도 하나님께 기도할 때 어려움이 있다는 사실을 말하는 것이다. 나는 기도할 때 하나님께 나아가는 것을 몹시 싫어한다는 사실을 발견했다. 그리고 하나님과 함께 있을 때에도 하나님과 함께 머물러 있는 것을 몹시 싫어한다는 사실을 발견했다. 그때 나는 여러 번 기도하기를 강요받았다. 나는 먼저 하나님께 나의 마음을 붙잡아달라고 간구했다. 그리고 그리스도 안에 거했다. 내가 그리스도 안에 거할 때 예수님은 그곳에서 내 마음을 지켜주셨다. 사실 나도 무엇을 기도해야 하는지 잘 몰랐다. 그렇게 눈이 멀어 있었다. 또한 어떻게 기도해야 할지도 알지 못했다. 그렇게 무지했었다. 단지 나는 우리의 연약함을 도우시는 성령 덕분에 하나님의 은혜로 말미암아 축복을 받았다. "여호와여 주의 도를 내게 가르치소서.

내가 주의 진리에 행하오리니"(시 86:11).

기도시간에 우리 마음에 찾아드는 함정이 있다. 어느 누구도 자신의 마음속에 얼마나 많은 곁길이 있는지 알지 못한다. 그리고 하나님의 존전으로부터 빠져나가는 얼마나 많은 뒤안길이 있는지 알지 못한다. 그것도 모르고 우리의 힘으로 기도하는 양 얼마나 많이 자랑했는가! 다른 사람들 앞에서 얼마나 위선적이었는가! 간구하는 영의 도움도 받지 않은 채 얼마나 얄팍한 양심을 갖고 하나님과 영혼 사이에 비밀리에 이루어지는 기도의 장소에 서 있었는가! 성령이 그 마음속에 계실 때만 진정한 기도가 이루어지는 것이다.

진정한 기도는 성령 안에서
성령의 도우심으로 드리는 기도이다

우리가 성령의 도우심 없이 기도를 통해 우리 자신을 표현하는 일은 불가능하다. 성령의 도우심 없이 우리의 마음을 하나님 앞에 신실하고 애정 깊은 방법으로 쏟아 붓는 일은 불가능하다. 또한 성령의 도우심 없이 마음으로부터 우러나오는 진정한 기도를 위해 신음하며 부르짖는 일도 불가능하다. 기도를 고찰하는 주요한 대상은 입술에서 나오는 말이 아니다. 비록 그 마음이 하나님께 기도하는 중에 애정과 신실함으로 가득 차 있다 하더라도 성령의 도우심 없이는 말을 통해 그 기도 속에 소망을 표현하는 것이 불가능하다.

단지 말로만 하는 기도는 연약한 기도이다. 진정으로 기도하는 사람은 단지 입술로만 표현하지 않는다. 또한 입 밖으로 말하지 않은 소망, 감정, 애정을 입술로만, 혹은 펜으로만 표현하지 않는다. 그는 오직 기도할 때 하나님께 나아가려고 갈망한다. 입술에서 나오는 말보다 마음으로부터 우러나오는 신음 있는 기도가 가장 좋은 기도이다. 우리가 기도 중에 하는 말은 단지 기도의 마음, 기도의 생활, 그리고 기도의 영에 대한 빈약하고 피상적인 표현에 불과하다.

당신은 성경 속에서 모세의 기도를 만났을 때 기도에 대한 어떤 말도 발견하지 못했을 것이다. 모세가 애굽을 향해 가고 있을 때 뒤에서는 바로의 군대가 쫓아오고 앞은 홍해로 막혀 있었다. 그는 하늘을 향해 울부짖었다. 그것은 그의 영혼이 성령 안에서, 그리고 성령과 함께하는 것이었으며, 말로 표현할 수 없고, 무엇으로도 찾아낼 수 없는 신음과 울부짖음이었다. 하나님은 영의 하나님이시다. 하나님의 눈은 우리가 책임져야 하는 것보다 더 멀리 보고 계신다. 그러나 대부분의 사람들은 이 사실을 잘 알지 못한다.

우리는 하나님의 뜻을 행함으로써 하나님께 더 가까이 나아갈 수 있다. 그러나 하나님의 뜻에 따라 행하는 일은 상당히 어렵고 힘들다. 우리는 우리 자신의 힘으로 그것을 할 수 없다. 앞에서 말했던 것처럼 기도는 단지 하나의 책임이 아니라 우리의 가장 두드러진 책임이다. 그러므로 상당히 어렵고 힘든 일이다. 사도 바울이 "나는 성령과 함께 기도합니다"라고 성경에 기록했을 때 그는 자신이 말한 것의 의미를 잘 알고 있었다. 바로 그 깨달음이 그를 기도하는 사람으로 만든 것이다. 정말 기도하게 하시는 분은 성령임이 틀림없다.

그러므로 우리는 기도할 때 반드시 성령과 함께해야 한다. 그렇지 않으면 삶에 실패가 있는 것만큼이나 그 자체의 행동 안에서도 실패하게 될 것이다. 그렇다. 그 사역들이 핍박 속에서 약해질 것이다. 기도는 하나님의 법령이다. 하나님이 영광 받으시는 한 그 영혼은 계속해서 기도해야 한다. 그렇지만 우리 자신이 그 마음을 하나님 앞에서 기도하도록 일으켜 세우는 것은 불가능하다. 더구나 기도하는 데 있어서 성령의 도우심 없이 그 마음을 계속해서 유지하는 것은 더욱 불가능하다. 우리 인간이 처음부터 끝까지 하나님과 함께 계속해서 기도하기 위해서는 성령의 내주하심이 더욱 필요하다.

예수님은 "항상 기도하고 낙심하지 말아야 할 것"(눅 18:1)을 반복해서 말씀하셨다. 이 경고는 위선자에 대한 정의이기도 하다. 위선자는 계속 기도하지 않는다. 비록 그가 계속해서 기도할지라도 그 기도에는 능력이 없다. 성령의 능력 안에서 기도하지 못한다. 단지 기도의 형식 안에서 기도하는 체할 뿐이다. 능력에서 형식으로 떨어지는 것은 아주 쉬운 일이다. 그러나 기도의 책임에 있어서 생활과 성령의 능력 안에서 많은 일을 계속 유지하는 것은 매우 힘들다. 성령의 도우심 없이 그 누구도 기도할 수 없다. 또한 성령의 도우심이 없는 한 달콤한 기도의 틀 안에서 기도가 만군의 주 하나님의 귓가에 들리기까지 그 마음을 계속 유지하기란 참으로 어렵다.

야곱은 기도를 시작할 때뿐만 아니라 마칠 때까지도 "당신이 내게 축복하지 아니하면 가게 하지 아니하겠나이다"(창 32:26)라고 부르짖었다. 그 결과 그는 거룩한 안식을 찾게 되었다. 이것은 기도의 영이 없이는 할 수 없는 일이다. 우리가 하나님께 나아가는 것은 오직 성령을 통해서만 가능하다.

유다서에 주목할 만한 말씀이 있다. 유다서 기자는 악한 자는 하나님의 심판을 받는다고 말함으로써 성도들을 견고하게 세우고, 아주 탁월한 수단으로 복음에 대한 믿음을 계속 붙잡고 견디도록 각성시키고 있다. 그는 성령 없이는 결코 기도할 수 없다는 사실을 잘 알고 있었다. 그는 말한다. "사랑하는 자들아 너희는 너희의 지극히 거룩한 믿음 위에 자신을 세우며 성령으로 기도하며"(유 1:20).

사랑하는 지체들이여, 영생이 그것을 계속 붙잡고 있는 사람을 위해 준비되어 있는 것처럼, 만약 당신이 성령으로 계속해서 기도하고 있지 않다면 영생을 붙잡을 수 없을 것이다. 사탄과 적그리스도에 의해서 이 세상을 혼란스럽게 하는 많은 협잡꾼은 우리로 하여금 어떠한 책임이라는 형식을, 설교라고 하는 형식을, 청취라는 형식을, 기도라는 형식을 계속해서 만들게 한다. 이러한 것들은 아무 쓸모가 없다. "경건의 모양은 있으나 경건의 능력은 부인하니 이 같은 자들에게서 네가 돌아서라"(딤후 3:5). 그러므로 우리는 성령 안에서 성령의 강력한 도우심으로 예수 그리스도를 통해 하나님께 나아가야 한다.

03
Prayer by John Bunyan _ Part 1

성령으로 하는 기도와 총명으로 하는 기도

사도들은 성령으로 하는 기도와 총명으로 하는 기도를 명확히 구분했다. 그들은 "우리는 성령으로 기도할 것입니다" 또는 "총명으로 기도할 것입니다"라고 말했다. 이러한 구별은 고린도교회 교인들이 그들 자신뿐만 아니라 다른 사람들에게 덕을 세워야 할 책임을 알지 못한 데서 비롯된 것이다. 그들은 자신만의 상을 위해서 모든 것을 행했던 것이다. 그들이 가졌던 많은 특별한 은사, 예를 들면 방언의 은사에 있어서 그들은 형제들에게 덕을 세우기보다는 오히려 강력한 은사를 가진 자들을 위해서 사용했다.

이러한 이유로 바울은 이 부분을 그들에게 이해시키기 위해 편지를 썼다. 비록 방언의 은사가 아주 탁월한 것이긴 하지만, 교회의 덕을 세우기 위해서 무언가를 행한다는 것은 더욱 큰 은사라고. 그러므로 나는 성령으로 기도할 것이다. 만약 내가 방언으로 기도한다면 그것은 총명으로 기도하는 것이기 때문이다. 기도 중에 총명이 그 마음뿐만 아니라 입술에까지 꽉 차 있다는 것은 합당한 일이다. 총명으로 기도하는 것은 총명 없이 드리는 기도보다 더 효과적이고, 더욱더 분별 있고, 더욱더 성실한 기도이기 때문이다.

사도 바울은 골로새 교인들을 위해 다음과 같이 기도했다. "이로써 우리도 듣던 날부터 너희를 위하여 기도하기를 그치지 아니하고 구하노니, 너희로 하여금 모든 신령한 지혜와 총명에 하나님의 뜻을 아는 것으로 채우게 하시고"(골 1:9). 총명은 사람들에게 책임을 인식시키거나, 혹은 천국 시민으로, 영적인 사람으로 만드는 모든 면에서 유익하다. 그러므로 총명은 기도하기를 열망하는 모든 이에게 반드시 있어야 한다. 우리가 올바른 기도를 하기 위해서는 하나님께 기도하는 모든 사람에게 유익하고 영적인 총명이 반드시 요구된다.

영적인 총명은 하나님을 위해 기꺼이
행하고자 하는 마음속에서 발견된다

―

많은 사람들은 죄를 용서받는 것에 대해 그렇게 필요성을 느끼지 못한다. 다가올 진노로부터 해방되어야 할 필요성도 느끼지 못한다. 따라서 만약 우리에게 총명이 없다면 우리는 이러한 일을 전혀 열망하지 않을 것이다. 그리고 그것은 교회 내에 열의가 없는 무관심한 사람들과 함께하는 것이다. 우리는 영적인 총명이 부족했다. 우리는 자신이 가난하고 가련하며, 눈멀고 벌거벗었다는 사실을 알지 못했다. 그런 우리의 무지는 우리의 모든 사역이 그리스도로 하여금 메스껍게 하였고, 그리스도의 입에서 우리를 토해 내게 했다. "내가 네 행위를 아노니 네가 차지도 아니하고 뜨겁지도 아니하도다. 네가 차든지 뜨겁든지 하기를 원하노라. 네가 이같이 미지근하여 뜨겁지도 아니하고 차지도 아니하니 내 입에서 너를 토하여 버리리라"(계 3:15-16).

총명 없는 사람은 다른 사람들처럼 기도할 때 같은 말을 반복한다. 우리가 총명을 가졌다면 그 기도는 다른 사람들과 같지 않을 것이다. 같은 말을 하더라도 강한 차이점이 있다. 영적인 총명으로부터 우러나오는 소망을 말하는 사람과 단지 말로만 기도하는 사람 사이에는 아주 큰 차이가 있다.

영적인 총명은 기꺼이 행하고자 하는 마음이 있는 준비된 영혼에게 하나님이 주시는 것이다. 다윗은 말한다. "여호와 나의 하나님이여 주께서 행하신 기적이 많고 우리를 향하신 주의 생각도 많아 누구도 주와 견줄 수가 없나이다. 내가 널리 알려 말하고자 하나 너무 많아 그 수를 셀 수도 없나이다"(시 40:5).

이러한 총명은 복음서에 나오는 가나안 여인에게서도 발견된다. 그녀는 믿음으로, 그리고 올바른 총명으로 자신의 많은 죄에도 불구하고 자기를 구원하시고자 하는 예수님의 마음을 분명히 알았다. 이것이 그녀를 예수님 앞에서 열정적이고 진지하게 만들었다. 그렇다. 그녀는 하나님의 자비를 얻기까지 자신의 영혼이 결코 편안히 쉴 수 없다는 사실을 알았다(마 15:22-28).

죄인들을 구원하고자 하는 하나님의 총명보다 더 많은 용서를 위한 울부짖음과 하나님의 요구하심을 그 영혼에게 압박하게 하는 것은 없다. 만약 어떤 사람이 도랑에서 100파운드의 가치가 있는 진주를 발견하고도 그것을 가치 없는 것으로 생각한다면 그는 그것을 가볍게 여기고 그냥 지나치게 될 것이다. 그러나 그 진주의 가치를 귀하다고 인정한다면 그는 그것을 목에 걸고 다닐 것이다. 하나님의 일에 관심을 기울이는 영혼도 마찬가지다. 만약 어떤 사람이 하나님에 대한 가치를 분명히 인식한다면 그때 그의 가슴은, 아니 그의 영혼은 하나님을 좇을 것이다. 그리고 그 영혼은 성령과 총명을 소유할 때까지 절대 떠나지 않고 부르짖을 것이다.

복음서에 맹인 둘이 나온다. 그들은 예수님이 자기들 곁으로 지나가시는 것을 알았다. 그들은 자기들이 괴로움을 당하고 있는 것만큼이나 치료받고자 하는 의지와 치료받을 수 있다는 강한 확신이 있었다. 그래서 그들은 부르짖었다. 그들은 비난을 받으면 받을수록 더 크게 부르짖었다. "맹인 두 사람이 길 가에 앉았다가 예수께서 지나가신다 함을 듣고 소리 질러 이르되 주여 우리를 불쌍히 여기소서. 다윗의 자손이여 하니 무리가 꾸짖어 잠잠하라 하되 더욱 소리 질러 이르되 주여 우리를 불쌍히 여기소서. 다윗의 자손이여 하는지라"(마 20:30-31).

그러므로 영적으로 빛을 받는 총명은 그 영혼이 하나님께로 나아가는 길을 발견하게 된다. 그것은 그 영혼에게 큰 격려가 된다. 그것은 연약한 영혼에게도 마찬가지다. 만약 그 영혼이 일을 마치지 않는다면 그 위험성은 매우 크다. 그러나 그 영혼이 일을 마친다면 거기에는 매우 큰 유익이 있을 것이다. 그러나 때때로 어떻게 일을 시작해야 하는지, 혹은 어떻게 진행해야 하는지 알지 못한다. 그러므로 그 영혼은 실망하게 되고 위험에 처하게 되는 것이다. 또한 영적으로 빛을 받는 총명은 기도를 격려하기 위해 충분한 약속 안에서 광대함을 보게 한다. 이것은 기도의 강력함에 더 큰 힘을 준다. 사람들로 하여금 그 약속을 깨닫게 하여 그 약속이 무엇인지 알고 있는 사람들에게, 혹은 그러한 빛이 비친 총명을 간구하기 위해서 하나님께 나아가는 사람들에게 위대한 격려가 된다.

여기서 우리가 꼭 알아야 할 사실이 있다. 그것은 영적으로 빛을 받는 총명은 적합한 논쟁을 하기 위해, 하나님께 나아가는 영혼을 위해 야곱처럼 그 길을 만들어준다는 사실이다. 때때로 간구의 방식 안에서, 즉 말의 형식으로부터 마음에 이르기까지 성령에 따라 강화된다. 총명을 통해 이 효율적인 논쟁은 하나님의 마음을 움직이게 한다. 에브라임이 하나님을 향하여 자신의 부적당한 행동에 대한 올바른 총명을 갖게 되었을 때 그는 탄식하기 시작했다(렘 31:18-20). 그리고 하나님은 대화를 통해 탄식하고 있는 에브라임에게 용서함을 구할 수 있는 마음을 주셨다. 그리고 에브라임은 하나님을 통해 다시 기쁨이 넘치게 되었다.

하나님은 "에브라임이 스스로 탄식함을 내가 분명히 들었노니"라고 말씀하셨다. 에브라임은 자신에 대한 올바른 총명을 갖고 말했다. "주께서 나를 징벌하시매 멍에에 익숙하지 못한 송아지 같은 내가 징벌을 받았나이다. 주는 나의 하나님 여호와시니 나를 이끌어 돌이키소서. 그리하시면 내가 돌아오겠나이다. 내가 돌이킨 후에 뉘우쳤고 내가 교훈을 받은 후에 내 볼기를 쳤사오니.""이는 어렸을 때의 치욕을 지므로 부끄럽고 욕됨이니이다." 이것은 에브라임 자신에 대한 불평이었으며 탄식이었다. 그때 하나님은 이러한 탄식의 마음을 녹여주셨다. "에브라임은 나의 사랑하는 아들 기뻐하는 자식이 아니냐. 내가 그를 책망하여 말할 때마다 깊이 생각하노라. 그러므로 그를 위하여 내 창자가 들끓으니 내가 반드시 그를 불쌍히 여기리라. 여호와의 말씀이니라"(렘 31:20). 성령과 함께 기도해야 하는 것이 요구되었던 것처럼, 또한 총명과 더불어 기도해야 한다.

이 진리를 설명하기 위해 한 가지 비유를 들어보자. 당신의 집 문 앞에서 구걸하고 있는 거지가 두 명 있다고 가정해보자. 한 명은 가련한 절름발이고 여기저기에 상처투성이다. 그리고 거의 굶어 죽을 지경이다. 반대로 다른 한 명은 건강하고 좀 더 강하게 보였다. 이 두 거지는 구걸할 때마다 똑같은 말을 사용했다. 둘이 똑같이 말하기를 "굶어 죽게 되었으니 도와주십시오"라고 했다. 그러나 한 사람은 정말로 가난한 장애인이었기에 다른 거지가 구걸하는 것보다 더 자비의 감정을 느끼도록 말했다. 그 감정은 자신의 말을 통해서, 그리고 자신의 탄식을 통해서 발견할 수 있었다. 그의 고통과 빈곤은 그로 하여금 다른 거지보다 더 비탄의 영으로 말하게 했다. 결국 그 거지는 다른 거지보다 더 빨리 사람들에게 불쌍히 여김을 받게 되었다.

이것은 하나님 앞에서도 마찬가지다. 어떤 이는 괴로운 마음으로 기도한다. 또한 어떤 이는 꾸밈없는 노골적인 생각과 벌거벗은 듯한 지식으로 기도한다. 어떤 이는 영혼의 고통 때문에 강요된 말로 기도한다. 그러나 하나님은 확실히 다음과 같은 사람을 지켜보실 것이다. "무릇 마음이 가난하고 심령에 통회하며 내 말을 듣고 떠는 자, 그 사람은 내가 돌보려니와"(사 66:2).

또한 우리는 여기서 영적으로 빛을 받는 총명은 기도의 문제와 기도의 방식에 있어 감탄할 만큼 유용하다는 사실을 발견하게 된다. 선과 악의 차이를 식별해내기 위해서 아주 잘 훈련된 총명을 갖고 있고, 인간의 고통과 하나님의 자비를 둘 다 인식할 수 있는 능력을 갖추고 있는 영혼은 기도의 형식에 대해 배우기 위해서 다른 사람들이 쓴 글을 읽을 필요가 없다. 그가 고통을 느끼고 있기 때문에 굳이 "오!"라고 부르짖으라는 가르침을 들을 필요가 없는 것이다. 심지어 그는 성령에 따라 열린 총명을 가졌기에 다른 사람들이 하는 기도의 가르침을 배울 필요도 없다. 현재의 감정과 느낌, 그리고 영혼을 짓누르고 있는 압박감 등이 그로 하여금 하나님을 향해 그의 간구를 신음하도록 만든다.

다윗은 사망의 줄이 자신을 두르고 음부의 고통이 자신에게 미쳐서 환난과 슬픔을 만났을 때 하나님께 간구하기 위해서 주

교를 필요로 하지 않았다. 그는 "내가 여호와의 이름으로 기도하기를 여호와여 주께 구하오니 내 영혼을 건지소서"(시 116:4)라고 부르짖었다. 성령의 빛이 비친 총명은 하나님 앞에서 자신의 영혼을 쏟아 붓기 위한 형식을 배우기 위해 책을 연구할 필요가 없다. 그것은 병든 사람의 고통과 아픔 속에 자리 잡고 있는 자연스러운 마음이다. 자신이 처한 상황에서 아주 쉽게 고통스러운 신음과 불평을 쏟아 놓으면 되는 것이다.

다윗의 신음을 들어보라. "여호와여 주의 노하심으로 나를 책망하지 마시고 주의 분노하심으로 나를 징계하지 마소서. 주의 화살이 나를 찌르고 주의 손이 나를 심히 누르시나이다. 주의 진노로 말미암아 내 살에 성한 곳이 없사오며 나의 죄로 말미암아 내 뼈에 평안함이 없나이다. 내 죄악이 내 머리에 넘쳐서 무거운 짐 같으니 내가 감당할 수 없나이다. 내 상처가 썩어 악취가 나오니 내가 우매한 까닭이로소이다. 내가 아프고 심히 구부러졌으며 종일토록 슬픔 중에 다니나이다. 내 허리에 열기가 가득하고 내 살에 성한 곳이 없나이다. 내가 피곤하고 심히 상하였으매 마음이 불안하여 신음하나이다. 주여 나의 모든 소원이 주 앞에 있사오며 나의 탄식이 주 앞에 감추이지 아니하나이다. 내 심장이 뛰고 내 기력이 쇠하여 내 눈의 빛도 나를 떠났나이다. 내가 사랑하는 자와 내 친구들이 내 상처를 멀리하고 내 친척들도 멀리 섰나이다. 내 생명을 찾는 자가 올무를 놓고 나를 해하려는 자가 괴악한 일을 말하여 종일토록 음모를 꾸미오나"(시 38:1-12). 이런 솔직한 고백이 있었기에 그는 하나님의 축복을 받았다. 총명은 하나님의 은혜가 부여된 사람과 함께한다.

**영혼이 기도를 계속하기 위해서는
성령의 빛이 비친 총명이 필요하다**
—

하나님의 사람들은 사탄이 연약한 영혼을, 또한 예수님을 진정으로 기꺼이 받아들이려고 하는 사람들을 속이기 위해서 계략을 짜고 얼마나 많이 유혹하고 있는지 알고 있다. 심지어 예수님까지 유혹했다는 사실에 대해서도 알고 있다. 사탄은 영혼들이 하나님의 존전에서 간구하는 것을 피곤해하도록 유혹할 것이며, 하나님은 그러한 사람들에게 기꺼이 자비를 주시지 않을 것으로 생각하도록 할 것이다. 사탄은 끊임없이 "너는 기도할 수 있으나 승리하지는 못할 것이다"라고 속삭인다. 그리고 사람들은 쉽게 그 말에 넘어간다.

당신의 가슴은 굳고 차갑고 둔해져 있다. 그리고 죽어 있다. 당신은 성령과 함께 기도할 수 없다. 당신은 매우 진지하게 기도하지 못한다. 당신의 생각은 다른 일을 좇아가고 있다. 당신은 하나님께 기도하는 체한다. 항상 위선적이다. 더는 앞으로 나아가지 못한다. 이런 상황에서 기도는 단지 헛된 메아리에 불과하다.

만약 어떤 영혼이 총명 안에서 하나님에 대해 올바로 깨닫지 못한다면 그 영혼은 이렇게 부르짖을 것이다. "여호와께서 나를 버리시며 주께서 나를 잊으셨다"(사 49:14). 반대로 그 영혼의 총명에 성령의 빛이 비치고 올바른 깨달음을 받았다면 그 영혼은 야곱과 같이 말할 것이다. "나는 주님을 찾을 것입니다. 그리고 기다릴 것입니다. 나는 주님이 침묵하실지라도, 그리고 어떠한 위로의 말을 하지 않으실지라도 이곳을 떠나지 않을 것입니다." 하나님은 진정으로 그런 야곱을 사랑하셨다.

하지만 하나님은 그로 하여금 축복을 받기 전까지 씨름하게 하셨다(창 32:25-27). 겉으로 보이는 하나님의 행하심에 대해서 우리가 불쾌해야 할 이유는 없다. 왜냐하면 하나님은 지극히 사랑스러운 성도들로부터 그 자신의 얼굴빛을 숨기실 수도 있기 때문이다. "이제 야곱의 집에 대하여 얼굴을 가리시는 여호와를 나는 기다리며 그를 바라보리라"(사 8:17). 그러나 하나님은 기도하는 사람들을 계속해서 사랑하고 계신다. 그리고 천국 문 앞에서 그들을 기다리고 계신다. 그렇다. 영혼들에게 말한다. "주님은 우리를 시험하십니다. 그분은 우리의 상황을 신음하는 소리로 듣고 싶어하십니다."

가나안 여인은 겉으로 보이는 거절을 진짜라고 받아들이지 않았다. 그녀는 주님이 자비로운 분이라는 사실을 알고 있었다. 주님은 내가 주님을 기다렸던 것보다 더 오랫동안 나를 기다리고 계신다. 그것은 다윗도 마찬가지였다. "내가 여호와를 기다리고 기다렸더니 귀를 기울이사 나의 부르짖음을 들으셨도다"(시 40:1). 그 기다림에 관한 가장 뛰어난 치료는 성령의 빛이 비치고 깨달음을 얻는 총명뿐이다.

이 세상에 진정으로 하나님을 두려워하고 있는 연약한 영혼이 얼마나 많을까? 그들은 성령의 빛이 비친 총명 안에서 깨달음을 얻지 못하기에 사탄의 계략과 유혹에 의지해서, 곧 사라지고 잃어버리게 될 것을 위해 모든 것을 포기하려고 한다. 그러나 주님은 그들을 끝까지 불쌍히 여기신다. 그들로 하여금 성령과 함께 기도하게 하려고, 그리고 총명으로 더불어 기도하게 하려고 지금도 돕고 계신다.

여기서 잠깐 나의 경험을 얘기하고자 한다. 내가 심한 영혼의 동요로 흥분 상태에 있었을 때 나는 그분으로부터 더는 주님을 떠나지 못하도록 아주 강하게 설득 당했다. 주님은 당신이 얼마나 많은 죄인에게 자비를 베푸셨는지 알게 하셨다. 그리고 그분의 약속이 얼마나 많은지도. 그러나 그것이 전부는 아니었다.

내가 병든 자임을 알게 하셨다. 의가 없는 자, 단지 죄인임을 알게 하셨다. 비어 있는 내 영혼을 보게 하셨다.

그리고 마침내 하나님의 은혜와 자비로 나의 모든 것을 확장하게 하셨다. 성령의 도우심을 통해 나를 그분께 붙어 있게 하셨고 그분을 붙잡게 하셨다. 그렇지만 나는 그 전에 하나님의 응답을 기다리며 오랫동안 울부짖어야 했다. 나는 그 경험을 통해 다음과 같은 사실을 깨달았다. 주님은 연약하고 유혹받는, 그리고 고통받는 그의 백성들을 위해 — 옛 선지자가 말했던 것처럼 그것이 비록 오래 걸린다 하더라도 — 계속해서 모든 것을 도우신다. "우리가 이같이 큰 구원을 등한히 여기면 어찌 그 보응을 피하리요, 이 구원은 처음에 주로 말씀하신 바요 들은 자들이 우리에게 확증한 바니"(히 2:3). 주님은 사람의 생각이나 제한된 형식을 통해서가 아니라 성령과 함께, 그리고 또한 총명으로 더불어 기도하도록 돕고 계신다.

04
Prayer by John Bunyan _ Part 1

기도의 원칙을
삶 속에 적용하라

나는 이번 장에서 기도에 대한 몇 가지 적용을 말하고자 한다. 그 첫째는 응답받지 못하는 기도에 관한 것이고, 둘째는 분별 있게 기도하기 위해 주의해야 할 것에 관한 것이다. 그리고 셋째는 격려를 위한 말이며, 넷째는 책망에 대한 말이다.

기도는 하나님의 자녀 된 모든 사람의 의무이다. 그리고 그것은 하나님의 영에 의해서 하는 것이다. 주님으로부터 기도하도록 책임진 모든 사람은 아주 신중해야 할 필요가 있다. 그리고 예수 그리스도를 통해서 하나님의 자비를 소망할 뿐만 아니라 하나님을 경외함으로써 특별히 그 일을 열심히 수행해야 한다. 기도는 하나님의 명령이다. 그래서 사람들은 그 안에서 하나님과 더욱더 가까워지는 것이다. 우리가 신령한 사람이 되기를 원하는 것만큼 기도하는 영혼을 도우시기 위한 하나님의 은혜가 그만큼 더 필요하게 되는 것이다.

우리는 세상에 있는 왕이나 지혜자가 볼품없는 말과 세련된 행동으로 연설하는 것처럼 기도하지 말아야 한다. 하나님은 우매한 자의 제사를 기뻐하지 않으신다. "너는 하나님의 집에 들어갈 때에 네 발을 삼갈지어다. 가까이하여 말씀을 듣는 것이 우매한 자들이 제물 드리는 것보다 나으니 그들은 악을 행하면서도 깨닫지 못함이니라. …네가 하나님께 서원하였거든 갚기를 더디게 하지 말라. 하나님은 우매한 자들을 기뻐하지 아니하시나니 서원한 것을 갚으라"(전 5:1,4).

기도는 긴 사상을 말로 전달하는 것이 아니다. 또한 유창한 웅변가의 혀로 말하는 것도 아니다. 그것은 전심으로 하나님의 귓가에 전달되도록 하는 것이다. 하나님이 원하시는 제사는 겸손과 상하고 통회하는 심령이다. "하나님께서 구하시는 제사는 상한 심령이라. 하나님이여 상하고 통회하는 마음을 주께서 멸시하지 아니하시리이다"(시 51:17). "지극히 존귀하며 영원히 거하시며 거룩하다 이름하는 이가 이와 같이 말씀하시되, 내가 높고 거룩한 곳에 있으며 또한 통회하고 마음이 겸손한 자와 함께 있나니, 이는 겸손한 자의 영을 소생시키며 통회하는 자의 마음을 소생시키려 함이라"(사 57:15). 그러므로 우리는 기도를 방해하고, 심지어 기도가 응답받지 못하도록 만드는 것들에 관하여 정확히 알아야 한다.

응답받지 못하는
다섯 가지 기도

먼저, 마음속에 사악한 것을 품고 드리는 기도이다. "내가 나의 마음에 죄악을 품었더라면 주께서 듣지 아니하시리라"(시 66:18). 당신은 자신도 모르는 사이에 위선적인 입술로 판단하는 일을 비밀스럽게 사랑하게 될 것이다. 왜냐하면 그것이 바로 인간의 연약한 마음이기 때문이다. 그리고 그러한 입술로 판단하는 기도를 꽉 붙잡을 것이다. 그들은 입술로는 하나님을 사랑한다고 하지만 그들의 마음은 이미 하나님에게서 멀리 떠나 있는 상태이다.

만약 거지가 개에게 주려고 동냥을 한다면 우리의 눈에 이것이 얼마나 흉해 보이겠는가! 이것은 우리가 입술로만 "주님의 뜻이 이루어지길 바랍니다"라고 말하는 것과 같다. 그러나 정작 우리의 마음은 그러한 일들이 이루어지기를 바라지 않고 있다는 뜻이다. 또한 우리는 입술로는 "이름이 거룩히 여김을 받으시오며"라고 기도한다. 그러나 정작 우리의 마음과 삶은 주님의 이름을 더럽히는 것을 온종일 계속해서 즐기고 있다. 이러한 기도는 도리어 죄가 된다(시 109:7). 그리고 비록 우리가 기도를 자주 드린다 하더라도 하나님은 결코 그 기도에 응답하시지 않을 것이다.

둘째, 사람들에게 보여주기 위해 드리는 기도이다. 비록 그가 믿음 있는 사람이라 할지라도 이러한 기도는 하나님의 응답에 미치지 못한다. 그리고 하나님은 영생에 관한 한 결코 어떤 응답도 하시지 않을 것이다. 기도를 이런 식으로 끝내는 두 종류의 사람이 있다.

어떤 목사는 하나님께 예배하는 척하면서 교인들에게 다가간다. 그의 진짜 관심은 자신의 배를 채우는 데 있다. 이러한 사람들은 특히 아합시대 선지자들에 의해서, 느부갓네살에 의해서 아주 생생하게 표현되고 있다. 그들의 강한 욕망과 부풀림은 그 위대한 일들을 그들의 모든 헌신 속에 빗대어 말하게 했다.

사람들은 웅변적인 말을 호평하고 박수갈채를 보낸다. 그리고 다른 어떤 것보다도 듣는 자의 귀와 머리를 기분 좋게 자극한다. 이러한 기도는 사람들에게 듣기 좋게 하려고 하는 기도에 불과하다. 우리는 이러한 사람들에게서 다음과 같은 것을 발견할 수 있다.

하나, 그들은 자신이 드린 기도의 표현 속에서 청중만을 의식하고 응시한다. 둘, 그들은 기도를 다 마친 후에 칭찬을 기다린다. 셋, 그들의 마음은 찬양으로 밝아지거나 혹은 우울하게 되기도 한다. 넷, 그들이 드리는 기도의 길이는 그들을 즐겁게 한다. 그 기도가 길어질 수도 있다. 그리고 그들은 계속해서 한 말을 헛되이 되풀이하기도 한다. "또 기도할 때에 이방인과 같이 중언부언하지 말라. 그들은 말을 많이 하여야 들으실 줄 생각하느니라"(마 6:7).

그들은 말을 길게 하려고 연구하지만 그 기도가 어떤 마음에서부터 오게 되었는지는 찾지 않는다. 다만 그들은 되돌아오는 반응을 기대한다. 그렇지만 그것은 사람에 의한 공허한 박수갈채이다. 그러므로 그들은 조용한 기도실을 좋아하지 않고 사람들 사이에 있기를 좋아한다. 그리고 언제나 양심은 그들을 기도실로 밀어붙이지만 위선은 그들로 하여금 돌아다니게 만든다. 또한 그들의 입술로 드리는 기도를 다 끝마쳤을 때 주님이 뭐라고 말씀하는지 듣기 위해서 기다리지 못한다.

셋째, 잘못된 것을 위해서 구하는 기도이다. 그들이 올바른 것을 위해서 기도한다 하더라도 그것을 정욕을 위해서, 잘못된 목적을 위해서 사용하려고 기도하는 경우이다. 야고보는 말한다. "너희가 얻지 못함은 구하지 아니하기 때문이요, 구하여도 받지 못함은 정욕으로 쓰려고 잘못 구하기 때문이라"(약 4:2-3). 만약 구하는 목적이 하나님의 뜻과 반대된다면 그 탄원을 포기하는 것이 하나님의 뜻이다. 많은 사람들이 기도를 드리고도 응답받지 못한다. 하나님은 그들에게 침묵으로 응답하신다. 그들은 말로 노동을 했을 뿐이다. 그것이 전부이다.

하나님은 간혹 이런 잘못된 기도를 들어주시기도 한다. 광야 시절 비록 이스라엘 백성이 하나님과의 관계가 올바르지 못했고 정욕을 위해서 사용했더라도 메추라기를 주심으로써 하나님은 그들의 기도를 들어주셨다. 그러나 이 응답은 심판 안에 있는 것이지 자비 가운데 있는 것이 아니다. 하나님이 정말로 그들이 요구하는 것을 주셨음에도 그들은 그것을 갖지 않고 더욱 더 좋은 것을 가졌다. 왜냐하면 하나님이 그 영혼을 쇠약하게 하셨기 때문이다. 그러므로 이것은 하나님이 응답하시는 사람에게 도리어 재앙이 된다.

넷째, 하나님보다 자신을 나타내고자 하는 기도이다. 이러한 기도는 사람들이 만든 것과 같다. 하나님이 기도를 제정하시고 피조물의 기도를 들으신다고 약속하셨지만 예수 그리스도 안에 거하지 않는 그 어떤 피조물의 기도도 듣지 않으신다. "너희가 내 이름으로 무엇을 구하든지 내가 행하리니 이는 아버지로 하여금 아들로 말미암아 영광을 받으시게 하려 함이라. 내 이름으로 무엇이든지 내게 구하면 내가 행하리라"(요 14:13-14). "그런즉 너희가 먹든지 마시든지 무엇을 하든지 다 하나님의 영광을 위하여 하라"(고전 10:31).

당신이 기도할 때 비록 믿음이 깊지 못하고 열심이 없고, 진지하지 못하고 끊임없이 기도하지 못한다 할지라도 단지 그리스도 안에 거하기만 한다면 하나님은 당신의 기도에 응답하실 것이다. 하지만 슬프게도 대부분의 사람들이 주 예수 그리스도의 이름으로 하나님께 나아가는 것을 잘 모르고 있다. 왜냐하면 그들이 부정한 삶을 살고 있으며, 부도덕한 기도를 하며, 사악하게 죽어가고 있기 때문이다. 그렇지 않으면 그들이 단지 자연적인 인간이 도달하려고 하는 단계, 즉 인간과 인간 사이에서 일어나는 말과 행동의 경지에만 이르려 하기 때문이다. 그리고 율법의 의만 가지고 하나님 앞에 다가가려고 하기 때문이다.

다섯째, 능력 없이 형식적으로 드리는 기도이다. 책에 기록된 형식적인 기도문을 가지고 아주 열심을 내며 기도하는 것은 사람들에게 쉬운 일이다. 그러나 기도의 영을 소유해야 한다든지, 기도의 능력을 갖춰야 한다는 것에 관해 자신에게 질문하지 않는다. 이러한 사람들은 마치 채색을 한 사람과 같다. 그리고 그들의 기도는 그릇된 목소리와도 같다. 그들은 위선자처럼 나타난다. 그들의 기도는 가증스럽다. "사람이 귀를 돌려 율법을 듣지 아니하면 그의 기도도 가증하니라"(잠 28:9). 자기의 영혼을 하나님께 쏟아 부었다고 말할지라도 개처럼 소리를 길게 뽑으며 청승맞게 울부짖는 공허한 메아리에 불과하다.

그러므로 당신이 하늘과 땅에 두루 계신 하나님께 기도하려고 할 때, 혹은 그분께 관심을 둘 때 당신이 원하는 것을 신중하게 생각해야 한다. 많은 사람들처럼 단지 기도의 말 속에서 헛수고하지 마라. 그들이 원하는 것과 같은 일을 구하지 마라. 사람들이 잘못된 필요 때문에 기도에 참여하는 것을 보지 마라. 오직 당신은 전심으로 원하는 것을 보았을 때 그 마음을 지키고 분별 있게 기도하기 위해서 주의하라.

**분별 있게 기도하기 위해
주의해야 할 것**
—

먼저, 성령과 함께하지 않는 갑자기 떠오른 확신을 통해 즉석에서 기도하는 것을 주의해야 한다. 사탄이 기뻐하는 일 중 하나는 우리의 가장 좋은 기도를 대항해서 악하게 만드는 것이다. 사탄은 당신의 그릇된 속임의 위선에 아첨할 것이다. 그리고 사탄은 수많은 환상적인 선행을 당신에게 주입할 것이다. 그때 당신이 기도의 책임을 다한다 하더라도, 그리고 그 밖의 모든 것을 다한다 하더라도 하나님의 코에서 진노의 연기가 날 것이다.

그때 사탄은 가련한 여호수아 우편에 서서 그를 대적하기 위해, 즉 그 사람을, 혹은 그 행동을 하나님이 받으시지 않도록 설득하기 위해 서 있는 것이다. "사람에게 이르기를 너는 네 자리에 서 있고 내게 가까이하지 말라. 나는 너보다 거룩함이라 하나니 이런 자들은 내 코의 연기요 종일 타는 불이로다"(사 65:5). "대제사장 여호수아는 여호와의 천사 앞에 섰고 사탄은 그의 오른쪽에 서서 그를 대적하는 것을 여호와께서 내게 보이시니라"(슥 3:1).

그러므로 이와 같은 그릇된 결론과 사실무근의 실망한 상태를 주의해야 한다. 비록 이러한 설득이 당신의 영혼을 급습한다 하더라도 당신은 하나님과 가까워짐으로써 영혼이 신실하게 되는 것을 막으려는 사탄 때문에 실망하는 것을 피해야 한다.

둘째, 갑작스러운 유혹이 기도를 방해하지 못하도록 주의해야 한다. 사탄의 갑작스러운 유혹이 당신으로 하여금 기도하는 것을 멈추게 하지 못하도록, 당신 마음속에 있는 부패도 당신을 방해하지 못하도록 해야 한다. 앞에서 언급한 모든 일을 당신 자신 속에서 발견하게 될 것이다. 사탄은 당신의 기도 속에서 사탄 자신을 위해서 기도하도록 강요하려고 애쓸 것이다. 그때 당신이 할 일은 사탄을 판단하는 것이며 사탄을 대항하는 기도를 하는 것이다.

이처럼 자신이 하나님을 가까이하면 할수록 더 많이 자신의 비열한 감정 속에서 거짓말을 하게 될 위험에 노출된다. 낙담시키는 것과 절망시키는 것에 이의를 제기하기보다 오히려 정당화하게 된다. 그럴 때 당신은 다윗과 같이 회개하는 심령으로 하나님께 나아가야 한다. "여호와여 나의 죄악이 크오니 주의 이름으로 말미암아 사하소서"(시 25:11).

격려를 위한 말

나는 지금 연약하고 유혹받기 쉽고 의기소침해진 영혼에게 그리스도를 통해서 하나님께 나아가 기도하라는 격려의 말을 하려고 한다. 하나님께 응답받는 모든 기도는 반드시 성령 안에 있어야만 한다. 왜냐하면 오직 성령만이 하나님의 뜻에 따라 우리를 위해서 중보하시기 때문이다. 그렇지만 성령은 연약한 영혼 속에 역사하고 계시며, 하나님의 자비하심을 위해서 신음하도록 우리를 강하게 움직이고 계신다. 그런 까닭에 비록 우리가 믿음이 없으므로 행하지 못하고, 지금 하나님의 백성이라는 사실을 믿을 수 없다 하더라도 기뻐할 수 있는 것이다. 진리의 은혜가 우리 가운데 거하므로 다음과 같은 몇 가지 격려의 말을 하려고 한다.

먼저, 예수님을 갈망하는 연약한 영혼을 격려하는 말씀을 만날 수 있다는 사실이다. 주님은 떡 세 덩어리를 빌리기 위해서 친구를 찾아간 어떤 사람의 비유를 말씀하고 계신다. 그는 매우 간절히 청했지만 친구에게 거절당했다. 그렇지만 그는 포기하지 않고 집요하고 끈덕지게 간청했기 때문에 친구로부터 떡 세 덩어리를 빌릴 수 있었다. 이 말씀은 비록 믿음이 연약하더라도, 자신의 연약한 영혼을 통해서는 자신이 하나님의 친구라는 사실을 볼 수 없다 하더라도, 하나님의 문 앞에서 자비를 구하기 위해 간청하며 찾으며 두드리기를 절대 그만두지 말 것을 분명하게 나타내고 있다. 우리 주 예수님이 하신 말씀에 주의를 기울여보라. "내가 너희에게 말하노니 비록 벗 됨으로 인하여서는 일어나서 주지 아니할지라도 그 간청함을 인하여 일어나 그 요구대로 주리라"(눅 11:8).

연약한 영혼이여! 당신은 하나님이 당신을 친구로 인정해 주시지도 않을 뿐만 아니라 오히려 악한 행실 탓에 마음으로 원수가 되어버린 당신을 존중해 주시지 않는다고 큰소리로 항의하기도 할 것이다. 그리고 주님이 약속하신 말씀을 듣는다 하더라도 예수님이 비유로 말씀하셨던 것처럼 그렇게 부르짖기 어렵다고 생각할 것이다. 그렇지만 당신은 계속해서 문을 두드리고 울부짖고 신음해야 한다. 예수님이 "비록 벗 됨으로 인하여서는 일어나서 주지 아니할지라도 그 강청함을 인하여 일어나 그 요구대로 주리라"고 말씀하셨기 때문이다.

당신은 불의한 재판관과 가난한 과부에 대한 비유의 말씀에서 이와 같은 사실을 발견할 수 있다. 그녀의 강청함은 재판관을 설득했다. "이르시되 어떤 도시에 하나님을 두려워하지 않고 사람을 무시하는 한 재판장이 있는데 그 도시에 한 과부가 있어 자주 그에게 가서 내 원수에 대한 나의 원한을 풀어주소서 하되 그가 얼마 동안 듣지 아니하다가 후에 속으로 생각하되 내가 하나님을 두려워하지 않고 사람을 무시하나 이 과부가 나를 번거롭게 하니 내가 그 원한을 풀어주리라. 그렇지 않으면 늘 와서 나를 괴롭게 하리라 하였느니라"(눅 18:2-5).

나 자신의 경험에 비추어 볼 때 하나님을 설득하기 위한 길은 강청함 외에는 다른 아무것도 없다. 당신도 문 앞에 와 있는 거지에 대해 그런 태도를 보이지 않겠는가? 비록 당신이 거지의 요청에 대해 처음에는 아무것도 줄 마음이 없었다 하더라도, 만약 거지가 자신을 비탄하면서 당신을 계속 따라다닌다면 결국 그에게 주고 말 것이다. 왜냐하면 그의 계속적인 강청이 당신을 압도할 것이기 때문이다. 당신은 이처럼 계속해서 강청하는 거지 때문에 자극을 받을 수 있는가? 그러면 하나님 앞에서 그와 같이 행동하라. 하나님은 당신이 필요로 하는 만큼 주실 것이다.

둘째, 하나님은 연약한 피조물의 탄원과 기도를 듣기 위해서 은혜의 보좌에 계신다는 사실이다. 기도에 대한 두려움으로 떨고 있는 연약한 영혼을 확신시키기 위한 또 다른 격려는 주 우리 하나님이 연약한 피조물의 탄원과 기도를 듣기 위해 계시는 장소이다. 그곳은 바로 "은혜의 보좌"(히 4:16)이다. 그곳은 또한 "속죄소"(출 25:22)이다. 이것은 복음시대에 하나님이 자비와 용서로 그의 보좌, 즉 영원불변의 보좌를 들어 올리신다는 것을 나타내고 있다. 하나님은 속죄소에 대해 "그곳에서 영혼들을 만날 것이며 죄인들의 소리를 들을 것이며 친히 사귈 것"이라고 말씀하셨다. 그것이 속죄소를 근거로 하고 있다는 사실에 주목해야 한다. "거기서 내가 너와 만나고 속죄소 위, 곧 증거궤 위에 있는 두 그룹 사이에서 내가 이스라엘 자손을 위하여 네게 명령할 모든 일을 네게 이르리라"(출 25:22).

불쌍한 영혼이여! 사람들은 하나님에 대하여, 그리고 자신을 향한 그분의 행동에 대하여 이상하게 생각하는 경향이 있다. 사람들은 하나님이 자기를 인정해 주시지 않을 것이라고 성급하게 결론내린다. 그렇지만 하나님은 속죄소에 계시며, 연약한 피조물의 기도를 끝까지 들으시며, 존중해 주시기 위해 고의로 그 장소를 들어 올리신다.

만약 하나님이 심판의 보좌에서 당신과 함께 이야기를 나누겠다고 하시면, 당신은 진정으로 위대하고 영광스러운 엄위자 앞에서 떨 것이며 달아나고 말 것이다. 그런데 하나님은 은혜의 보좌에서 영혼들의 소리를 들을 것이며 이야기를 나눌 것이라고 말씀하신다. 이것은 당신에게 격려가 되는 말이며 당신에게 소망의 원인이 된다. 우리는 긍휼하심을 받고 때를 따라 돕는 은혜를 얻기 위하여 은혜의 보좌 앞으로 담대히 나아가야 한다(히 4:16).

셋째, 속죄소에는 우리를 위해 뿌리신 예수님의 피가 있다는 사실이다. 하나님과 함께 계속해서 기도하도록 돕는 또 다른 격려가 있다. 하나님이 연약한 죄인들과 이야기하시는 속죄소에는 예수님이 뿌리신 피가 있다는 사실이다. 이것을 "뿌린 피"(히 12:24)라고 부른다. 율법 아래서 대제사장은 "피 없이는"(히 9:7) 그 속죄소 안으로 들어갈 수가 없었다. 왜 그랬을까? 그 이유는 하나님이 속죄소 위에 계신다 하더라도 그분은 완전히 정의로울 뿐만 아니라 자비로워야 하셨기 때문이다.

예수님의 피는 다음 구절에 나타난 것과 같이 대제사장의 중보 안에서 사람들의 형벌을 집행하는 심판을 막았다. "여호와 앞에서 분향하여 향연으로 증거궤 위 속죄소를 가리게 할지니 그리하면 그가 죽지 아니할 것이며, 그는 또 수송아지의 피를 가져다가 손가락으로 속죄소 동쪽에 뿌리고, 또 손가락으로 그 피를 속죄소 앞에 일곱 번 뿌릴 것이며, 또 백성을 위한 속죄제 염소를 잡아 그 피를 가지고 휘장 안에 들어가서 그 수송아지 피로 행함 같이 그 피로 행하여 속죄소 위와 속죄소 앞에 뿌릴지니, 곧 이스라엘 자손의 부정과 그들이 범한 모든 죄로 말미암아 지성소를 위하여 속죄하고, 또 그들의 부정한 중에 있는 회막을 위하여 그같이 할 것이요. 그가 지성소에 속죄하러 들어가서 자기와 그의 집안과 이스라엘 온 회중을 위하여 속죄하고 나오기까지는 누구든지 회막에 있지 못할 것이며"(레 16:13-17).

오늘 그 피는 당신이 그리스도 안에서 자비를 구하기 위해 하나님께로 나아가는 일을 방해하지 못할 것임을 상징한다. 당신은 이제까지 하나님의 진노만을 일으키는 거의 가치 없는 것을 부르짖었다. 그런 까닭에 하나님은 당신의 기도를 존중해 주지 않으셨다. 이것은 사실이다. 당신이 아직도 가치 없는 일을 즐거워한다 하더라도 이제 당신은 속임수에 불과한 일에서 벗어나 하나님께로 나아가야 한다.

그러므로 당신이 죄책감으로부터 구원받기를 열망하면서 당신의 온 마음을 하나님께 쏟아 부어야 한다. 예수님의 피가 당신을 도울 것이다. 두려움 없이 당신의 온 마음을 다하여 더러운 죄악으로부터 깨끗해지기를 열망하면서 하나님께 당신의 마음을 쏟아 부어야 한다. 예수님의 피로 인해 당신의 간구를 듣고 하나님이 응답하실 것이다.

속죄소 위에 뿌려진 그리스도의 보혈은 당신을 향한 심판의 진행을 멈추게 했고, 하나님의 자비하심이 당신에게 확장되게 하는 수문을 여는 열쇠가 되었다. 당신은 예수님의 피를 힘입어 성소에 들어갈 담력을 얻게 되었다(히 10:19). 그 피는 당신을 위하여 "새로운 살 길"(히 10:20)을 만들었으며 그 피로 당신은 죽지 않게 되었다.

예수님은 속죄소에 자신의 피를 뿌리셨을 뿐만 아니라 그 피를 통하여 우리에게 계속 말씀하고 계신다. 예수님께는 예수님의 말씀을 듣는 청중이 있다. 그리고 예수님의 피에도 청중이 있다. 예수님은 말씀하신다. "내가 피를 볼 때에 너희를 넘어가리니 재앙이 너희에게 내려 멸하지 아니하리라"(출 12:13). 나는 당신을 더 이상 지체하게 하지 않을 것이다. 술 취하지 말고 겸손하라. 그 아들의 이름으로 아버지 앞에 가서 성령의 도우심으로 당신의 문제를 말하라. 그때 당신은 성령과 함께 지혜로 하는 기도의 유익함을 느끼게 될 것이다.

책망에 대한 말

먼저, 이것은 슬프게도 기도하지 않는 당신에게 하는 말이다. 그리스도인은 가슴속으로 "나는 기도할 것이다"라고 말한다. 만약 당신이 기도하는 사람이 아니라면 당신은 그리스도인이 아니다. 경건한 자는 하나님을 만날 기회를 기다려 기도할 것이기 때문이다. "이로 말미암아 모든 경건한 자는 주를 만날 기회를 얻어서 주께 기도할지라. 진실로 홍수가 범람할지라도 그에게 미치지 못하리이다"(시 32:6).

그런데 만약 당신이 기도하지 않는다면 당신은 아주 불행한 사람이다. 야곱은 하나님과 겨루어 이김으로써 '이스라엘'이란 새로운 이름을 얻었다(창 32:28). 그 후 하나님의 모든 자녀는 그와 함께 그 이름을 지니게 되었다. 그러나 기도하기를 잊어버린 사람들은 예수님의 이름으로 그들에게 도움이 되는 것을 구할 수 없다. 그들은 단지 "주를 알지 못하는 이방 사람들과 주의 이름으로 기도하지 아니하는 족속들에게 주의 분노를 부으소서"(렘 10:25)라고 해야 할 것이다.

당신은 하나님 앞에 당신의 마음을 쏟아 붓기보다 차라리 개처럼 침실에 가서 잠을 자고, 돼지처럼 혹은 주정뱅이처럼 일어나면서 그분께 간구하는 것을 잊어버리지 않았는가? 자비를 위해서 간구하는 것에 대한 가치를 중요하게 생각하지 않았던 당신의 슬픔을 위해서 누가 슬퍼해 주겠는가? 당신에게 말하지만 그때 큰 까마귀와 개들이 당신을 심판하려고 일어날 것이다. 그들조차 자기들의 성질에 따라서 자기들을 새롭게 하려고 어떤 소리를 낼 것이다. 그렇지만 당신은 영원히 멸망할 지옥에 떨어진다 하더라도 하늘을 향해 부르짖을 마음을 갖고 있지 않을 것이다.

둘째, 이것은 성령으로 하는 기도와 성령을 가볍게 여기는 당신을 책망하는 것이다. 하나님이 이러한 일이 일어나지 않도록 준비하라고 하실 때 당신은 무엇을 할 것인가? 당신은 단지 왕에게 대항해서 말하는 것을 대역죄라고 생각하며 그와 같은 생각으로 떨면서 성령을 모독할 수 있다. 그러나 하나님이 정말로 희롱당하거나 당신의 즐거움의 목적이 될 수 있을 것이라고 생각하는가? 하나님이 당신으로 하여금 비웃으라는 목적으로 그의 백성의 마음속에 성령을 보내셨는가? 그것이 하나님을 섬기는 것인가? 또한 그것이 교회의 개혁을 나타내는 것인가? 아니면 그것이 하나님께 버림받지 않았다는 표시인가?

오, 두려움이여! 율법을 거역한 당신의 죄로 말미암아 지옥에 떨어지게 된 것으로 충분하지 않은가? 그것도 모자라 거룩하고 해가 없고 순결한 은혜의 성령, 즉 하나님의 속성이며 그리스도의 약속이고, 그의 백성의 위로자이신 은혜의 성령을 대항하는가?

성령 없이는 이 세상의 누구도 하나님이 응답하시는 어떠한 예배도 드릴 수 없다. 성령이 반드시 계셔야 한다. 그런데도 당신 노래의 후렴구에서 성령을 악담하고 조롱하며 비웃을 수 있는가? 만약 하나님이 고라와 그에 속한 사람들을 모세와 아론에게 대적한 것 때문에 지옥 불로 삼키신 사실을 기억한다면 성령을 비웃고도 처벌받지 않고 피할 수 있다고 생각하는가?(민 16:31-35, 히 10:29). 당신은 하나님이 아나니아와 삽비라가 성령을 속이고 거짓말한 것을 밝혀내셨던 사실을 읽어 본 적이 없는가?(행 5:1-11). 시몬이 성령을 돈으로 사려고 했던 것을 읽어보지 못했는가?(행 8:18-22).

이를 통해 볼 때 당신의 죄가 미덕이 될 수 있는가? 성령이 하나님의 자녀들에게 맡겨주신 사명과 섬김에 반대되는 격렬한 노여움을 당신의 직무로 생각하고 있는데, 어찌 당신에게 재앙이 없겠는가? 은혜의 성령을 모욕하는 일은 두려운 일이다. "그러므로 내가 너희에게 이르노니 사람에 대한 모든 죄와 모독은 사하심을 얻되 성령을 모독하는 것은 사하심을 얻지 못하겠고"(마 12:31). "누구든지 성령을 모독하는 자는 영원히 사하심을 얻지 못하고 영원한 죄가 되느니라 하시니"(막 3:29).

셋째, 이것은 기도로 성령을 대항하는 당신을 책망하는 것이다. 성령의 임무와 섬김을 책망하거나 경멸하는 방식으로 성령을 모독하는 사람들에게 멸망이 임했다는 사실은 사람들이 연구하여 만들어낸 기도문의 형식에 의한 기도로 성령을 대항하는 당신에게 있어서도 두려워해야 할 일이다. 이것은 사람의 전통을 더욱더 존중히 여기게 하려는, 기도의 성령보다는 자기 자신을 더 높이 평가하게 하려는 사탄의 아주 교묘한 술책이다. 이것은 하나님이 예배 장소로 지정하신 예루살렘으로 가는 길을 막아 하나님의 진노를 일으켰던 여로보암의 저주받은 우상과 조금도 다를 것이 없다(왕상 12:26-33).

어떤 사람들은 옛날 사람들의 위선적인 행동에 관한 하나님의 심판에 대해 주의 깊게 들어야 하며, 우리 자신이 그렇게 행동하는 것을 두려워해야 한다고 생각한다. 그렇지만 오늘날의 지도자는 다른 사람들이 심판받는 것에 의한 경고를 무시한다. 오히려 그들은 인간의 규범을 세우기 위해서 하나님의 명령을 받아들이지 않거나 하나님의 칭찬을 받지 못하는 그러한 똑같은 범죄를 필사적으로 저지르고 있다. 그러나 분명한 건 성령께 순종하지 않는 사람은 누구든지 반드시 이 땅에서 쫓겨날 것이다.

하나님이 당신에게 기도문을 요구하신 적이 있는가? 만약 하나님이 요구하신 적이 있다면 어디인가? 내가 확신하는 것처럼 만약 하나님이 그것을 요구하시지 않는다면 세상의 교구나 주교, 혹은 다른 목회자들이 하나님이 요구하시지 않은 것을 예배 속에서 명령함으로써 어떠한 저주를 받았는지 생각해보라! 심지어 사람들은 그 안에 어리석은 일을 하는 사람들이 포함되어 있음에도 하나님의 신성한 예배에서처럼 고백해야 한다고 주장한다. 다시 말하지만 인간은 기도문만으로 절대 평화롭게 살 수 없다. 하나님을 예배하는 데 있어서 가장 두드러진 부분이 기도문에 의존한 인간 자신이기에 하나님의 명령을 절대 받아들일 수가 없다.

하나님의 나라보다 인간의 전통이 예배에 임할 때 그 열매는 무엇이겠는가? 기도와 성령의 관계에 대해 부인하며 형식적으로 만들어진 기도를 강요하게 되는 것이다. 성령을 저하하고 형식을 격찬할 것이다. 그들은 자기에게 주어진 성령으로 기도할 수 있다는 특권을 고결하게 생각하면서도 형식적인 기도문만을 갖고 기도할 것이다. 이러한 관행을 좋아하는 사람들이 "경건의 모양은 있으나 경건의 능력은 부인"(딤후 3:5) 하는 것에서 돌아서라고 명령하고 있는 하나님에 대해 어떻게 대답할 수 있겠는가?

사람들이 성령의 기도보다 다른 사람들이 만들어 놓은 기도문을 부각하는 것을 증명하기 위해서 그렇게 오랜 시간이 걸리지 않을 것이다. 왜냐하면 그들은 성령의 기도보다 주기도문을 외울 것이며 성령의 기도보다 사람이 만든 기도문을 외울 것이기 때문이다. 이처럼 기도문을 중시하는 경향은 성령으로 기도하는 것을 추방하고자 하는 사람들에게서 나타난다. 그들은 단지 형식으로만 하는 기도를 환영하고 좋아하는 것이다. 왜냐하면 그들이 그렇게 기도하기 때문이다. 그들은 하나님이 지정하신 특별하고 은혜로운 약속인 성령으로 기도하기보다 그들 자신이 만든 형식이나, 혹은 다른 사람들이 연구해서 만들어낸 기도문을 더 사랑하고 부각시킬 것이다. 자비로우신 하나님은 성령으로 기도하기 위해 애쓰는 사람들의 마음을 변화시키신다.

The Prayer Best Collection 2

P·A·R·T·2
은혜의 보좌 앞으로 담대히 나아가라

✶ ✶ ✶ ✶ ✶

히브리서는 특별히 성령에 따른 교회를 보여주기 위해, 그리고 그리스도께서 대제사장이 되심을 더욱더 명백하게 하려고, 하나님의 백성들이 하나님 안에서 받은 아주 탁월한 은혜를 보여주기 위해 쓰인 책이다. 또한 율법의 제사장과 제사장직을 넘어서 예수님의 인격적인 탁월함과 예수님의 직무에 대한 초월적인 영광을 우리 앞에 광범위하게 소개하고 있다. 하나님의 영은 우리가 히브리서를 아주 유익하게 읽고 진지하게 생각할 수 있도록 먼저 우리를 부르고 계신다. "그러므로 함께 하늘의 부르심을 받은 거룩한 형제들아"(히 3:1상).

히브리서 저자는 우리가 "믿는 도리의 사도이시며 대제사장이신 예수를 깊이 생각하라"(히 3:1)고 하신 명령과 관계가 있고, 그것을 깊이 생각함으로써 "하늘의 거룩한 부르심에 참예한 자"가 되었다고 말한다. 거룩하고 영광스러운 부르심을 입은 사람이 얼마나 위대하고 가치 있는지 생각해보라.

그분의 인간성에 대하여, 그분이 정말 인간에 대한 깊은 사랑

✱ ✱ ✱ ✱ ✱

속에서 우리의 육체를 어떻게 그렇게 죄 없이, 또한 측은히 여기는 마음이 생기도록 완성하셨는지 생각해보라. 예수님은 불쌍하게 여기는 마음, 도와주고 싶은 마음이 일어나게 하신다. 그분은 우리의 나약함을 느끼시며 우리의 상황을 그 자신의 것으로 만드신다. 위대하심과 사랑으로 그분이 맡기신 일들을 우리로 하여금 확실하게 신뢰하도록 하신다. 그리고 그 직무를 수행하면서 계속해서 그분이 있는 은혜의 보좌 앞으로 담대히 나아오도록 촉구하신다.

"그러므로 우리는 긍휼하심을 받고 때를 따라 돕는 은혜를 얻기 위하여 은혜의 보좌 앞에 담대히 나아갈 것이니라"(히 4:16). 우리가 받은 이 권고를 진실로 실행으로 옮길 수 있다면 우리는 가치 있는 많은 유익을 얻게 될 것이다. 그 권고는 바로 우리가 은혜의 보좌 앞으로 담대히 나아가는 것이다.

05
Prayer by John Bunyan _ Part 2

거룩한 사람은 다른 보좌를 구별할 수 있다

하나님은 더 많은 보좌를 가지고 계신다. 하나님은 하늘의 보좌와 이 땅의 보좌를 가지고 계신다. "여호와께서는 그의 성전에 계시고 여호와의 보좌는 하늘에 있음이여 그의 눈이 인생을 통촉하시고 그의 안목이 그들을 감찰하시도다"(시 11:4). "그때에 예루살렘이 그들에게 여호와의 보좌라 일컬음이 되며"(렘 3:17). 하나님은 천사들을 통치하시며, 또한 그분의 교회를 다스리고 계신다.

그렇다! 하나님은 보좌를 가지고 계시는데, 하늘나라에 있는 위엄의 보좌와 이 세상에 있는 위대한 보좌를 가지고 계신다. 하나님은 또한 신들의 모임 가운데 서시며, 그들 가운데에서 재판하고 계신다(시 82:1). 거기에는 아버지로서 그분을 향한 보좌가 있으며, 신실하고 모든 어려움을 극복해 낸 그리스도인에게 상급을 주시는 자로서 그리스도를 향한 보좌가 있다. "이기는 그에게는 내가 내 보좌에 함께 앉게 하여 주기를 내가 이기고 아버지 보좌에 함께 앉은 것과 같이 하리라"(계 3:21).

그곳에는 또한 심판의 보좌가 있다. 그것은 마지막 날, 혹은 위대하고 특정한 날에 하나님이 그리스도로 말미암아 온 세상을 최종 심판하기 위해서 앉으실 것이다. 그 심판의 보좌로부터 이 세상은 절대로 면제될 수 없다. 이 보좌는 신약성경에서 언급되었다. 그리고 그것은 그리스도에 의하여 "영광의 보좌"(마 25:31) "크고 흰 보좌"(계 20:11)라고 불린다. 하나님이 보좌에 앉으실 때 하나님의 임재는 너무도 무서워서 하나님과 화해하지 않은 것은 그 어느 것도 그 곁에 머무를 수 없다.

이것은 경솔한 그리스도인이 저지르기 쉬운 실수이기에 당신에게 이러한 충고를 하는 것이다. 이 충고에 유의하는 그리스도인은 하나님께 나아갈 때 무턱대고, 혹은 닥치는 대로 자신의 마음을 그분께 쏟지 않을 것이다. 오직 우리가 유익을 얻기 위해 하나님께 나아갈 때 우리의 기도는 은혜의 보좌, 혹은 은혜의 보좌 위에 계신 하나님께 직접 영향을 미칠 것이다.

심판의 보좌는 하나님의 거룩한 장소이며, 그 보좌에서 하나님은 인간에게 두려운 존재이며, 결코 자비로울 수 없다. 왜냐하면 하나님은 심판의 마지막 날, 심판의 보좌에 앉아 계실 때 이 세상의 눈물과 고통에 전혀 흔들리지 않으실 것이기 때문이다. 하나님은 우리 슬픔의 일부분도 감소시키려고 하지 않으실 것이다. 그때 하나님은 은혜를, 혹은 아주 특별한 은혜를 주지 않으실 것이다.

그러나 지금 하나님은 은혜의 보좌에 앉아 계신다. 우리는 기도하기 위해서 반드시 은혜의 보좌 앞으로 나아가야 한다. 은혜의 보좌 위에 앉아 계신 하나님께로 나아가야 한다. "그러므로 우리는 긍휼하심을 받고 때를 따라 돕는 은혜를 얻기 위하여 은혜의 보좌 앞에 담대히 나아갈 것이니라."

믿음이 없는 자, 혹은 판단이 잘못된 자, 미신을 믿는 자는 이렇게 생각하지 않는다. 그러기에 그들은 하나님의 말씀이 그들을 지도하기보다 마치 그들의 환상이 자신을 이끄는 것처럼 하나님께 이야기한다. 그러므로 그들은 아무것도 얻을 수가 없다. 그들은 누구에게 기도해야 할지 모르기 때문이다.

하지만 그들이 기도해야 하는 대상이 하나님이라는 사실을 알게 된다 할지라도 그들은 하나님은 어디에 계시느냐고 반문할 것이다. 그들은 하나님을 하늘에 계신 분이라고 말할 것이다. 그들은 막연한 의미에서 하나님이 보좌에 계신다고 이해할 수 있다. 그들은 서로에게 하나님에 대한 약간의 개괄적인 지식만을 줄 수 있을 것이다. 그렇지만 그들은 사도 바울이 명령하고 있듯이 "그러므로 우리가 은혜의 보좌 앞에 담대히 나아가자"처럼 그들의 영혼을 은혜의 보좌 위에 계신 하나님께로 직접 이끌 수는 없을 것이다.

그런 까닭에 그들은 아무런 의미도 없이, 아무런 유익도 없이 그저 오갈 뿐이다. 그들은 단지 입 노동만 할 뿐이다. 그들은 고통에 대해 말만 할 뿐이다. 그러나 그분께 나아갈 때 무슨 말을 하느냐보다 어디서, 어떻게 은혜롭고 자비로우신 하나님을 발견할 것인가 하는 것이 가장 중요하다. 우리는 이처럼 은혜의 보좌 위에 계신 하나님을 존중하며 나아갈 때 자비와 은혜를 얻게 된다.

그러기에 거룩한 사람은 다른 보좌를 구별할 수 있다. 왜냐하면 여기에 있는 보좌는 어디에, 혹은 무슨 표시에 따라서 그것이 우리에게 알려진 것인지 설명되어 있지 않기 때문이다. 그것은 단지 '은혜의 보좌'라고 하는 이름으로만 우리에게 설명되어 있다. 그러므로 우리는 은혜의 보좌 앞에 담대히 나아가는 것이다.

우리는 이 문제에 대하여 두 부분으로 나누어 생각하려고 한다. 첫째, 그곳에 은혜의 보좌가 있다는 것이다. 둘째, 거룩한 자의 특권은 다른 모든 보좌로부터 이 은혜의 보좌를 구별할 수 있다는 것이다.

그곳에 은혜의 보좌가 있다

이것은 확실한 진리이다. 또한 이것은 구약성경에서 유형, 그림자, 그리고 모형으로 자주 언급되었지만 용어, 장소, 그리고 보좌로는 언급되지 않은 것으로 지성소와 같은 것이다. 그것은 그러한 일에 대한 모형이나 그림자라기보다 더 영광스러운 말로 설명될 수 있는 원형을 공유하고 있다. 그리스도께 있어서 양과 송아지는 무엇을 의미하는가? 그리고 그것들의 피는 그리스도의 보혈과 무슨 관계가 있는가? 가나안 가운데 서 있는 예루살렘은 하늘로부터 도래하게 될 새 예루살렘과 무슨 관계가 있는가? 부패하기 쉬운 물건으로 만들어진 성막은 그리스도의 몸, 혹은 하늘에 있는 것과 무슨 관계가 있는가?

그런데 놀라지 마라. 만약 그것이 열등한 단어를 통해서 우리에게 설명되었다면 가장 충만하고 적절한 것은 더없이 높은 것을 설명하기 위해서 남겨졌어야 했다. 나는 이러한 은혜의 보좌에 대해서 더욱더 특별한 설명을 하기 전에, 또한 그것이 어떻게 알려지게 되었는지 설명하기 전에 그 용어 자체를 약간 언급하고 그 속에 포함되어야만 하는 것은 무엇인지 간단하게 보여주려고 한다.

먼저, 우리는 '은혜'라는 용어의 의미를 알 필요가 있다. '은혜'는 하나님의 자유 의지와 주권, 그리고 하나님이 그리스도 안에서 우리를 향하여 행하였던 것 때문에 우리가 얻게 되는 선한 기쁨이다. 은혜와 자비는 분명히 구별되는 의미를 가진 용어이다. 자비는 동정의 마음을 나타낸다. 비참하고 도와줄 수 없는 상황에서 상대방에게 무한한 동정심이 넘쳐흐르는 것을 말한다. 그러나 은혜는 하나님이 이러한 상황에서 그들의 마음을 풍성하게 하는 자유의 대리인으로서 행동하고 계신다는 것을 나타낸다.

구약시대에 홍수에 의해서 멸망했던 사람들 가운데, 소돔성에서 하늘로부터 내려온 불에 의해서 멸망했던 사람들 가운데 불쌍히 여김을 받은 사람이 있는가? 오직 노아만이 하나님의 눈동자 속에서 은혜를 발견했다. 그가 받은 은혜는 그가 남아 있던 사람들보다 더 의로웠기 때문이 아니라 단지 하나님이 영광스러운 왕으로서 그를 향하여 행동하셨기 때문이다. 그리고 하나님이 자신의 주권적인 뜻과 기쁨으로 자비를 노아와 함께 나누셨기 때문이다.

그러나 이것은 앞에서 말했던 것처럼 충만하게 그 은혜의 개념이 계시되지 않았다. 처음에는 위로하는 은혜의 보좌라고 불린 것이 아니라 단지 속죄소로 불렸다. 이 속죄소란 용어 속에는 위대한 영광이라는 의미가 내포되어 있다. 하나님은 속죄소를 통해서 인간에게 동정심을 갖고 계심을 보여주셨다. 이곳은 그분의 영원한 안식처이다. 하나님의 교회가 무시무시한, 혹은 곤란한 핍박에 처해 있을 때에도 이곳에 물러나 앉아 계신다. 왜냐하면 그 보좌는 안식처이기 때문이다.

그렇다. 보좌는 세상 마지막 날에 대한 준비이다. 자비는 앞에서 말한 것처럼 속죄소를 통해 온다. 이 세상 가운데 운행하고 있는 사역은 무엇이든지 그렇게 두렵거나 놀라운 일을 일으킬 수 없다. 하나님은 교회에게 마지막까지 자비를 보여주실 것이다.

에스겔 선지자는 말한다. "그리한즉 나는 네게 대한 내 분노가 그치며 내 질투가 네게서 떠나고 마음이 평안하여 다시는 노하지 아니하리라"(겔 16:42). "그러나 내가 너의 어렸을 때에 너와 세운 언약을 기억하고 너와 영원한 언약을 세우리라. 내가 네게 내 언약을 세워 내가 여호와인 줄 네가 알게 하리니 이는 내가 네 모든 행한 일을 용서한 후에 네가 기억하고 놀라고 부끄러워서 다시는 입을 열지 못하게 하려 함이니라. 주 여호와의 말씀이니라"(겔 16:60,62-63). 더욱더 많은 곳에서 자비가 하나님의 휴식처였다는 것을 보여준다. 그리고 마침내 하나님은 자비로 되돌아오실 것이며 교회와 자신의 백성을 축복하실 것이다.

그러나 보좌, 은혜의 보좌라고 하는 용어는 영광이 더욱 크게 나타난다. 왜냐하면 '은혜'라고 하는 단어는 하나님이 우리를 구원하고 용서하신 모든 것을 보여주기 때문이다. 또한 은혜의 보좌는 휴식처일 뿐만 아니라 존귀함과 권위의 장소이기 때문이다. 그런 까닭에 보좌, 혹은 은혜의 보좌는 하나님이 은혜로써 통치하며 다스리신다는 것을 직접 알려주고 있다. 그리고 이것은 하나님이 정의롭게 행동하신다는 사실을 알려준다. "이는 죄가 사망 안에서 왕 노릇 한 것같이 은혜도 또한 의로 말미암아 왕 노릇 하여 우리 주 예수 그리스도로 말미암아 영생에 이르게 하려 함이라"(롬 5:21).

결국 여기서 언급하고 있는 은혜의 보좌는 그 안에서 죄, 사탄, 죽음, 그리고 지옥이 반드시 정복되어야 함을 보여주고 있다. 왜냐하면 마지막에 언급된 이러한 것은 연약하여 멸망의 운명에 처해 있기 때문이다. 은혜는 생명이며, 또한 이러한 모든 것을 통해 우리를 전적으로 다스리고 있는 절대적인 주권이다.

은혜의 보좌! 하나님은 이것을 명백하게 선언하셨다. "율법이 들어온 것은 범죄를 더하게 하려 함이라. 그러나 죄가 더한 곳에 은혜가 더욱 넘쳤나니"(롬 5:20). "죄가 너희를 주장하지 못하리니 이는 너희가 법 아래에 있지 아니하고 은혜 아래에 있음이라"(롬 6:14). 죄는 지배할 대상을 구하고 있다. 그리고 은혜도 지배하기를 갈구하고 있다. 그러나 죄는 통치하지 못할 것이다. 왜냐하면 그것은 거룩한 가운데 서 있는 교회의 보좌를 갖고 있지 않기 때문이다.

은혜는 왕이다. 은혜는 보좌를 갖고 있으며 하나님의 백성은 죄의 통치 아래 있지 않고 하나님 은혜의 통치 아래 있다. 사람들은 그것을 절대로 인식하지 않을 수 없으며, 또한 그 안에서 도움을 얻기 위하여 담대히 나아가지 않을 수 없다. "우리는 자비를 얻게 될 것이며 도움이 필요한 시간에 도움을 받기 위한 은혜를 발견할 것이다."

적에 의해 습격을 당했을 때 왕의 손으로부터, 그리고 왕의 능력으로부터 도움과 구원함이 온다. 은혜의 보좌로부터, 혹은 그것을 통치하고 있는 은혜로부터 하나님의 백성들에 대한 도움과 번영이 온다. "영화로우신 보좌여 시작부터 높이 계시며 우리의 성소이시며"(렘 17:12). 우리는 죄악에 대한 강한 욕망으로부터, 정욕으로부터, 연약함으로부터 보호를 받을 것이다.

"다시 우리를 불쌍히 여기셔서 우리의 죄악을 발로 밟으시고 우리의 모든 죄를 깊은 바다에 던지시리이다"(미 7:19). 미가 선지자는 하나님을 자비로 위로해 주시는 분이라고 말하고 있다.

그리고 그의 백성을 구원해 주심으로 기뻐하시는 분으로 표현하고 있다. "주와 같은 신이 어디 있으리이까. 주께서는 죄악과 그 기업에 남은 자의 허물을 사유하시며 인애를 기뻐하시므로 진노를 오래 품지 아니하시나이다"(미 7:18). 은혜와 자비는 보좌를 통치하고 있다. 그것들은 확실하게 모두를 정복할 것이다. "긍휼을 행하지 아니하는 자에게는 긍휼 없는 심판이 있으리라. 긍휼은 심판을 이기고 자랑하느니라"(약 2:13).

그렇다. 자비는 죄를 극복하고 승리했을 때 영광스러운 것이다. 죄인은 하나님께로 나아가는 것을 억제하고 그 자신의 구원을 억제한다. 그것은 방탕한 아들의 비유(눅 15장)에서 보다 더 충분하게 보여주고 있다. 그러나 이것은 그 용어의 성격이 무엇인지를 당신에게 간단하게 보여주기 위한 것이다. 그리고 그것에 필연적으로 내포된 의미가 무엇인지를 보여주기 위한 것이다.

둘째, 그렇다면 우리는 '은혜의 보좌'라는 용어로부터 무엇을 추론해 낼 수 있을까? 우리는 새로운 입장이 여기서부터 추론된 사실을 보게 된다. 변화된 사람은 모든 면에서는 아니더라도 어떤 의미에서 죄로부터 자유롭다. 왜냐하면 그들은 은혜의 보좌로 나아가야 할 필요를 모르기 때문이다. 하나님 안에 은혜가 있다고 말할 때 경건한 자에게도 죄가 있다고 추론한다. 이것은 "그러므로 너희는 죄가 너희 죽을 몸을 지배하지 못하게 하여 몸의 사욕에 순종하지 말고"(롬 6:12)라는 말씀 속에서 명백해진다. 이것을 예방하기 위한 유일한 길은 죄에 대항하는 데 도움을 얻기 위해서 은혜의 보좌로 우리 자신을 이끄는 것이다.

때때로 이 세상의 거룩한 사람들이 대부분 그 속에 내주하고 있는 죄 때문에 몹시 곤란을 겪고 있다. 그렇다. 도움을 얻기 위해서 하늘에, 은혜의 보좌에 간청했음에도 멸망으로부터 그 자신을 구원할 길이 없다고 할 때 얼마나 난처하겠는가? 이것은 다윗 집의 문을 두드렸던 어떤 여행자가 오늘날 우리 집 문을 두드릴 때(삼하 12장), 혹은 사탄이 베드로에게 했던 것처럼 우리를 밀 까부르듯이 할 때(눅 22:31), 혹은 바울이 말했던 것처럼 사람들의 주먹이 우리의 귓가에 있을 때, 그리고 바울의 육체 속에 있었던 가시가 지금 우리 속에서 괴롭힐 때를 말한다. 이때가 바로 '빈궁한 때'이다.

거룩한 사람들은 이러한 때에 고통을 받았는데 어떻게 그러한 고통이 다 지나갔다고 할 수 있겠는가? 인간의 육체 속에는 선한 것이 없다. 육체의 모든 것이 영혼을 끌어내리기 위해서 사탄과 그의 주장에 가깝게 접근하도록 적합하게 되어 있다. 그러나 지금 우리는 은혜의 보좌를 받았다. 다윗이 말했던 것처럼 우리는 언제든 위로 피해야 한다. 그것만이 구원을 얻기 위한 온전한 길이다. 그리고 궁핍한 때에 도움을 발견하는 유일한 길이다.

그리스도인으로서 우리는 때때로 아주 절박한 위험에 빠진다. 그래서 아래로, 아래로 무섭게 떨어진다. 왜냐하면 성령의 충고를 신실하게 수행하는 데 게을렀기 때문이다. 성도는 은혜를 지키기 위해서 보좌 앞에서 계속 간구하지 못했다. 그들은 죄 때문에 타락한 자신을 보호해야 했다. 그랬다면 그들에게 궁핍한 때에 알맞은 은혜를 줬을 것이다. 하지만 그들은 죄에 빠졌고 사서에 기록된 것과 같은 죄책감을 맛보아야 했다. "그러나 야곱아 너는 나를 부르지 아니하였고 이스라엘아 너는 나를 괴롭게 여겼으며"(사 43:22). 당신은 "그러므로 내가 성소의 어른들을 욕되게 하며 야곱이 진멸 당하도록 내어주며 이스라엘이 비방 거리가 되게"(사 43:28)했다. 당신이 타락하게 된 것은 은혜의 보좌로 나아감을 소홀히 했기 때문이다. 죄악에 빠진 사람들은 그 자신을 넓은 사랑의 보좌를 통해서 다시 일으켜 세워야만 한다.

모든 사람은 죄로 말미암아 타락했다. 은혜의 도움 없이는 스스로 일어설 수가 없다. 그러기에 우리는 은혜의 보좌에 관해 더욱더 철저한 지식을 갖춰야 한다. 우리가 그것을 잘 이해하는 것이 우리에게 큰 도움이 되기 때문이다. 그럴 때 우리는 바르게 설 수 있다. 그러므로 이제 은혜의 보좌에 관한 더욱더 특별한 설명을 하려고 한다. 나아가 거룩한 사람들이 그것을 어떻게 알아 가는지, 하나님의 다른 보좌로부터 그것을 어떻게 알아 가는지 보여주려고 한다.

셋째, '은혜의 보좌'는 예수 그리스도의 인간성이며 마음이며 영혼이다. 그 안에 하나님이 앉아 계신다. 그리고 예수님을 믿는 자들을 향한 사랑으로 영원히 휴식을 취하고 계신다. 예수님이 육체의 몸으로 행하셨을 때 사람들은 하나님 아버지와 화해하게 된 것이다. 하나님이 말씀하신다. "다윗의 집의 열쇠를 그의 어깨에 두리니 그가 열면 닫을 자가 없겠고 닫으면 열 자가 없으리라. 못이 단단한 곳에 박힘 같이 그를 견고하게 하리니 그가 그의 아버지 집에 영광의 보좌가 될 것이요"(사 22:22-23).

아버지 집에 있는 영광스러운 보좌 때문에, 즉 아버지 집의 영광 때문에 성도들이 아버지께로 오게 되는 것이다. "곧 하나님께서 그리스도 안에 계시사 세상을 자기와 화목하게 하시며 그들의 죄를 그들에게 돌리지 아니하시고 화목하게 하는 말씀을 우리에게 부탁하셨느니라"(고후 5:19).

그것이 가능하고 우리가 그리스도의 인간성을 거절한다면 은혜의 보좌에서, 혹은 하늘과 이 땅에서 우리를 위한 어떤 영적인 일도 발견할 수 없다. 하나님의 휴식처에서 어떠한 것도 발견할 수 없다. "하늘로부터 소리가 있어 말씀하시되 이는 내 사랑하는 아들이요 내 기뻐하는 자라 하시니라"(마 3:17). 오직 예수 그리스도만이 이러한 은혜의 보좌이다. 은혜는 예수님에 의해 하나님의 자녀를 위해서 통치한다. "이는 죄가 사망 안에서 왕 노릇한 것같이 은혜도 또한 의로 말미암아 왕 노릇하여 우리 주 예수 그리스도로 말미암아 영생에 이르게 하려 함이라"(롬 5:21).

다음 성경 구절은 우리에게 보좌에 대한 이해를 도와준다. "내가 또 보니 보좌와 네 생물과 장로들 사이에 한 어린양이 서 있는데 일찍이 죽임을 당한 것 같더라. 그에게 일곱 뿔과 일곱 눈이 있으니 이 눈들은 온 땅에 보내심을 받은 하나님의 일곱 영이더라"(계 5:6). 이 구절은 은혜가 우리에게 어떻게 나타나게 되었는가를 보여주고 있다. 예수님은 우리에게 은혜를 베푸시기 위해 보좌의 가운데, 그리고 장로 중에 일찍 죽임당한 어린양처럼 서 계신다. 우리의 죄 때문에 희생제물이 되신 것이다. 죽임당한 어린양 때문에 우리는 지금 보좌 앞으로 나아갈 수 있다.

예수님은 우리가 누리고 있는 모든 은혜의 근원이 되신다. 하나님의 아들이신 예수 그리스도는 그 모든 것이다. 예수님은 보좌이시며, 제단이시며, 제사장이시며, 희생제물이시며, 그리고 모든 것이다. 그렇지만 예수님은 각기 다른 의미에서 보좌이시며, 제사장이시며, 제단이시며, 희생제물이시다. 예수님은 그가 제사장이셨기 때문에 보좌이신 것이 아니며, 그가 희생제물이셨기 때문에 제사장이신 것이 아니다. 또한 그가 제단이셨기 때문에 희생제물이신 것도 아니다. 그분은 진실로 이러한 모든 것을 포함하고 계신다. 은혜의 보좌도, 대제사장도, 지성소의 희생제물도 없으며 오직 그분만 계신다.

나는 예수 그리스도의 인격 안에 이러한 보좌가 있다고 결론을 내린다. 그분의 인격 속에서 사람들에게 확장된 은혜를 주시려는 방법을 만드는 데 필요한 모든 일을 완전히 성취하셨다고 말하는 것이다. 그리고 보좌는 하나님의 휴식처일 뿐만 아니라 보좌에 의해서, 그 영광스러운 보좌 위에서 그리스도의 은혜로 사탄, 죽음, 죄, 지옥, 그리고 무덤을 영원히 지배하신다. 이러한 그리스도의 인간성은 또한 그 육체 속에 하나님의 영이 충만하게 내주하고 있기 때문에 '하나님의 장막'이라고 불린다. 이것은 하나님의 거주지이며 내주하시는 장소이며 보좌이다. 하나님은 그 안에서, 그리고 그것에 의하여 모든 것을 행하신다.

넷째, 그렇다면 '은혜의 보좌'는 어디에 있는가? 이제 우리는 은혜의 보좌가 있는 장소에 관해서 이야기하려고 한다. 그것이 어디에 있는지 발견하려고 한다. 그것은 우리가 앞에서 말했던 것처럼 '속죄소'라고 불린다. 우리는 그것을 밖에 있는 뜰에서도 발견할 수 없고, 또한 첫 번째 장막 안에서도 발견할 수 없다. "또 둘째 휘장 뒤에 있는 장막을 지성소라 일컫나니 금 향로와 사면을 금으로 싼 언약궤가 있고, 그 안에 만나를 담은 금 항아리와 아론의 싹난 지팡이와 언약의 돌판들이 있고, 그 위에 속죄소를 덮는 영광의 그룹들이 있으니 이것들에 관하여는 이제 낱낱이 말할 수 없노라"(히 9:3-5).

그것은 이 세상 속에, 지상의 교회 속에 나타날 수 없다. 그것은 단지 속죄소 안에서, 두 번째 장막인 그리스도의 육체 안에서 나타난다. "그 길은 우리를 위하여 휘장 가운데로 열어 놓으신 새로운 살 길이요 휘장은 곧 그의 육체니라"(히 10:20).

이 지상에는 아무 데도 없다. 그것은 하나님의 보좌, 은혜의 보좌라고 불리며 하늘에 있는 것이다. 그것은 또한 가장 높은 것과 가장 고결한 것으로 나타난다. 그러므로 무엇보다도 높은 하늘에 있다. 모든 이름 중에서 가장 뛰어난 이름을 갖고 있다. 그런 까닭에 우리는 은혜의 보좌에 나아가는 방법을 알아야만 한다. 그것은 육체로서가 아니라 영혼으로부터 흘러나오는 방법이어야 한다. 또한 그것은 우리 자신의 힘으로가 아니라 우리의 제사장, 대제사장에 의해 알아야만 한다. "오직 둘째 장막은 대제사장이 홀로 일 년에 한 번 들어가되 자기와 백성의 허물을 위하여 드리는 피 없이는 아니하나니"(히 9:7).

두 번째 장막으로 지성소라는 장소가 있는데 그곳에는 대제사장이 혼자 들어간다. 대제사장이 사람들을 중재함으로써 오직 그를 통해서만 개인적으로 들어간다. 이것은 오늘날 은혜의 보좌에 나아가려고 하는 사람들에 의해서 이루어져야만 한다. 그들은 그리스도께서 왕위에 앉은 것처럼 하나님께 나아가야만 한다. 그리고 그리스도께서 교회의 대제사장이신 것처럼 오직 그리스도를 통해서만 하나님께 나아가야 한다. 이러한 은혜의 보좌는 이 세상 안에 있는 것이 아니고 이 지상의 교회에 있는 것도 아니다. 그것이 가장 거룩한 곳에 있는 것처럼 속죄소는 증거판 위에, 가장 거룩한 장소 안에 세워졌다(신 10:1-5, 왕상 8:9, 대하 5:10).

언약궤! 그것은 무엇인가? 그것은 율법의 장소였다. 언약궤는 그 안에서 율법을 지켰다. 그 언약은 율법이었다. 그 언약궤는 그 율법을 담기 위해서 준비되었다. 이 궤 안에는 거룩한 곳에서 수립한 율법을 넣었다. 그리고 속죄소는 그 율법 위에 서 있다. 그러기에 모세도 그 거룩한 장소에서 율법을 받았다.

하나님이 말씀하셨다. "너희들은 궤를 만들어라. 그리고 속죄소도 만들어라." 그 궤는 언약궤라고 불렸다. 그리고 증거판은 궤 속에 두었다. "내가 네게 줄 증거판을 궤 속에 둘지며 순금으로 속죄소를 만들되 길이는 두 규빗 반 너비는 한 규빗 반이 되게 하고, 금으로 그룹 둘을 속죄소 두 끝에 쳐서 만들되 한 그룹은 이 끝에 또 한 그룹은 저 끝에 곧 속죄소 두 끝에 속죄소와 한 덩이로 연결할지며, 그룹들은 그 날개를 높이 펴서 그 날개로 속죄소를 덮으며 그 얼굴을 서로 대하여 속죄소를 향하게 하고, 속죄소를 궤 위에 얹고 내가 네게 줄 증거판을 궤 속에 넣으라. 거기서 내가 너와 만나고 속죄소 위 곧 증거궤 위에 있는 두 그룹 사이에서 내가 이스라엘 자손을 위하여 네게 명령할 모든 일을 네게 이르리라"(출 25:16-22).

옛일은 예표로서 제정되었다. 그것에 의해서 우리는 지금 하나님을 예배하는 데 지침을 얻게 된다. 거기에는 두 개의 돌판으로 된 궤가 있었다. 그 안에 율법이 기록되어 있었다. 그 율법은 지금까지 있다(신 10:2-5). 두 개의 돌판으로 된 이 궤는 지성소 안에 두었다. 그리고 속죄소는 그 위에 두었다. 우리의 마음속에 있는 성령은 보좌에 앉아 있는 그 은혜가 율법보다 더 높다는 것을 나타내고 있다. 즉 율법 위에 있다는 것이다. 그러므로 그 은혜는 율법보다 앞서서 통치하고 있는 것이다. 그리고 율법의 모든 판결이 있음에도 은혜가 보좌에 앉아 있기 때문에 율법은 아무 데도 앉을 수 없다.

보좌는 율법을 비난하지 않는다. 비록 그 율법이 모든 사람을 정죄한다 하더라도 율법은 인간성을 지니신 그리스도께서 앉아 계신 그 은혜의 보좌 앞에서 길을 양보한다. 그 율법이 예수 그리스도를 정죄하지 않고 오히려 호의적으로 말하고 있다는 것이다. 그리고 그분의 모든 행동을 아주 좋게 말하고 있다. 그때 바로 하나님의 보좌가 은혜의 보좌가 되는 것이며 증거궤 위에 있게 된다. 하나님의 은혜는 죄인들이 은혜의 자비를 얻기 위해 하나님의 존전으로 나아오게 하려고 보좌에 앉아 계시며 통치하고 계신 것이다. 나는 그분이 그렇게 행하는 죄인을 위해서 먼저 놋대야에 씻도록 하셨으며 그것은 씻기 위한 준비였다는 것을 말하려고 한다. 그것에 대해서는 나중에 이야기할 것이다.

지금 우리는 그의 지정된 일 속에서 하나님의 지혜를 지켜본다. 그리고 율법과 언약궤이신 그리스도는 속죄소, 혹은 은혜의 보좌와 그렇게 서로 가깝게 위치해 계신다. 그렇다면 왜 율법과 속죄소는 그렇게 가깝게 있을까?

다섯째, 율법과 속죄소는 왜 그렇게 가깝게 있을까? 우리가 은혜의 보좌에 나아갈 때 우리는 여전히 죄인이라는 사실을 기억해야 한다. 우리는 율법으로 죄를 깨닫는다. "그러므로 율법의 행위로 그의 앞에 의롭다 하심을 얻을 육체가 없나니 율법으로는 죄를 깨달음이니라"(롬 3:20). 모든 육체를 정죄하고 있는 두 개의 돌판이 들어 있는 이 궤를 우리는 지켜본다. 그렇다. 만약 그것이 속죄소, 혹은 은혜의 보좌보다 우위에 있다는 것 때문에 그 모든 것을 바라만 본다면 우리는 그 방식대로 지켜보기만 해야 한다. 하나님께로 나아온, 은혜의 보좌 앞으로 자비를 구하기 위해서 나아온 우리에게 율법은 죄에 대하여 새롭게 기억하게 해준다. 새로운 은혜의 공급이 필요하다는 사실을 기억하게 해준다.

나는 하나님이 "놋으로 물두멍을 만들고 그 받침도 놋으로 하였으니 곧 회막 문에서 수종드는 여인들의 거울로 만들었더라"(출 38:8)는 말씀을 읽는다. 이것은 사람들이 씻기 위해서 들어갔을 때 그들 죄의 더러움을 볼 수 있게 하려는 것이다. 여기서 율법이 속죄소와 함께 있으며, 심지어 속죄소 바로 옆에 있다는 사실을 보게 된다. 그리고 그 율법은 사람들로 하여금 자비를 구하기 위해 은혜의 보좌 앞으로 나아오게 함으로써 그들이 죄인이라는 사실을 더욱더 상기시켜준다.

이것은 또한 뜨거운 기도를 하도록 한다. 은혜의 보좌 앞에 나아갔을 때 우리로 하여금 영적으로 더욱더 뜨겁게 만든다. 만약 왕이 자비를 간청하는 모든 사람 앞에 사형 집행용 도끼와 형틀을 준비시켜 놓았다면 그것을 본 사람들은 그의 자비를 구하기 위해서 더 뜨겁게 간청할 것이다. 그리고 왕의 존엄 앞에 더욱더 겸손하고 뜨겁게 은혜를 위해서 간구할 것이다. 위에 놓여 있는 속죄소가 율법 안에 있는 언약궤보다 더 높은 곳에 있는 것을 주목해보라. 우리가 여기서 선한 것을 기다리도록 격려하는 것이다. 우리가 비록 여기서 율법을 지키려고 노력한다 할지라도 거룩한 지성소 안에서 우리는 모두 죽게 된다. 그러나 우리가 단지 그 위에 있는 은혜의 보좌를 바라보고 그곳을 향해 올린 우리의 기도가 받아들여짐으로써 승리하게 되는 것이다.

그러므로 우리는 언약궤가 바로 옆에 있음에도 담대하게 은혜의 보좌에 나아갈 수 있는 것이다. 율법은 은혜가 바로 옆에 있기 때문에 우리를 해할 수 없다. 하나님은 그 율법 안에 계시는 것이 아니라 용서해주시고 은혜를 베풀어주시기 위해서, 그리고 궁핍한 때에 도움을 주시기 위해서 율법 위에 있는 은혜의 보좌에 앉아 계신다.

이 은혜의 보좌는 사람들이 작은 골방 안에서 기도하고 있을 때 큰 위로를 준다. 당신은 기도할 때 낙심되는가? 은혜의 보좌로부터 멀리 가지 말고 내 말을 들어라. 왜냐하면 당신의 낙심은 하나님이 누구든지 여호와의 궤를 들여다보는 자는 죽게 될 것이라고 제정하신 것(삼상 6:19)에서부터 비롯되었기 때문이다. 만약 당신이 지금 그 언약궤 안에 있는 두 돌판에 쓰인 약속을 읽음으로써 당신의 죄를 보게 된다면 당신의 눈을 높이 들고 당신이 가고자 하는 속죄소와 은혜의 보좌를 바라보라. 당신은 그것에 의해서 구원을 받아야만 한다.

다윗은 자신이 하나님께 기도하기 위해서 나아갈 때 주님이 그의 기도를 들으신다고 말했다. "여호와여 아침에 주께서 나의 소리를 들으시리니 아침에 내가 주께 기도하고 바라리이다"(시

5:3). 다윗이 그랬던 것처럼 나도 언약궤 안에 머물러 있지 않고 기도할 때 "오! 저의 기도에 응답하소서"라고 말할 것이다. 왜냐하면 그곳에는 율법과 정죄가 있기 때문이다. 위쪽에 놓인 보좌 옆에는 하나님이 계시며 그곳에는 은혜가 펼쳐져 있다. 당신은 그곳에서 빈궁한 때에 필요한 도움을 얻을 수 있다.

어떤 사람은 이러한 일이 무엇을 의미하는지 참으로 알지 못한다. 그들은 무릎 꿇고 기도할 때 그들의 죄나 그 죄에 대한 정죄의 말씀을 전혀 읽지 않았다. 자기들이 처한 상황을 보고 낙심하지도 않고 도움을 얻기 위해서 더욱더 높은 곳을 바라봐야 할 필요성도 느끼지 못했다. 그런 까닭에 그들은 참으로 필요를 얻기 위해서 아무것도 볼 수 없다. 은혜의 보좌에 아무런 관심도 없다.

**거룩한 사람은 은혜의 보좌와
다른 보좌를 어떻게 구별할 수 있는가?**
—

나는 지금부터 당신에게 은혜의 보좌를 어떻게 발견할 수 있는지, 그리고 그 보좌를 발견했을 때 그것을 어떻게 구별할 수 있는지에 관하여 보여주려고 한다.

먼저, 은혜의 보좌에 앉으신 이의 모양이 벽옥과 홍보석 같고 무지개가 그 주위에 둘렀다고 했다. 이것은 요한이 일곱 교회에 대한 그의 서신을 계시받은 이후에 처음으로 본 환상이다. 그는 이 환상을 받기 이전에 주님에 대한 꿈을 꾸었다. 그리고 주님으로부터 음성을 들었다. "곧 살아 있는 자라. 내가 전에 죽었었노라. 볼지어다. 이제 세세토록 살아 있어 사망과 음부의 열쇠를 가졌노니"(계 1:18).

우리는 보좌에 대한 요한의 예언을 다루기 전에 첫 번째 음성을 들어야 하며, 첫 번째 장면을 보아야 한다. 요한은 첫 번째 음성으로 "이쪽으로 올라오라"는 소리를 들었다. 그가 본 첫 번째 장면은 무지개가 보좌를 둘러싼 것이었다. "내가 곧 성령에 감동되었더니 보라. 하늘에 보좌를 베풀었고 그 보좌 위에 앉으신 이가 있는데 앉으신 이의 모양이 벽옥과 홍보석 같고 또 무지개가 있어 보좌에 둘렸는데 그 모양이 녹보석 같더라"(계 4:2-3). 하나님의 말씀에서 첫 번째로 언급하고 있는 것은 무지개로 둘러싸인 보좌를 발견하는 것이다.

여기서 우리는 영적인 중요성을 읽을 수 있다. 무지개는 하나님이 이 세상을 더는 물로 멸하지 않겠다고 말씀하심으로써 노아와 맺으신 언약의 견고함을 표징하는 것이다. "내가 내 무지개를 구름 속에 두었나니 이것이 나와 세상 사이의 언약의 증거니라. 내가 구름으로 땅을 덮을 때에 무지개가 구름 속에 나타나면 내가 나와 너희와 및 육체를 가진 모든 생물 사이의 내 언약을 기억하리니 다시는 물이 모든 육체를 멸하는 홍수가 되지 아니할지라"(창 9:13-15).

무지개의 첫 번째 사용은 이 세상에 대한 하나님의 자비와 사랑의 언약을 표징하는 것이다. 하지만 그것이 최종적인 목적은 아니다. 왜냐하면 그 언약은 그리스도 안에서 하나님의 선택받은 사람들에 대한 은혜의 언약이 그림자에 불과하기 때문이다. 무지개는 단지 은혜 언약의 불변성과 영속성에 대한 표징일 뿐이다.

그다음으로 우리는 에스겔이 본 첫 번째 환상 속에서 무지개에 대한 것을 읽게 된다. 거기서 우리는 단지 무지개가 지니고 있는 그 광채의 탁월함에 대해서만 읽게 된다. 에스겔 선지자는 보좌 위에 앉아 계신 여호와의 영광의 형상이 무지개의 광채와 똑같다고 말하고 있다. "그 사방 광채의 모양은 비 오는 날 구름에 있는 무지개 같으니 이는 여호와의 영광의 형상의 모양이라. 내가 보고 엎드려 말씀하시는 이의 음성을 들으니라"(겔 1:28). 그 영광의 광채는 제사장의 예복과 같다. 왜냐하면 하나님은 보좌 위에 계신 제사장이기 때문이다. 하나님의 예복은 하나님의 영광과 아름다움으로 되어 있다.

또한 우리는 은혜의 보좌를 둘러싸고 있는 무지개를 발견한다. 무지개는 언약의 징표이며 은혜 언약의 영속성을 상징한다. 그리고 그 표징은 예수 그리스도께서 인간의 모양으로 나타나신 것이다. 그 허리 위의 모양은 단 쇠 같아서 그 속과 주위가 불 같고 그 허리 아래의 모양도 불 같았다. "내가 보니 그 허리 위의 모양은 단 쇠 같아서 그 속과 주위가 불 같고 내가 보니 그 허리 아래의 모양도 불 같아서 사방으로 광채가 나며"(겔 1:27). 당신이 요한계시록에서 그것을 볼 수 있는 것처럼 "촛대 사이에 인자 같은 이가 발에 끌리는 옷을 입고 가슴에 금띠를 띠고"(계 1:13) 있는 모양이다. "그 사방 광채의 모양은 비 오는 날 구름에 있는 무지개 같으니 이는 여호와의 영광의 형상의 모양이라. 내가 보고 엎드려 말씀하시는 이의 음성을 들으니라"(겔 1:28).

이 말씀의 핵심은 은혜의 보좌를 둘러싸고 있는 무지개 가운데 하나님은 그의 백성들이 부르짖는 탄원 소리를 듣고 응답하기 위해 앉아 계신다는 것이다. 이것은 예수 그리스도께서 그의 백성을 위해서 그의 몸을 희생하는 것을 당연한 일로 여겨 성취하셨던 순종적인 의를 이해할 수 있게 해준다. 이것 때문에 하나님의 의는 충만해졌다. 그래서 우리 같은 죄인도 하나님께 받아들여지게 된 것이다. 이러한 의로움은 우리에게 나타났던 구름 속에 싸인 무지개보다 더 영광스러운 하나님의 눈 속에서 빛나고 있다.

요한은 보좌를 둘러싸고 있는 무지개에 대해 말했다. 무슨 목적 때문일까? 왜 그 보좌만을 바라봐야 할까? 누가 그것을 바라봐야 할까? 왜 하나님의 백성들은 기도하기 위해 그 보좌 앞으로 나아가야 할까? "무지개가 구름 사이에 있으리니 내가 보고 나 하나님과 모든 육체를 가진 땅의 모든 생물 사이의 영원한 언약을 기억하리라"(창 9:16). 그것은 무지개를 통해 하나님의 언약을 바라보았던 것처럼 은혜의 보좌를 통해 하나님의 언약을 바라보아야 하기 때문이다.

우리는 성경에서 상아로 만든 솔로몬의 위대한 보좌에 대해서 읽을 수 있다. 그것은 어떤 왕국에서도 찾아볼 수 없을 만큼 탁월했지만 그것을 둘러싸고 있는 무지개는 없었다. 하나님의 보좌는 그 앞에 무지개를 갖고 있다. 그 영광을 지켜보기 위해서 둘러싸고 있다. 솔로몬의 상아 보좌는 단지 그림자에 불과하다. 그렇지만 하나님의 보좌는 본질이다. 그것을 하나님 쪽으로 접근하여 전면에 놓아서 그의 백성으로 하여금 바라보도록 한 것은 적합한 것이다. 그러므로 우리는 은혜의 보좌를 둘러싸고 있는 무지개를 볼 수 있게 된 것이며 무지개가 무엇인지를 알게 된 것이다.

우리는 기도하기 위해 나아갈 때 보좌를 바라보아야 한다. 우리는 단지 막연한 환상에 젖어 있지 말고 그 무지개를 찾아야 한다. 무지개는 앞에서 말했던 것처럼 우리 구세주 예수 그리스도께서 우리를 위해서 개인적으로 성취하신 것이다. 바로 그것을 바라보라는 뜻이다. 그것은 그분의 의이다. 즉 은혜의 언약에 대한 영원성을 상징하는 것이다. 그것은 하나님이 기뻐하시는 목적이다.

그러므로 하나님 존전에서 우리의 인격과 행동은 이 의로움을 기본으로 해야만 한다. "내가 주 여호와의 능하신 행적을 가지고 오겠사오며 주의 공의만 전하겠나이다"(시 71:16). 하늘과 땅 위에서 주의 의를 제거해버린다면 하나님을 기쁘게 할 수 있는 것, 혹은 당신을 의롭게 할 수 있는 것, 그 무엇도 발견할 수 없다.

만약 하나님을 기쁘시게 할 수 있는 믿음이 있다면 나는 그 믿음이 은혜와 관련 있다고 대답할 것이다. 칭의는 그리스도의 의이다. 그리고 무지개에 대한 아주 적합한 상징은 그리스도의 의이다. 그것은 다음과 같은 특별한 것 안에 있다.

하나, 무지개는 하늘에서 빛나고 있는 태양의 영향이다. 그리고 이러한 은혜의 보좌를 둘러싼 의는 하나님의 아들이 하시는 사역이다.

둘, 무지개는 하나님의 진노로 내려진 홍수를 완화하겠다는 표징이다. 이러한 그리스도의 의는 하나님이 우리의 모든 죄를 용서해 주시기 위한 것이다.

셋, 무지개는 구름 속에 있다. 죄인 된 인간이 그것을 바라보고 일반적인 자비를 점점 더 확신하게 되는 것이다. 그리고 이러한 의는 하나님의 말씀을 통해서 우리에게 나타나게 된다. 그것에 의해서 우리는 특별한 자비를 신뢰할 수 있게 된다.

넷, 때때로 무지개는 단지 구름 속에서 보인다. 그리스도의 의는 오직 하나님의 말씀 속에서 때때로 계시된다.

다섯, 무지개는 일반적으로 비가 온 후에 나타난다. 그리스도의 의는 믿음의 진노에 대한 이해가 있은 후 곧 파악된다.

여섯, 무지개는 때때로 더 많이, 혹은 더 적게 보인다. 이러한 의는 믿음을 보고 그 정도에 따라서 그 명백성이 더 많이 보이기도 하고 더 적게 보이기도 한다.

일곱, 무지개는 당신이 그것을 통해서 생각하는 것이 무엇이든지, 그것이 숲이든지 혹은 사람이든지, 짐승이든지 간에 같은 색깔로 보이게 하는 특징이 있다. 그리스도의 의는 하나님이 죄인을 바라보실 때 아름답게 보이게 하기 위한, 그리고 그 모습을 받아들이게 하기 위한 것이다. 왜냐하면 우리는 그리스도의 아름다움을 통해서 용모가 아름다워졌으며 그리스도의 사랑하심 안에서 받아들여지게 되었기 때문이다.

둘째, 대제사장께서 그 은혜의 보좌 앞에서 계속 사역하고 계신 것을 통해 은혜의 보좌를 알 수 있다. 대제사장으로서 그리스도는 대제사장의 예복을 입고 하나님의 존전에 계시며, 또한 그곳에서 우리를 받아들이기 위해 계속 중보기도를 하고 계신다. 앞에서 말했던 것처럼 그리스도는 제사장이시며 보좌이시며 모든 것이시다. 어떤 의미에서는 보좌이시고 어떤 의미에서는 제사장이시다. 예수님은 제사장이셨으며 희생제물이셨으며, 또한 제단이 되셨던 것처럼 하나님과 죄인을 화해시키는 중보자가 되셨다.

제사장이셨던 것처럼 예수님은 교회를 위해서, 기도의 향을 피우기 위해서 제단 곁에 서 있는 천사의 모양으로 묘사되었다. 그때 일곱 천사는 적그리스도의 세계를 심판하기 위해 하나님의 진노에 대한 경종의 나팔을 울려야 할지 그 의향을 타진하고 있다. 그러나 성경은 또한 그 진노가 그들을 삼키지 않게 하려고 다른 천사가 등장할 것이라고 말한다. "또 다른 천사가 와서 제단 곁에 서서 금 향로를 가지고 많은 향을 받았으니 이는 모든 성도의 기도와 합하여 보좌 앞 금 제단에 드리고자 함이라. 향연이 성도의 기도와 함께 천사의 손으로부터 하나님 앞으로 올라가는지라"(계 8:3-4).

우리는 지금 보좌, 즉 속죄소, 대제사장 앞에 있다. 그곳은 하나님이 분향할 단을 만들라고 제정하신 곳이다(출 30:1-7). 분향 단은 온통 정금으로 덮여 있었다. 성령은 그것을 둘러싼 정금으로 암시된다. 이 보좌는 우리가 나아가도록 명령을 받은 속죄소, 혹은 은혜의 보좌이다. 그곳에는 금 향로를 갖고 계신 대제사장이 계시며 그분은 향으로 우리를 맞을 준비를 하고 계신다. 그곳은 그 안에서 분향하고 있는 시간에 밖에서 기다리고 있는 모든 성도가 기도를 통해서 분향하는 곳이다(눅 1:10).

은혜의 보좌 앞에는 우리를 위로해 주시는 대제사장이신 그리스도께서 손에 금 향로를 갖고 서 계신다. 그 향이 가득 차면 성도는 기도의 향을 갖고 빈궁할 때에 은혜와 자비를 구하기 위해서 이 은혜의 보좌 앞으로 나아가는 것이다. 그분은 천사의 이름으로 그곳에 서 계신다. 그분은 하나님의 존전에 계신 천사이며 언약의 전령이시다.

우리는 어떻게 해서, 혹은 어떠한 방법으로 율법 아래 있는 대제사장께서 분향 제단에 나아가게 되었는지 생각해봐야 한다. 예수님은 성도를 위한 중보기도를 하기 위해 은혜의 보좌 앞에 나아갈 때 예복에 장신구를 취하고 나아가신다. 그분이 죽임을 당하기 위해서는 그러한 것들이 필요하다. 이러한 예복에 대한 원리는 "흉패와 에봇과 겉옷과 반포 속옷과 관과 띠"(출 28:4)였다. 이러한 것들을 요한계시록 1장에서는 간단하게 '그의 옷'이라고 불렀다.

성경은 일반적으로 예수님이 의의 옷을 입고 진리와 성실의 허리띠를 하고 있음을 우리에게 보여주고 있다(사 11:5). 그것은 예수님을 강하게 하는 허리띠였다. 또한 이스라엘 자손의 이름이 진정한 하나님의 선민이 되도록 영향을 끼쳤다. 아론의 흉배에 이스라엘 열두 지파의 이름을 제정하게 하셨고 그 어깨를 힘 있게 해서 무거움을 견뎌내도록 하셨다. "네 옷을 그에게 입히며 네 띠를 그에게 띠워 힘 있게 하고 네 정권을 그의 손에 맡기리니 그가 예루살렘 주민과 유다의 집의 아버지가 될 것이며"(사 22:21). 그 때문에 우리는 그리스도의 마음 안에 있는 것이다.

그러므로 금 향단 위에서, 즉 보좌 앞에서 분향하기 위해 거룩한 지성소 안에 우리의 대제사장께서 계신 것이다. 그러기에 우리가 은혜의 보좌 앞으로 나아갈 때 그분을 바라보아야 한다. 비록 당신이 그곳에서 하나님을 발견한다 하더라도, 만약 예수님이 그곳에 계시지 않다면 만족하지 못할 것이다. 왜냐하면 그리스도 없이 우리는 아무것도 할 수 없고 그분은 보좌이시기 때문이다.

보좌로서의 그분이 없이는 하나님도 우리를 위해서 휴식하실 장소가 없으신 것이다. 그분은 제사장이시다. 제사장으로서의 그분 없이는 우리가 하나님께 나아가도록 허락받을 수 없다. 그분에 의해서만 우리의 신령한 영적 제사가 받아들여질 수 있기 때문이다. "그러므로 우리는 예수로 말미암아 항상 찬송의 제사를 하나님께 드리자. 이는 그 이름을 증언하는 입술의 열매니라"(히 13:15).

더욱이 하나님이 우리의 구원을 위해서 우리를 선택하고 은혜의 보좌를 만들어 놓으신 것처럼 그분은 제사장으로서 그곳에서 영원히 우리를 받아들이실 것을 엄숙히 선언하고 계신다. 그동안 우리는 하나님께 나아가지 않았다는 것을 알았고 우리 안에 그분이 없는 까닭에 죽음의 고통이 우리 위에 있었음을 알았다.

예수님의 머리 위에 있는 무지개가 그분에게 진정한 제사장의 자격을 준다. 그분은 영광과 아름다움을 위한 제사장의 예복을 입으셨다(계 10:1, 겔 1장). 머리 위에 무지개를 둔 까닭은 영원한 은혜의 언약이 오직 그분 안에서만 발견될 수 있다는 것을 상징적으로 보여주기 위해서이다. 그분은 금으로 만든 미트라(대제사장의 관)와 장식 띠를 하셨다. 그리고 그 보혈이 하나님께 받아들여짐으로써 그분은 이 세상을 다스리시며 죄인들이 선한 사람으로 변화되기를 위해서 항상 간구하실 수 있게 되었다.

셋째, 은혜의 보좌는 희생제물이 드려지는 곳이다. 대제사장은 피 흘림이 없이는 거룩한 지성소 안으로 들어갈 수 없었으며, 속죄소 옆에 나아갈 수도 없었다. "오직 둘째 장막은 대제사장이 홀로 일 년에 한 번 들어가되 자기와 백성의 허물을 위하여 드리는 피 없이는 아니하나니"(히 9:7). 제사장은 희생제물의 피를 취하여 그것을 하나님 앞에, 즉 지성소에, 은혜의 보좌 앞에 일곱 번 뿌렸다. 그리고 하나님 앞에서 분향할 제단의 뿔 위에도 피가 발라졌다(레 4:5-7, 16:13-15). 은혜의 보좌는 그 위에 뿌려진 피에 의해서, 그리고 그곳에서 이루어진 속죄 때문에 알려졌다. 이는 은혜의 보좌 앞에 항상 우리의 대제사장이 계심을 말하는 것이다.

또한 그 은혜의 보좌 앞에 그의 희생제물이 있다는 것이다. 우리는 그 희생제물을 통해 은혜의 보좌 앞에 담대히 나아갈 수 있는 권리를 갖게 됨으로써 우리의 모든 죄악 된 행실을 바르게 고칠 수 있게 되었다. 그러므로 우리는 그 보좌 가운데서 기도하는 것이다. 우리는 "일찍이 죽임을 당한"(계 5:6) 것 같은 어린양 앞에서 기도하는 것이다. 이 말은 적절한 표현이다. 그리고 이 단어들은 은혜의 보좌 가운데는 참으로 죽음의 표시를 가진 우리의 희생제물이 있다는 것을 상징한다. 또한 하나님이 그 보좌 위에, 그 못과 창의 구멍에 앉아 계신다는 것을 보여준다.

하나님이 예수님으로 하여금 하나님의 백성을 위한 구속의 명령을 내리셨을 때 예수님은 어떻게 매를 맞으며 피를 흘리셨는가? 그리스도의 모든 중보기도의 가치는 그리스도의 죽음을 의미한다. 그리고 우리의 허물을 위하여 흘리신 그리스도의 피로 바꾸어 말할 수 있다.

예수님은 죽임당한 것처럼 보좌 가운데 계신다는 것을 말하는 것이다(계 7:17). 이것은 또한 "보좌 가운데 계신 어린양이 그들을 먹이고 계신다"고 말할 수 있다. 즉 희생제물로서 하나님의 아들이신 그 어린양은 항상 그 보좌 가운데서 그의 백성을 양육하며 위로해주기 위해서 계실 것이다. 그분은 보좌이며 대제사장이며, 또한 희생제물이시다.

그런데 그분은 어린양으로서 어떻게 해서 보좌 가운데 계시게 되었는가? 이것은 그리스도께서 희생제물로 죽으시고 피 흘리심으로써 하나님과 우리 사이를 화해시키는 머리가 되셨다는 것을 의미한다. 그리스도께서 제사장으로서 우리 죄인들을 위해 은혜, 자비, 그리고 영광을 얻기 위해서 탄원하시게 될 때 아주 위대한 가치가 있게 되었다는 것이다. 예수님의 피로 말미암아 예수님은 거룩한 장소에 들어가시게 되었다. 그리고 또한 그의 피로 인하여 속죄소 앞에서 우리를 위하여 속죄하실 수 있게 되셨다. 그분의 피는 아벨이 가인 때문에 흘렸던 피보다 더 낫게 말하는 뿌린 피이다. 그 피로 인하여 우리가 성소에 담대하게 들어갈 수 있게 되었다. 그런 까닭에 우리가 죽임당한 어린양, 즉 은혜의 보좌 가운데 계신 어린양을 발견하게 된다면 그 때문에 놀라지 않을 수 없을 것이다.

우리는 그분을 생각할 때 그분이 은혜의 보좌 가운데 계실 뿐만 아니라 제사장이며 희생제물이시라는 것을 잊지 말아야 한다. 왜냐하면 제사장으로서 예수님은 우리에 대해 속죄하셨기 때문이다. 희생제물 없이는 우리의 죄를 속죄할 수 없다. 예수님은 희생제물이셨던 것처럼 연약하거나 고통받는 자로 생각될 수 있다. 예수님은 제사장이셨던 것처럼 활동적이고, 혹은 자신을 제물로 바쳤던 사람으로 생각될 수 있다. 또한 예수님은 제단이셨던 것처럼 하나님의 능력 안에서, 그리고 능력 위에서 그 자신을 희생제물로 바쳤기 때문에 하나님으로 간주할 수 있다. 이 제단은 어떤 사람들이 어리석은 것으로 생각했던 것과 같은 십자가가 아니다.

당신은 하나님이 우리의 기도를 들으시기 위해, 그리고 은혜를 베푸시기 위해 앉아 계신 이러한 은혜의 보좌를 아는가? 당신 영혼의 눈을 뜨려고 고민하라. 그리고 그곳에서 어린양을 발견할 때까지 그 보좌를 바라보. 그곳에 계신 어린양은 '죽임당한 어린양'이다. 죽임당한 어린양이 은혜의 보좌 가운데에서 탄원하고 계실 때 사람들이 은혜를 얻기 위해 그 앞으로 나아가는 것은 축복스러운 광경이다. 참으로 얼마나 축복스러운 광경인가!

피 흘림 없이는 속죄함이 없으므로 더욱 이것을 찾아야 한다. 인간은 하나님의 손에서 은혜를 발견해야 한다. 만약 우리가 예수 그리스도의 피로 말미암아 지성소에 들어가지 않는다면 우리는 자신의 실수를 발견하게 될 것이며 새로운 살 길 대신에 죽음을 발견하게 될 것이다. "그 길은 우리를 위하여 휘장 가운데로 열어 놓으신 새로운 살 길이요 휘장은 곧 그의 육체니라"(히 10:20).

우리는 은혜의 보좌로 나아갈 때 은혜의 보좌 가운데 계신 죽임당한 어린양을 찾기 위해 부지런히 노력해야 한다. 그러면 우리는 그곳에 계신 하나님께 우리의 간구를 표현하는 표시를 갖게 될 것이다. 또한 그곳에서 우리의 마음을 부드럽게 하고 굽히고 굴복시키는 힘을 발견하게 될 것이다. 특별히 우리가 기도하지 않고, 눈물도 흘리지 않고, 우리의 소원함도 없이 오직 어린양의 피로서만 모든 것을 얻게 된다면 분에 넘치는 자비와 은혜를 인간에게 주시는 하나님의 은혜를 이해할 수 있겠는가?

우리는 우리가 은혜의 보좌 앞에 있을 때를 알게 될 것이다. 그 보좌는 예수님이 피 뿌리신 곳이다. 오늘날 사람들은 그 보좌 가운데에서 죽임당한 어린양을 보게 된다. 예수님은 보좌로 나아온 사람들의 목자가 되시기 위해, 그들을 생명수 샘으로 인도하시기 위해 그 보좌 가운데에 계신다. "이는 보좌 가운데에 계신 어린양이 그들의 목자가 되사 생명수 샘으로 인도하시고 하나님께서 그들의 눈에서 모든 눈물을 씻어주실 것임이라"(계 7:17).

넷째, 은혜의 보좌는 계속해서 흘러나오는 은혜의 샘물에 의해서 알 수 있다. 그것은 은혜로 하여금 이 세상으로 흘러나오게 하는 강물과 같다. 요한은 말한다. "또 그가 수정 같이 맑은 생명수의 강을 내게 보이니 하나님과 및 어린양의 보좌로부터 나와서"(계 22:1). 우리는 여기서 다시금 보좌, 즉 어린양의 보좌를 주목해야 한다. 이는 하나님의 아들로서 인간의 성격을 지녔다. 우리가 읽은 것처럼 어린양의 보좌로부터 강물이 흘러나오고 수정같이 맑은 생명수 샘이 흘러나온다. 어린양이 하나님과 연합하는 것은 그것이 어린양에 의해서 하나님한테서 왔다는 것이다. 죄인을 위한 어린양으로서, 희생제물로서 예수님은 이러한 생명수 강이 흘러나오도록 한 것이다. 그 생명수는 하나님의 보좌, 그리고 어린양의 보좌로부터 진행되었다.

여기서 우리는 어떻게 어린양이 예수님을 통해 예수님으로부터 우리에게 생명수를 흐르게 하는 자로 소개되었는지 주의 깊게 살펴보아야 한다. 하나님은 수원(水源)이시며, 그리스도는 이러한 생명수 강을 받는 자로 물을 운반하는 금 파이프와 같으시다. 이러한 은혜의 강물은 어린양으로부터, 어린양을 통해서 오게 된 것이다. 그러나 만약 그것이 어린양의 보좌로부터 흘러나온다고 이해된다면 그것은 또한 그리스도께서 강물과 같은 은혜를 교회로 보내기 위한 중보자로서의 능력을 지녔다는 것을 보여주는 것이다.

결국 하나님이 그리스도를 위하여 이러한 은혜의 강물을 주시는 것과 같다. 그리스도는 하나님의 공덕을 위해서 그렇게 행할 수 있는 능력을 갖추게 되신 것이다. "하나님 우리 아버지와 주 예수 그리스도로부터 은혜와 평강이 있기를 원하노라"(롬 1:7, 고전 1:3, 고후 1:2, 갈 1:3, 엡 1:2, 빌 1:2, 골 1:2, 살전 1:1, 살후 1:2, 몬 1:3). "하나님 아버지와 그리스도 예수 우리 주께로부터 은혜와 긍휼과 평강이 네게 있을지어다"(딤후 1:2, 벧전 1:2, 딛 1:4). 그리스도는 인간의 죄를 용서해 주시며 은혜를 주시기 위해 하나님 아버지와 같은 능력을 갖고 계신다(요 5:21-26).

우리는 보좌, 은혜의 보좌를 살펴보았다. 그리고 보좌로부터 은혜의 강물이 흐르고 있음을 진정으로 보여주기 위해서 여기서 '생명수 강'이라는 용어를 사용했다. 그 용어는 은혜의 성격과 그것을 위해서 은혜의 보좌로 나아온 사람들의 상황을 둘 다 표현하기에 적절하다. 이것은 그리스도 안에 있는 하나님의 은혜가 생명을 소생시키는 강심제가 될 것임을 보여준다. 또한 그로 말미암아 이 물을 마시게 될 모든 사람에 의해서 발견될 것임을 보여준다. 그래서 생명수 강이라는 이름이 붙여지게 된 것이다.

그 물은 예수님이 주실 것이며 그것을 마시는 자의 속에서 영생하도록 솟아나는 샘물이 될 것이다. "내가 주는 물을 마시는 자는 영원히 목마르지 아니하리니 내가 주는 물은 그 속에서 영생하도록 솟아나는 샘물이 되리라"(요 4:14). 그 물은 새로운 생명을 낳게 될 것이다. 그리고 그 생명을 유지할 것이다. 그렇다. 그것을 마시는 사람들의 가슴속에서 바로 생명수 샘물이 될 것이다. 또한 생명수의 가치에 의해서 그 영혼들을 완전한, 그리고 최종적인 타락으로부터 영원히 보존하시는 것처럼 영적인 건강 상태를 보존하게 할 것이다. 주님이 주시는 물은 그 속에서 영생토록 솟아나는 샘물이 될 것이다.

이 세상에는 생명수 마시기를 갈망하는 사람들이 있다. 그들은 영적으로 건강하지 못하고 아픈 사람들이다. 그것은 육체의 질병을 지닌 사람들이 유명한 온천물에 들어가고 싶어 하는 것과 같다. 영혼들은 은혜의 보좌와 함께하기를 원한다. 그곳에 있는 생명수는 영혼을 위한 치유의 물이다. 그 생명수는 영적 질병이 있는 사람들로 하여금 최대한 갈망하게 만든다. 이는 건강한 사람들에게, 그리고 그들과 마찬가지로 다친 사람들에게 생명수의 가치를 보여주기 위한 것이다.

그러므로 그곳은 은혜의 보좌이다. 생명수는 치유, 즉 영혼을 치유하기 위한 물이다. 그것이 바로 생명수의 가치이다(겔

47:8-9). 절름발이는 생명수로 그가 건강하여졌으며 치유받았다는 표징을 남기기 위해 생명수 강가에 그의 목발을 남긴다. 마찬가지로 은혜의 보좌 앞에서 하나님의 자비를 구하기 위해 진실로 참회 기도를 하는 사람들은 그들의 한숨과 눈물을 남긴다. "이는 보좌 가운데에 계신 어린양이…. 그들의 눈에서 모든 눈물을 씻어주실 것임이라"(계 7:17).

하나님은 요셉이 그의 형들과 동생 베냐민을 다시 만날 수 있도록 허락하심으로써 그의 얼굴을 씻으며 그의 눈물을 마르게 하셨다. 이처럼 하나님은 모든 성도도 은혜의 보좌에 있게 할 것이며, 그곳에 계신 베냐민의 하나님, 하나님의 우편에 앉아 계신 그리스도께서 그들 영혼의 슬픔을 씻어주실 것이며, 그들의 눈에서 눈물을 닦아주실 것이다. 질병에 걸려서 고통받고 있는 당신이여! 예수 그리스도로 말미암아 자비롭고 영광스러우신 하나님께로 나아오라. 당신이 그분 앞에 무릎 꿇을 때 당신은 이 생명수 강을 찾을 것이다. 그리고 그것으로 말미암아 당신은 은혜의 보좌가 있는 곳을 발견하게 될 것이다. 또한 그곳에서 당신은 하나님의 자비를 발견하게 될 것이다.

은혜의 보좌 밖으로 흐르는 것을 '생명수'라고 불렀던 것처럼 그것은 또한 생명수 강이라고 표현할 수 있다. 이것은 마치 강이 있는 곳에 많은 물이 있는 것처럼 하나님과 함께하는 곳에 많은 은혜가 있다는 것을 보여주는 것이다. 연못, 저수지는 많은 물을 보유하고 있다. 그렇지만 강은 더 많은 물을 보유하고 있다. 생명수 강과 시냇물은 은혜의 보좌로부터 흘러나온다. 이 것은 하나님의 보좌 앞에 생명수를 간구하러 나온 사람들의 필요를 충족시켜주기 위함이다. 그 강물 때문에 풍성한 은혜가 그리스도를 통하여 하나님으로부터 비롯되고 있음을 보여주기 위함이다. 세상 그 무엇으로도 만족하지 못하는 목마름이 있는 사람들이 자비를 구하기 위해서 은혜의 보좌 앞에 진정으로 나아온 것을 보여주기 위함이다.

생명수만이 이러한 영혼을 만족하게 해줄 것이다. 이에 관해서 욥은 다음과 같이 표현했다. "강물이 소용돌이칠지라도 그것이 놀라지 않고 요단강 물이 쏟아져 그 입으로 들어가도 태연하니"(욥 40:23). 다윗은 다음과 같이 기도했다. "하나님이여 사슴이 시냇물을 찾기에 갈급함 같이 내 영혼이 주를 찾기에 갈급하니이다"(시 42:1).

생명수의 초청은 풍성하다. 생명수의 구원은 풍성한 은혜의 구원이다. "한 사람의 범죄로 말미암아 사망이 그 한 사람을 통하여 왕 노릇 하였은즉, 더욱 은혜와 의의 선물을 넘치게 받는 자들은 한 분 예수 그리스도를 통하여 생명 안에서 왕 노릇 하리로다"(롬 5:17). "가련하고 가난한 자가 물을 구하되 물이 없어서 갈증으로 그들의 혀가 마를 때에 나 여호와가 그들에게 응답하겠고 나 이스라엘의 하나님이 그들을 버리지 아니할 것이라"(사 41:17). 주님이 어떻게 그들의 영원한 목마름을 만족시키겠다고 하셨는가? "내가 헐벗은 산에 강을 내며 골짜기 가운데에 샘이 나게 하며 광야가 못이 되게 하며 마른 땅이 샘 근원이 되게 할 것이며"(사 41:18).

여기 넓고 커다란 우물이 있는 것을 주목해보라. 사람들은 영혼의 어떠한 목마름도 만족하게 하기에 충분하다고 생각할 것이다. 하지만 그렇지 않다. 오직 예수님이 강물을, 샘의 근원을, 샘물을 열었기 때문에 이러한 모든 것이 하나님의 은혜에 목마른 사람들의 결핍을 만족하게 해주기에 충분한 것이다. "그들이 주의 집에 있는 살진 것으로 풍족할 것이라. 주께서 주의 복락의 강물을 마시게 하시리이다. 진실로 생명의 원천이 주께 있사오니 주의 빛 안에서 우리가 빛을 보리이다"(시 36:8-9).

은혜 보좌의 풍성함은 영혼들로 생명수 강물은 마시게 함으로써 도움과 건강을 얻게 한다. 그들이 앓는 질병을 치료해준다. 이것은 생명수 강물 때문에 생겨난 일이다. 여기서 은혜는 하나님의 보좌, 그리고 어린양의 보좌로부터 흘러나온 강물로 비유되었다. 그것은 강물의 일반성을 내포하고 있다. 우리가 알고 있는 강물은 일반적인 시냇물이다. 그 강물의 일반성을 보여주기 위해서 사도들은 그것을 "일반으로 받은 구원"(유 1:3)이라고 불렀다.

이것은 에스겔서와 스가랴서에서도 언급하고 있다. 사막을 출발해서 바다와 온 세상에 이르고, 그곳에 있는 모든 종류의 짐승과 물고기를 치유할 것이라고 말했다(겔 47:8-9). 이 본문은 생명수가 보좌로부터, 즉 은혜 언약의 표징이며 대제사장께서 사역하고 계신 곳, 그리고 죽임당한 어린양이 그 가운데 계신 곳에서부터 나온다는 것을 우리에게 보여준다. 그곳으로부터 떨어지거나 쏟아지지 않고, 오직 하나님의 은혜, 생명수 강물로만 흘러나오는 것이다. 은혜는 보좌로부터 나오고 생명수 강물처럼 흘러나온다. 그래서 그것은 수정같이 맑고 깨끗한 것이다.

'깨끗하다'는 것은 진흙 같고 더러운 물에 반대되는 뜻이다. '맑다'는 것은 차가움과 냉랭한 성격 때문에 검게 변해버린 물과 반대되는 것이다(겔 34:19). 그것은 '수정같이'라는 단어와 결합되어 있다. 생명과 영혼은 진정으로 검고 둔탁하게 보이는 물로부터 보존되어야 한다. 진흙과 같은 것으로부터 보존되어야 한다.

"여호와께서 주시는 복은 사람을 부하게 하고 근심을 겸하여 주지 아니하시느니라"(잠 10:22). 우리 그리스도인과 함께 혼합된 모든 슬픔은 은혜의 보좌로부터 비롯된 것이 아니라 우리 자신에게 원인이 있는 것이다. 은혜의 보좌는 이러한 우리의 눈물을 닦아주는 장소이다. 그리고 또한 우리의 목발을 걸어 놓는 장소이기도 하다. 그 시냇물은 맑고 깨끗하다. 진흙이나 얼음과 같지 않다. 따뜻하고 즐거운 곳이다. "하나님의 성 곧 지존하신 이의 성소를 기쁘게"(시 46:4) 하는 곳이다.

이러한 표현은 또한 생명수 강물이 우리의 어떠한 것과도 혼합하지 않고 무엇이든지 할 수 있다는 것을 우리에게 보여준다. 은혜의 보좌가 맑은 은혜로부터 비롯되었다는 것이다. 그것은 깨끗한 은혜, 자유로운 은혜, 그리고 다른 어떤 것과도 혼합되지 않은 은혜이며, 이미 우리 속에 있었던 의의 사역과 혼합할 필요가 없는 은혜라는 것이다. 그것은 그 자체로서 우리가 원하고 있는 모든 대답을 하기에, 우리의 모든 질병을 치유하기에, 그리고 빈궁한 때에 우리를 도와주기에 충분하다는 것이다. 이것은 선택받은 은혜이며, 소명받은 은혜이며, 또한 보존해야 하는 은혜이다. 이것은 영광을 가져다주는 은혜이며, 보좌로부터 흘러나오는 생명수 강물과 같은 은혜이다. 그러므로 우리는 처음부터 마지막까지 "은총이 그에게 있을지어다"라고 외쳐야만 한다.

우리는 이를 통해 그리스도인에게 요구되는 은혜가 무엇인지 알게 되었다. 그것은 모든 은혜의 하나님이 앉아 계신 은혜의 보좌이다. 그것은 예수님이 우리를 위해서 계속 사역하고 계시는 은혜의 보좌이다. 그것은 또한 어린양의 피를 뿌린 은혜의 보좌이다. 그 가운데 죽임당한 어린양이 있는 보좌이다. 그리고 영원한 언약의 상징이었던 무지개에 둘러싸인 보좌이다. 수정같이 맑고 깨끗한 생명수 강물이 흘러나오는 보좌이다.

우리에게 다가온 은혜의 보좌에 관한 이러한 표현 때문에 우리가 그 보좌를 올바로 알 수 있을 때까지 쉬지 말고 기도해야 한다. 그 표현은 오직 우리의 눈에만 보일 수 있는 모든 것이다. 그러한 표현에 대한 통찰은 아주 즐거운 일이다. 우리의 영혼이 되살아나고 재생하는 것을 보게 될 때 우리 안에 있는 자연스러운 성향을 다시 회복하게 되는 것이다.

다섯째, 은혜의 보좌 주변에 있는 여러 장식과 그 위에 적혀 있는 이름을 통해 알 수 있다. "또 보좌에 둘려 이십사 보좌들이 있고 그 보좌들 위에 이십사 장로들이 흰 옷을 입고 머리에 금관을 쓰고 앉았더라"(계 4:4). 우리는 이것에 관하여 다음과 같이 말할 것이다. 보좌는 휴식처이며 엄중한 장소이다. 노동으로부터 수고를 그치고 휴식을 취하기 위해 앉아 있는 동안에는 휴식처이고 보좌 앞에 있는 동안에는 엄중한 장소이다. "하나님 앞에서 자기 보좌에 앉아 있던 이십사 장로가 엎드려 얼굴을 땅에 대고 하나님께 경배하여"(계 11:16). 그 보좌는 이십사 장로가 그 위에 앉아 있다고 쓰이기 이전에 이미 언급되었으므로 그들을 변화시키기 이전에 먼저 준비되어 있었음을 알 수 있다.

장로들은 열두 족장, 그리고 열두 사도, 혹은 초대교회의 성직자들로 이루어져 있었다. 왜냐하면 그들은 교회에서 두 반열의 장로들, 즉 교회에 속한 유대인과 이방인들의 장로들이었기 때문이다. 그들은 이사야 선지자가 언급했던 것처럼 어떤 의미에서 교회의 유대인과 이방인들의 성직자로서 기수였다.

그들의 보좌는 또한 하나님의 존전에 변함없이 머무르고 있음을 상징한다. "너는 내 오른쪽에 앉아 있으라"(시 110:1)는 말씀은 하나님이 예수 그리스도에게 말씀하신 것과 같음을 상징한다. 그들의 흰 예복은 그리스도의 의, 그들 자신의 선한 일, 그리고 영광이었다. 그들의 선한 일은 그들로 하여금 보좌 앞으로 나아가게 할 수가 없었다. 그들 스스로 더럽혀져서 어린양의 보혈로 희게 씻겨야 했기 때문이다. 하나님은 그의 백성이 상급으로 받을 모든 것을 갖고 계신다. 그렇다. 그들은 그들 자신의 작업복을 입고 은혜의 보좌 앞에서 그들의 존경에 대한 상징으로 씻겨 있는 것이다. 이것이 바로 진정한 은혜이다.

"내가 말하기를 내 주여 당신이 아시나이다 하니 그가 나에게 이르되 이는 큰 환난에서 나오는 자들인데 어린양의 피에 그 옷을 씻어 희게 하였느니라. 그러므로 그들이 하나님의 보좌 앞에 있고 또 그의 성전에서 밤낮 하나님을 섬기매 보좌에 앉으신 이가 그들 위에 장막을 치시리니"(계 7:14-15). 그들은 다른 사람들이 그 보좌 앞에서 씻었던 것처럼 그렇게 했다. 그들은 머리에 금관을 쓰고 앉아 있었다(계 4:4). 이것은 그들의 승리를 상징하고 있다. 그리고 그들이 영원토록 땅에서 왕 노릇할 것임을 상징하고 있다(계 5:10).

그렇다면 그들은 보좌 앞에서 침묵하고 있는 것인가? 그들은 보좌 앞에 앉아 있는 동안 아무것도 할 수 없다는 것인가? 주목해보라. 성도는 우리가 앞에서 언급했던 것처럼 이십사 인의 장로로 상징되고 있다. 그리고 그들과 모든 형제, 곧 여호와 찬송하기를 배워 익숙한 자의 수효가 288명이었다(대상 25:7). 이것은 이 땅에서 구원함을 받을 14만 4천 명을 상징한다. 이십사 장로와 그 아들들은 그곳에서 주님 찬송하기를 배워 익숙한 자였던 것처럼 그들은 찬송할 것이며 심벌즈와 하프로 춤을 출 것이다. 보좌 앞에서 그들이 친히 노래한다는 것을 말하는 것이다. 이 노래는 그들이 숙련되게 불렀던 것이었다. "그들이 보좌 앞과 네 생물과 장로들 앞에서 새 노래를 부르니 땅에서 속량함을 받은 십사만 사천 밖에는 능히 이 노래를 배울 자가 없더라"(계 14:3).

사도 요한은 말한다. "이 일 후에 내가 보니 각 나라와 족속과 백성과 방언에서 아무도 능히 셀 수 없는 큰 무리가 나와 흰옷을 입고 손에 종려 가지를 들고 보좌 앞과 어린양 앞에 서서 큰 소리로 외쳐 이르되 구원하심이 보좌에 앉으신 우리 하나님과 어린양에게 있도다 하니 모든 천사가 보좌와 장로들과 네 생물의 주위에 서 있다가 보좌 앞에 엎드려 얼굴을 대고 하나님께 경배하여"(계 7:9-11). 마지막에 셀 수 없는 무리가 보좌에 모이게 된다. 그들은 "구원하심이 우리 하나님과 어린양에게 있도다"라고 큰 소리로 외칠 것이다. 확실히 이것은 이 땅에서 구원함을 받게 될 그들을 제외하고는 아무도 배울 수 없는 노래이다.

나는 그 무엇이 엄청나게 많아서 셀 수 없을 정도의 사람들로 하여금 이미 그곳에 있던 그들의 보좌 위에서 예복을 입고, 손에는 종려나무 가지를 들고, 머리에는 면류관을 쓰고 "구원하심이 보좌에 앉으신 우리 하나님과 어린양에게 있도다"라고 노래하면서 은혜의 보좌 앞에 나아가도록 격려하였는지를 말하기 원한다.

나는 지금 다시 낙심한 자들에게 말하고자 한다. 당신의 죄가 너무 커서 당신에게 걸림돌이 될 것을 두려워하는 그 마음을 이해한다. 이렇게 많은 수의 사람이 피리를 불고, 하프를 연주하며 영광을 돌리고 있다 하더라도 당신은 자신을 죄인으로서 가치 없는 사람으로 생각할 수 있다. 그러나 자비와 은혜가 그들을 위해 이루어 놓은 일을 바라보며 그 잔치가 당신을 위한 것임을 깨닫기 원한다. 당신을 위해서 그곳에서 소망으로 격려하고 계신 분을 바라보기 원한다. 바로 지금 당신의 무릎을 꿇고 바라보라는 뜻이다. 그들 중에 있는 어떤 것이 당신이 이룬 것보다 더 악하지 않다고 하더라도 바라보라는 뜻이다. 그리고 그들이 기록해 놓은 것을 주의해보라. 그들이 머리에 면류관을 쓰고, 손으로 하프를 연주하며, 구원하심이 하나님과 어린양에게 있다고 큰 소리로 노래했던 것을 주목하라. 이것은 다른 보좌로부터 은혜의 보좌를 구별하는 특징이며 표시이다.

앞에서 우리를 격려하기 위해 셀 수 없이 많은 사람들이 보좌에 앉아 그 주위를 둘러싸고 노래하고 있는 장면을 보았다. 지금 당신은 그 은혜를 위해서 하나님께, 그 보혈을 위해서 어린양께 나아가야 한다. 이것에 의해 우리는 바로 앞에 닥친 진노로부터 안전하게 되는 것이다. "그 두루마리를 취하시매 네 생물과 이십사 장로들이 그 어린양 앞에 엎드려 각각 거문고와 향이 가득한 금 대접을 가졌으니 이 향은 성도의 기도들이라. 그들이 새 노래를 불러 이르되 두루마리를 가지시고 그 인봉을 떼기에 합당하시도다. 일찍이 죽임을 당하사 각 족속과 방언과 백성과 나라 가운데에서 사람들을 피로 사서 하나님께 드리시고 그들로 우리 하나님 앞에서 나라와 제사장들을 삼으셨으니 그들이 땅에서 왕 노릇 하리로다 하더라"(계 5:8-10).

유혹받은 영혼들이여, 은혜의 보좌가 여기에 있는 것을 아직 보지 못했는가? 많은 사람들이 보좌 위에 앉으신 이의 이름에 감사하기 위해서 어린양의 보좌 앞에 나타난 것을 보지 못했는가? 만약 그곳에 하나님도 없고 은혜도 없고 은혜의 보좌도 없다면 당신은 빈궁한 때에 자비와 은혜를 위한 도움을 구하기 위해서 어디를 바라보겠는가? 당신의 하프를 버드나무에 걸어놓고 고개를 저으면서 이 세상으로 걸어 들어갈 것인가? 아! 그들이 말하는 것을 당신은 듣지 않고 있는가?

"큰 음성으로 이르되 죽임을 당하신 어린양은 능력과 부와 지혜와 힘과 존귀와 영광과 찬송을 받으시기에 합당하도다 하더라. 내가 또 들으니 하늘 위에와 땅 위에와 땅 아래와 바다 위에와 또 그 가운데 모든 피조물이 이르되 보좌에 앉으신 이와 어린양에게 찬송과 존귀와 영광과 권능을 세세토록 돌릴지어다 하니"(계 5:12-13).

이 모든 것은 우리로 하여금 인내를 통해서, 그리고 말씀의 위로를 통해서 소망을 배우게 하려고 기록된 것이다. 그리고 절망으로 고개를 숙이고 있는 사람들이 빈궁한 때에 자비를 얻기 위해서, 은혜를 발견하기 위해서 은혜의 보좌 앞에 담대히 나아갈 것을 배우게 하려고 기록된 것이다. 그들은 축복이다. 그들은 모든 것을 축복한다. 그리고 그들은 모든 것을 감사한다. 당신은 이러한 혀를 가질 수 있는가? "우리가 다 그의 충만한 데서 받으니 은혜 위에 은혜러라"(요 1:16).

하나님의 은혜가 너무 멀리 있는가? 죄가 클수록 더 큰 용서함을, 더 큰 은혜를 받는다는 것을 알지 못하고, 구원받을 만하지 못하다고 생각하면서 시간을 보내야 하는가? 이러한 불신앙은 버려야 한다. 창피하지도 않는가? 당신은 지금 은혜의 보좌 앞으로 나아가도록 격려받고 있는가? 이러한 모든 것을 말하고 있는가? 은혜의 보좌 앞에 서 있는 수많은 사람들을 바라보라. 그리고 하나님의 자비 안에서 담대한 소망을 가져라.

여섯째, 은혜의 보좌는 그것으로부터 진행되는 과정에 의해 알려진다. 은혜의 보좌는 다른 보좌와 달리 번개와 음성과 뇌성이 나는 곳이다. "보좌 앞에 켠 등불 일곱이 있으니 이는 하나님의 일곱 영이라"(계 4:5)고 기록되어 있다. 이것은 분향제단에서부터 은혜의 보좌 앞에 서 있는 것이다. "천사가 향로를 가지고 제단의 불을 담아다가 땅에 쏟으매 우레와 음성과 번개와 지진이 나더라"(계 8:5). 이 모든 것은 보좌가 있는 거룩한 곳으로부터 나오는 것이다. 그리고 이러한 보좌 때문에 불이 붙게 된다. 그리고 그분에 의해 그곳에 앉게 되는 것이다.

여기서 말하는 빛은 성령의 빛을 나타낸다(히 10:32). "그들이 주를 앙망하고 광채를 내었으니 그들의 얼굴은 부끄럽지 아니하리로다"(시 34:5). "회오리바람 중에 주의 우렛소리가 있으며 번개가 세계를 비추며 땅이 흔들리고 움직였나이다"(시 77:18). "그의 번개가 세계를 비추니 땅이 보고 떨었도다"(시 97:4).

이러한 빛은 어둠 속에 있는 사람들에게 빛을 전달하기 위한 것이다. "어두운 데에 빛이 비치라 말씀하셨던 그 하나님께서 예수 그리스도의 얼굴에 있는 하나님의 영광을 아는 빛을 우리 마음에 비추셨느니라"(고후 4:6). 그 빛은 신앙을 고백하는 사람들과 그 믿음을 파괴하기 위해 길을 가고 있던 사울에게도 임했다. 그는 빛이 왔을 때 말에서 떨어져 엎드렸다. 그 빛은 보좌로부터 온 것이었다. 빛은 죄인들로 하여금 그들의 나쁜 상황을 보게 하고 그 출구를 보게 한다.

당신은 당신이 처한 상황을 보고 그것이 얼마나 나쁜 상황인지 알고 있으며, 그 출구가 바로 예수 그리스도라는 사실을 알고 있는가? 예수님은 은혜의 보좌이시다. 이러한 확신의 빛 가운데서 당신은 그 빛이 임한 곳으로부터 질서정연하게 그 보좌로 나아와야 한다. 그리고 사무엘이 엘리에게 말했던 것처럼 울부짖어야 한다. "당신이 나를 부르셨기로 내가 여기 있나이다"(삼상 3:8).

다메섹으로 가던 사울은 빛에 의해 예수님을 보게 되었다. 그리고 그 빛 때문에 그리스도께 나아오게 되었다. 그리고 "주여, 뉘시오니이까?"라고 부르짖었다. 그때 주님은 "행할 것을 네게 이를 자가 있느니라"(행 9:6)고 말씀하셨다. 예수님이 당신의 촛대에 불을 붙이심으로써 당신이 그 길을 보게 될 때 그것이 바로 당신으로 하여금 그분께 나아가도록 격려하는 것이 아니겠는가! 그렇다. 그때 예수님의 목적은 당신이 예수님께로 오게 하는 것이었다.

"어둠과 죽음의 그늘에 앉은 자에게 비치고 우리 발을 평강의 길로 인도하시리로다"(눅 1:79). 이 부분에 대한 이러한 해석은 내가 앞에서 언급했던 것과 일치한다. 왜냐하면 먼저 당신은 보좌를 보았고 그 위에 앉아 있는 분을 보았기 때문이다. 그때 당신은 장로들을 보았고 그들 안에서 보좌를 둘러싸고 앉아 있는 전체 교회를 보았다. 말씀 속에서 당신이 마지막에 읽었던 것은 그들이 어떻게 보좌로 나아오게 되었는지 논하고 있다. 즉 그것은 빛에 의해서, 번개에 의해서, 그리고 보좌로부터 울려 퍼지는 음성에 의해서 온 것이다.

당신은 여기서 빛을 가진 것처럼 거기에 번개를 덧붙이고 있다. 보좌로부터 빛과 번개가 나오고 있다. 나는 번개로 말미암아 진리의 말씀에 나타난 하나님의 존귀함에 대한 많은 것을 발견했다. 이것은 하나님에 대한 경건한 두려움과 경외심이 우리의 마음을 사로잡고 있다는 것이다. "여호와의 소리가 힘 있음이여 여호와의 소리가 위엄차도다"(시 29:4). 그 목소리는 천둥과 번개 소리 같았다. "네가 하나님처럼 능력이 있느냐. 하나님처럼 천둥소리를 내겠느냐"(욥 40:9). "이런 것들은 그의 행사의 단편일 뿐이요, 우리가 그에게서 들은 것도 속삭이는 소리일 뿐이니 그의 큰 능력의 우렛소리를 누가 능히 헤아리랴"(욥 26:14).

사도 베드로와 야고보와 요한에게는 '우레의 아들'이란 이름이 덧붙여져 있었다. 왜냐하면 그들은 말씀 속에서 설교했기 때문이다. 거기에는 빛뿐만 아니라 번개도 있었다. 그리고 죄인들을 하나님께 효과적으로 돌이키기 위해서 하나님에 대한 두려움과 경외심으로 그 마음을 사로잡았다. "이 열둘을 세우셨으니 시몬에게는 베드로란 이름을 더하셨고, 또 세베대의 아들 야고보와 야고보의 형제 요한이니 이 둘에게는 보아너게, 곧 우레의 아들이란 이름을 더하셨으며"(막 3:16-17).

그러나 번개 없는 빛은 위험하다. 왜냐하면 번개 없이 받은 빛은 실패하기가 쉽기 때문이다. 그들은 '한 번 비췸'을 얻었다. 그러나 그들이 행했던 것을 번개 없이 읽는다면 그들은 돌이킬 수 없는 상황으로 떨어지기 쉽다(히 6:4-6). 사울은 그의 영혼이 흔들리면서 빛과 함께 번개를 보았다. 수많은 사람들을 보았고 요엘의 예언을 보았다(행 2:9,16). 번개 없이 빛을 받은 그들은 악한 길에서 하나님의 은혜의 길로 변화되기가 쉽지 않다. 그러나 그들은 하나님의 무서운 공포가 사람들을 설득시킬 것이라는 사실을 알고 있다(롬 3:8, 유 1:4, 고후 5:11).

그러므로 하나님이 우리에게 은혜의 비를 주시겠다고 선언했을 때 하나님은 우레의 번개를 위하여 길을 정하셨다(욥 28:26). 즉 우레 없이 빛을 주신 것이 아니라 우레에 뒤이어 빛을 주신 것이다. 빛과 번개가 비를 내리게 하는 원인이 되지만 빛 혼자서는 그렇게 할 수 없다. "누가 홍수를 위하여 물길을 터 주었으며 우레와 번개 길을 내어 주었느냐. 누가 사람 없는 땅에 사람 없는 광야에 비를 내리며"(욥 38:25-26).

당신은 가장 어두운 곳에서 말씀하시는 성령의 음성을 들어야 한다. 그곳은 가장 평안한 만큼 진리와 함께 조화를 이루는 곳이다. 그리고 그곳은 빛과 번개가 함께 있는 곳이다. 만약 당신의 마음이 하나님에 대한 두려움과 함께 균형을 잘 유지한다면 마지막 날 이 땅에서 거대한 빛을 보게 될 것이다. 그러나 번개는 약간만 보게 될 것이다. 번개를 가졌던 하나님의 영광은 당신에게 빛을 주시기 위해서, 당신을 일깨우기 위해서 번개를 약간만 보게 할 것이다. 번개를 가졌던 하나님의 영광은 당신에게 빛을 주시기 위해서, 당신을 일깨우기 위해서 번개를 사용하셨다. 당신은 영적인 잠에서 깨기 위해 그분께 나아가야 한다. 그래야 그 일을 볼 수 있다. 그때 이것은 당신으로 하여금 은혜의 보좌 앞으로 나아가도록 만든다. 그런 까닭에 우리는 은혜의 보좌로 나아가는 것이다.

빛과 번개는 보좌로부터 일어난 것이다. 그것으로부터 또한 음성이 있었다고 말한다. 빛과 번개가 보내진 것은 가르치기 위한 것으로 생각할 수도 있다. 혹은 이러한 빛과 번개는 우리의 마음속에서 초래된 것으로 생각할 수도 있다. 그 음성이 하나님으로부터 영혼으로 떨어지게 될 때, 그리고 우리가 무엇을 해야 할지 알려주시기 위해서 영혼을 지도하는 음성이 수반될 때 빛과 번개의 의미가 밝혀진다(행 9:3-7). 그것은 사울의 경우를 통해 알 수 있다. 그는 빛을 보았고 두려움을 느꼈다. 그리고 그를 지도하고 있는 음성을 들었다.

그에게 빛과 번개, 그리고 음성이 다가왔다. "여호와는 선하시고 정직하시니 그러므로 그의 도로 죄인들을 교훈하시리로다. 온유한 자를 정의로 지도하심이여 온유한 자에게 그의 도를 가르치시리로다"(시 25:8-9). 그 음성에 의하여 당신은 빛과 번개가 당신의 마음속에서 일어나는 것을 이해할 수 있게 된다. 왜냐하면 비록 인간이 하나님을 향하여, 즉 그분으로부터 나타난 이러한 빛과 번개 앞에서 아무 말 없이 묵묵히 있는다 하더라도 그 후에 충만한 음성이 있기 때문이다.

무수히 많은 음성이 이 땅의 전체 교회 안에 있는 것은 은혜의 보좌로부터 생겨난 빛과 번개에 의해 초래된 것이다. 그래서 믿음은 음성을 갖게 된다. 그리고 회개 또한 그 음성을 갖게 된다. 하나님의 말씀에 대한 우리의 순종 속에도 그 음성을 갖게 된다. 그렇다. 우리의 기도 속에도 그 음성이 있다. 우리의 울음 속에도 그 음성이 있다. 우리의 눈물 속에도, 우리의 신음 속에도, 우리의 고함치는 소리 속에도, 우리의 비탄하는 소리 속에도 그 음성이 있다. 그리고 나팔 소리 속에도 그 음성이 있다.

이것은 은혜의 보좌에 대한 결과이다. 그러므로 빛과 번개, 그리고 음성들이 그 보좌로부터 일어난 것이라고 말하는 것이다. 이것은 영혼을 효과적으로 하나님께로 돌아서게 한다. 이러한 모든 것이 당신의 영혼과 함께하고 있다면 은혜의 보좌에 의한 효과는 당신으로 하여금 은혜의 보좌에서 소생하도록 만든다. 먼저 당신의 기도 속에서, 그리고 당신의 인격 속에서 소생하도록 만든다. 그리고 이것은 나로 하여금 그다음 일을 말할 수 있도록 인도한다. 바로 누가 사람들을 은혜의 보좌 앞으로 나아오도록 초청했는지 보여주는 것이다.

06

Prayer by John Bunyan _ Part 2

우리는 담대히 나아오라는 권면을 받는다

은혜의 보좌로 나아가도록 요청받고 있는 사람들은 모든 사람, 모든 부류의 사람이 아니라 우리들(Us), 그리고 우리(We)라고 하는 단어가 정확하게 이해된 사람들이다. 그러므로 우리는 은혜를 얻기 위해 담대히 나아가는 것이다. 히브리서에서 그들은 들은 말씀에 대해서 더욱더 세심한 주의를 하라고 다음과 같이 불렸다. 그들은 자녀들이라고 불렸고, 또한 아브라함의 자손들이라고 불렸다. 그들은 그리스도의 형제들이라고도 불렸다.

히브리서 3장에서는 거룩한 형제들이라고 불렸고, 하늘의 부르심에 함께 참여한 자라고 일컬어졌다. 그들은 그리스도 자신의 집이라고 불렸고, 또한 예수 그리스도와 함께 참여한 자라고 일컬어졌다. "우리가 시작할 때에 확신한 것을 끝까지 견고히 잡고 있으면 그리스도와 함께 참여한 자가 되리라"(히 3:14). 그들은 믿는 자들, 즉 안식에 들어간 사람들이었다고 표현되고 있다.

그들은 또한 대제사장이신 예수 그리스도를 소유한 자들이었다. 그 대제사장은 우리의 연약함을 체휼하지 아니하는 자가 아니요, 모든 일에 우리와 한결같이 시험을 받은 자이셨다. "지으신 것이 하나도 그 앞에 나타나지 않음이 없고 우리의 결산을 받으실 이의 눈앞에 만물이 벌거벗은 것같이 드러나느니라. 그러므로 우리에게 큰 대제사장이 계시니 승천하신 이, 곧 하나님의 아들 예수시라. 우리가 믿는 도리를 굳게 잡을지어다. 우리에게 있는 대제사장은 우리의 연약함을 동정하지 못하실 이가 아니요, 모든 일에 우리와 똑같이 시험을 받으신 이로되 죄는 없으시니라"(히 4:13-15).

히브리서 6장에서는 사랑하는 자, 그리고 약속을 기업으로 받을 자라고 불렀다. 또한 그들은 앞에 있는 소망을 얻으려고 피해 가는 자들이었다. 그들은 영혼의 닻처럼 소망을 가진 자들이었다. 그런 사람들을 위하여 앞서 가신 예수 그리스도는 영원한 대제사장이 되어 들어가셔서 하늘의 소유권을 얻으신 것이다(히 6:9,17-20).

히브리서 7장에서는 하나님께 더 가까이 가는 자들이라고 일컬어졌다(히 7:19). 8장에서는 우리와 함께 있는 새 언약이 그리스도 안에서 만들어진 것이라고 했다. 9장에서는 그리스도께서 우리를 위하여 영원한 속죄를 이루셨으며, 또한 우리를 위하여 거룩한 장소에 들어가셨다고 했다. "염소와 송아지의 피로 하지 아니하고 오직 자기의 피로 영원한 속죄를 이루사 단번에 성소에 들어가셨느니라"(히 9:12).

10장에서는 우리가 하나님의 뜻으로 거룩하여졌다고 말하고 있다. 그리고 예수 그리스도의 피를 힘입어 성소에 들어갈 담력을 얻게 되었다고 말하고 있다. "우리가 마음에 뿌림을 받아 악한 양심으로부터 벗어나고 몸은 맑은 물로 씻음을 받았으니 참마음과 온전한 믿음으로 하나님께 나아가자"(히 10:22). 우리는 이 세상에서 예수님을 위하여 많은 고통을 받은 자들이다. 그리고 그렇게 익숙한 친구가 되었다(히 10:10,19,22-25).

11장에서는 함께 온전해져 가야만 한다고 했다. "이는 하나님이 우리를 위하여 더 좋은 것을 예비하셨은즉 우리가 아니면 그들로 온전함을 이루지 못하게 하려 하심이라"(히 11:40). 12장에서는 다음과 같이 말하고 있다. "그러나 너희가 이른 곳은 시온 산과 살아 계신 하나님의 도성인 하늘의 예루살렘과 천만 천사와 하늘에 기록된 장자들의 모임과 교회와 만민의 심판자이신 하나님과 및 온전하게 된 의인의 영들과 새 언약의 중보자이신 예수와 및 아벨의 피보다 더 나은 것을 말하는 뿌린 피니라"(히 12:22-24).

이처럼 우리는 히브리서를 통해 은혜의 보좌 앞으로 나아오도록 권면하고 있는 용어, 특징, 제목, 그리고 특권을 볼 수 있다. 이를 통해 우리는 모든 사람이 다 확신하지 않고서는 나아올 수 없다는 결론을 내릴 수 있다. 그것은 그리스도 안에서 하나님의 자비가 필요하고 우리 영혼의 갈망이 필요하다는 것을 의미한다.

우리는 자비를 구하기 위해서 은혜의 보좌 앞에 질서정연하게 나아가는 영혼을 보게 될 것이다. 이러한 이유 때문에 우리는 지금 그것의 그림자를 가진 구약성경에서 그 주제를 다루고 있는데, 이것을 나를 포함한 우리 자신에게 적용해야만 한다. 그때 우리는 그러한 일이 훨씬 더 멀리서 설명되었다는 것을 예표할 것이다.

지성소는 교회를 위한 것이지 세상을 위한 것이 아니었다. 이방인들은 그들의 본성적인 상태에서 대제사장에 의해서 지성소로 즉시 나아가지 못했기 때문이다. 먼저 그들은 유대인들로 구성된 교회로 들어가야 했다(출 12:43-49). 이방인들은 먼저 할례를 받아야만 했다. 그리고 결과적으로 나타날 메시아를 신앙으로 고백해야 했다. 이러한 지성소에 대제사장은 특별히 일 년에 단지 한 번씩 들어가야 했다.

"너는 반역하는 자, 곧 이스라엘 족속에게 이르기를 주 여호와께서 이같이 말씀하시기를 이스라엘 족속아 너희의 모든 가증한 일이 족하니라. 너희가 마음과 몸에 할례 받지 아니한 이방인을 데려오고 내 떡과 기름과 피를 드릴 때에 그들로 내 성소 안에 있게 하여 내 성전을 더럽히므로 너희의 모든 가증한 일 외에 그들이 내 언약을 위반하게 하는 것이 되었으며, 너희가 내 성물의 직분을 지키지 아니하고 내 성소에 사람을 두어 너희 직분을 대신 지키게 하였느니라. 주 여호와께서 이같이 말씀하셨느니라. 이스라엘 족속 중에 있는 이방인 중에 마음과 몸에 할례를 받지 아니한 이방인은 내 성소에 들어오지 못하리라" (겔 44:6-9).

교회는 아론과 그 아들들로 설명된다. 즉 아론은 교회의 머리로, 그의 아들들은 교회의 회원으로 설명되는 것이다. 그러나 아론의 아들들은 물두멍에서 손을 씻기 전까지는 거룩한 지성소의 어떠한 물건도 만질 수가 없었다. "여호와께서 모세에게 말씀하여 이르시되 너는 물두멍을 놋으로 만들고 그 받침도 놋으로 만들어 씻게 하되 그것을 회막과 제단 사이에 두고 그 속에 물을 담으라. 아론과 그의 아들들이 그 두멍에서 수족을 씻되 그들이 회막에 들어갈 때에 물로 씻어 죽기를 면할 것이요, 제단에 가까이 가서 그 직분을 행하여 여호와 앞에 화제를 사를 때에도 그리 할지니라. 이와 같이 그들이 그 수족을 씻어 죽기를 면할지니 이는 그와 그의 자손이 대대로 영원히 지킬 규례니라"(출 30:17-21).

이렇게 율법은 아주 엄격했다. 이방인뿐만 아니라 이스라엘의 어떠한 사람이라도 죽은 것에 의해서 불결하게 되었다면 그들은 거룩한 물건을 함께 나누기 이전에 먼저 깨끗이 씻어야 했다. 그리고 그들이 그렇게 하지 않으면 그들의 죄는 그들 위에 계속 남아 있게 된다. "아론의 자손 중 나병 환자나 유출병자는 그가 정결하기 전에는 그 성물을 먹지 말 것이요, 시체의 부정에 접촉된 자나 설정한 자나 무릇 사람을 부정하게 하는 벌레에 접촉된 모든 사람과 무슨 부정이든지 사람을 더럽힐 만한 것에게 접촉된 자, 곧 이런 것에 접촉된 자는 저녁까지 부정하니 그의 몸을 물로 씻지 아니하면 그 성물을 먹지 못할지며"(레 22:4-6).

이제 나는 우리가 어떻게 거룩하여질 수 있는지 말하려고 한다. 만약 죄를 지은 사람이라면 그는 먼저 씻어야 한다. 그렇다면 씻은 자는 은혜의 보좌로 즉시 나아갈 수 있는가? 그렇다. 나는 당신에게 다시금 질문한다. 만약 인간이 확신 아래서 은혜의 보좌 앞으로 즉시 나아갈 수 있다면 히브리서에서 왜 사도들은 씻는 것이 성소에 들어갈 준비가 다 된 것처럼 생각하고 있는가?

히브리서 기자는 말한다. "그러므로 형제들아 우리가 예수의 피를 힘입어 성소에 들어갈 담력을 얻었나니"(히 10:19). "우리가 마음에 뿌림을 받아 악한 양심으로부터 벗어나고 몸은 맑은 물로 씻음을 받았으니 참 마음과 온전한 믿음으로 하나님께 나아가자"(히 10:22). 히브리서 기자는 우리가 완전한 상태로 되지는 않았지만 우리는 먼저 씻음을 받았고 피 뿌림을 받았고 말한다.

물두멍은 씻어주는 것이었다. 물두멍에서 씻지 않았다는 것은 은혜의 보좌 앞으로 바르게 나아가지 않았다는 뜻이다. 그런 까닭에 우리는 이러한 일을 상징하기 위한 것으로써 은혜의 보좌 앞에 서 있는 유리 바다를 보게 되는 것이다(계 4:6). 진정으로 은혜의 보좌 앞으로 나아간다는 것은 보좌 앞에서 씻기 위해 서 있다는 의미이다. 이러한 이유 때문에 유리 바다는 앞에서 언급한 물두멍이나 솔로몬의 성전에 서 있는 놋쇠 빛깔의 바다와 같다. 우리는 거룩한 성소에 들어가기 전에 먼저 씻어야만 했다.

그러나 당신은 나에게 질문할 것이다. "물두멍, 혹은 놋쇠 바다는 신약성경 안에서 우리에게 무엇을 상징하는 것입니까?" 나는 다음과 같이 대답할 것이다. "신약성경의 말씀 속에는 귀중한 예수 그리스도의 보혈 때문에 죄의 구속함을 받게 된다는 속죄의 교리가 포함된 것을 상징하고 있다." 우리가 말씀을 통해, 즉 말씀에 따라서 물로 씻음 받음을 통해 깨끗해졌음을 말하고 있다. "우리를 구원하시되 우리가 행한 바 의로운 행위로 말미암지 아니하고 오직 그의 긍휼하심을 따라 중생의 씻음과 성령의 새롭게 하심으로 하셨나니"(딛 3:5). 그러므로 죄인들은 먼저 씻음을 받아야 한다. 그리고 누구든지 구원함을 받아야 한다.

우리는 십자가에 못 박히신 예수 그리스도와 함께, 그리고 그의 보혈로 말미암아 죄인들이 구속함을 받게 되는 약속과 함께 시작해야만 한다. 우리는 십자가에 못 박히신 예수 그리스도를 무덤에서 발견할 수 없을 것이다. 왜냐하면 그분은 부활하셨기 때문이다. 우리는 그분을 하나님의 말씀 속에서 발견할 수 있을 것이다. 그분은 자신의 죽음에 대한 모든 상황 속에서 이날을 설명하기에 우리의 눈앞에서 십자가에 못 박히실 수 있었던 것이다. "어리석도다, 갈라디아 사람들아. 예수 그리스도께서 십자가에 못 박히신 것이 너희 눈앞에 밝히 보이거늘 누가 너희를 꾀더냐. 내가 너희에게서 다만 이것을 알려 하노니 너희가 성령을 받은 것이 율법의 행위로냐 혹은 듣고 믿음으로냐"(갈 3:1-2).

우리는 말씀 속에서 예수님이 죽으신 것, 언제 죽게 되셨는지, 예수님의 죽음은 무슨 죽음이었는지, 왜 죽으셔야 했는지를 발견하게 될 것이다. 하나님의 말씀은 우리로 하여금 나아가도록 열려 있으며 예수님의 보혈로 죄를 씻어야 한다는 것을 발견하게 만든다. 그리스도의 언약의 말씀은 신약성경의 모든 제사장을 위한 물두멍이다. 그리고 모든 그리스도인은 깨끗하게 하기 위한 하나님의 제사장이다.

그러므로 우리는 여기서 앞으로 한 발자국 더 나아가기 전에 칭의를 받게 되는 것이다. 왜냐하면 만약 우리가 예수님의 보혈로 칭의를 받은 것이 아니라면 예수님의 생명에 의해서 구원받을 수 없기 때문이다. 여기에서 그 칭의의 유효성은 용해된 바다, 혹은 물두멍, 혹은 우리를 깨끗하게 하기 위한 은혜의 말씀 속에 포함되어 있다. 정말로 그 은혜의 보좌 앞에서, 혹은 속죄소에서 우리를 위해 예수님의 보혈로 탄원하는 음성이 있다. 그것은 여전히 우리로 하여금 깨끗함을 받게 하고 있다. 예수님이 십자가에서 죽으셨던 것처럼 그 안에서 우리는 깨끗함을 받았다.

그러므로 우리는 예수 그리스도의 보혈로, 즉 영문 밖에서 죽으신 예수님의 보혈 안에 있는 믿음으로 말미암아 담대하게 거룩한 성소에 들어갈 수 있게 되었다. 왜냐하면 예수님의 보혈은 영문 밖에서 흘리신 것이기 때문이다. 그래서 그것은 믿는 자들을 거룩하게 하는 것이다. 그리고 우리로 하여금 거룩한 성소에 접근할 수 있도록 하는 것이다. "이는 죄를 위한 짐승의 피는 대제사장이 가지고 성소에 들어가고 그 육체는 영문 밖에서 불사름이라. 그러므로 예수도 자기 피로써 백성을 거룩하게 하려고 성문 밖에서 고난을 받으셨느니라. 그런즉 우리도 그의 치욕을 짊어지고 영문 밖으로 그에게 나아가자. 우리가 여기에는 영구한 도성이 없으므로 장차 올 것을 찾나니, 그러므로 우리는 예수로 말미암아 항상 찬송의 제사를 하나님께 드리자. 이는 그 이름을 증언하는 입술의 열매니라"(히 13:11-15).

예수 그리스도께서 십자가에서 죽으심으로써 말씀에서 설명하는 중생의 물두멍, 혹은 그리스도로 말미암아 모든 죄인이 나아와서 씻음받고 칭의받게 되는 것이다. 은혜의 보좌는 성도들에게 열려 있는 곳이다. 그 보좌는 십자가에 못 박히신 예수 그리스도를 믿음으로 칭의받게 된 죄인들이 나아가야 할 곳이다. 예수님의 보혈로 죄로부터 깨끗함을 받고 속죄소로 나아오는 것이다.

은혜의 보좌 앞에 나아온 사람들은 믿음을 통해서 행한다. "그런즉 그들이 믿지 아니하는 이를 어찌 부르리요, 듣지도 못한 이를 어찌 믿으리요, 전파하는 자가 없이 어찌 들으리요"(롬 10:14). 그러므로 듣는 것은 믿기 이전에 행하는 것이고, 믿는 것은 보좌에 앉아 계신 하나님이 부르시기 이전에 일어나는 일이다. 지금 우리가 믿는 것은 우리에게 제시된 복음으로부터 시작된 음성에 의한 것이다. 그것은 승천하신 그리스도와 먼저 함께하는 것이 아니라 죽으시고 장사되고, 그리고 부활하신 그리스도로부터 시작되는 것이다. "내가 받은 것을 먼저 너희에게 전하였노니 이는 성경대로 그리스도께서 우리 죄를 위하여 죽으시고 장사 지낸 바 되셨다가 성경대로 사흘 만에 다시 살아나사"(고전 15:3-4).

하늘의 명령은 우리가 중생의 물두멍 안에서 씻는 것이다. 즉 복음의 진리인 말씀 속에 제시된 것처럼 그리스도의 보혈로 씻음을 받는 것이다. 이것은 하나님의 법령이다. 왜냐하면 그곳에 있는 죄인들, 혹은 정결하지 못한 사람들은 은혜의 보좌에 앉아 계신 하나님께로 접근하기 위해서 씻음을 받아야 하기 때문이다.

그리스도의 교리를 경외심으로 보지 않고, 못 본 체하고 있는 사람들이 생명을 걸고 죽으신 정의롭고 거룩하신 하나님으로부터 받아들여지기로 허락되는 것이 가능한 일인가? 혹은 그러한 사람들이 십자가에서 죽으신 그리스도 보혈의 발자취를 소홀히 생각하거나 무시하고 있는데, 은혜의 보좌에 앉아 계신 그리스도께 관심을 두도록 허락되는 것이 가능한 일인가? 그것은 불가능한 일이다. 그때 사람들은 먼저 그곳에서 씻어야만 한다.

신앙고백을 하거나 믿음으로 가장하거나 거룩하거나 그 무엇을 할지라도 죽어야만 한다. 왜냐하면 하나님은 우리 인간 속에 있는 모든 더러운 죄악을 다 보고 계시기 때문이다. 혹 이 세상에 있는 잿물로 스스로 씻으며 수다한 비누를 쓸지라도 우리의 죄악은 오히려 하나님 앞에 그대로 남아 있다. "율법을 따라 거의 모든 물건이 피로써 정결하게 되나니 피흘림이 없은즉 사함이 없느니라"(히 9:22). 오염되고 불결하고 더러운 것이 있는 사람은 누구라도 하나님의 거룩한 성소에 들어갈 수 없다. 거기에서부터 가장 거룩한 장소로는 아무나 들어가지 못하기 때문이다.

불결한 데서부터 완전하게 되기 위해 우리의 믿음이 받아들여져야 한다. 우리는 오직 예수님의 피를 힘입어 성소에 들어갈 담력을 얻을 수 있다. "그러므로 형제들아 우리가 예수의 피를 힘입어 성소에 들어갈 담력을 얻었나니"(히 10:19). 다른 방법은 없다. 이것은 우리가 은혜의 보좌 앞으로 나아가는 방법을 깨닫는 것을 통해 더욱 명백히 알게 될 것이다.

07
Prayer by John Bunyan _ Part 2

은혜의 보좌 앞으로 어떻게 나아갈 수 있는가?

우리는 은혜의 보좌 앞으로
어떻게 나아가야 하는가?

—

먼저, 우리는 두 번째 휘장에 의해서 보좌 앞으로 나아가야만 한다. 은혜의 보좌는 두 번째 휘장 뒤에 있기 때문이다. 비록 사람들이 교회의 모형이었던 성막, 혹은 성전에 들어갔다 하더라도 그들은 아직 첫 번째 휘장 안에 들어간 것이다. 그들은 단지 성소, 혹은 은혜의 보좌가 없는 곳에 와 있는 것이다. "또 둘째 휘장 뒤에 있는 장막을 지성소라 일컫나니"(히 9:3).

성경에서 본 것처럼 우리가 그 안에서, 그 옆에서, 그리고 그것을 통해서 보혈로 말미암아 거룩한 지성소에 들어가게 되는 이러한 두 번째 휘장은 무엇인가? 율법을 위해서 거룩한 사람과 거룩한 지성소 사이에 걸려 있는 것이다. 그리고 첫 번째 성막 안으로 더는 들어갈 수 없는 사람들의 시각으로부터 거룩한 성소 안에 있는 것을 보이지 않게 숨기는 것이다. 지금 성막, 혹은 성전 안에 있는 이러한 두 번째 휘장은 모든 사람이 은혜의 보좌 앞으로 담대히 나아가서 경험하게 될 두 번째 장막의 모형이다. 그리고 그 휘장은 예수 그리스도의 육체이다.

이것은 거룩한 사도들이 권면 속에서 증언하고 있다. "그러므로 형제들아 우리가 예수의 피를 힘입어 성소에 들어갈 담력을 얻었나니 그 길은 우리를 위하여 휘장 가운데로 열어 놓으신 새로운 살 길이요, 휘장은 곧 그의 육체니라"(히 10:19-20). 두 번째 휘장은 우리가 믿음으로 말미암아 들어갈 수 있고 경험할 수 있는 그리스도의 육체이다. 그곳을 경유하지 않고는 은혜의 보좌가 있는 곳, 즉 예수님의 마음과 영혼이 있는 곳인 거룩한 지성소에 들어가는 것은 불가능하다.

그리스도의 몸은 하나님의 성전이다. 그래서 하나님은 그 안에 내주하신다. 왜냐하면 그 안에는 신성의 모든 충만이 육체로 거하고 있기 때문이다. 그러므로 앞에서도 암시했던 것처럼 예수 그리스도는 은혜의 보좌이다. 예수님의 육체가 휘장으로 불린 이래로 그 영광이 그 안에 내주하고 있다. 그 안에서 안식하고 계신 하나님은 단지 예수님의 영광스러운 육체를 통해서만 볼 수 있다. 왜냐하면 그 영광은 휘장 뒤에 있기 때문이다. 그곳에는 자비와 은혜의 보좌가 있다. 하나님은 영문 밖에 있는 죄인을 위해서 예수님의 육체를 제물로 사용하셨다. 그리고 그 육체를 통해서 하나님께 나아온 죄인과 함께하는 휴식처로서 뿐만 아니라 기쁨으로써 그곳에 앉아 계신다.

"내가 곧 길이요 진리요 생명이니 나로 말미암지 않고는 아버지께로 올 자가 없느니라"(요 14:6). 예수님은 왜 자신의 육체를 통해서만 아버지께로 올 수 있다고 했는가? "그의 십자가의 피로 화평을 이루사 만물, 곧 땅에 있는 것들이나 하늘에 있는 것들이 그로 말미암아 자기와 화목하게 되기를 기뻐하심이라. 전에 악한 행실로 멀리 떠나 마음으로 원수가 되었던 너희를 이제는 그의 육체의 죽음으로 말미암아 화목하게 하사 너희를 거룩하고 흠 없고 책망할 것이 없는 자로 그 앞에 세우고자 하셨으니"(골 1:20-22). 그때는 우리가 하나님의 존전에 들어가는 때이며, 예수님의 육체를 통해 속죄소, 혹은 은혜의 보좌로 접근하는 때이다.

이것이 우리가 그 보좌로 나아가는 방법이다. 만약 우리가 자비를 구하기 위해서 은혜의 보좌로 올바르게 나아갈 수 있다면 우리는 휘장을 통해서 나아갔던 것처럼 예수님의 육체를 통해서 예수님의 보혈로 나아가야만 한다. 우리가 예수님의 육체를 통해서 들어가지 않으면 하나님의 영광, 그리고 은혜로 다스리게 될 하나님의 뜻은 우리의 눈으로부터 완전히 보이지 않게 숨겨질 것이다.

나는 사람들의 마음속에 잇따라 떠오르는 공상들, 그리고 그리스도, 은혜의 보좌, 영광의 보좌에 대한 일반적인 통념과 꾸며낸 개념을 갖고 말하는 것이 아니다. 나는 자비를 구하기 위해서 은혜의 보좌 앞으로 올바르게 나아갈 필요성에 대한 지식이 절대로 있어야 한다는 것을 말하는 것이다. 나 역시 예수님의 육체를 통해서 예수님의 보혈로 말미암아 나아갔다. 다른 길로는 전혀 나아갈 수 없었다. 왜냐하면 그곳에는 뒷문이 없기 때문이다.

이것은 다음과 같이 요약된다. 그리스도의 육체는 성막이며 지성소이다. "그때에 내가 말하기를 내가 왔나이다. 나를 가리켜 기록한 것이 두루마리 책에 있나이다. 나의 하나님이여 내가 주의 뜻 행하기를 즐기오니 주의 법이 나의 심중에 있나이다 하였나이다"(시 40:7-8). 이 성전 안에는 하나님이 앉아 계셨다. 그리스도의 심중에 은혜의 보좌가 있게 하시기 위해서 그 성전에 앉아 계셨다. 따라서 인간은 이 성전을 통해서 들어가야만 한다. 그리스도의 육체가 우리를 그 안에 내주하고 계신 하나님과 화해시키기 위해서 이루어 놓은 것을 거룩하게 이해함으로써 들어가야만 한다. 은혜의 보좌로 나아가는 것 외에는 다른 어떤 길도 없다.

이것은 하늘의 천국으로 향하는 새로운 길이다. 왜냐하면 옛 길은 두루 도는 화염검에 의해서 막혔기 때문이다(창 3:24). 이것은 생명 길이다. 다른 길에는 죽음이 놓여 있기 때문이다. "그 길은 우리를 위하여 휘장 가운데로 열어 놓으신 새로운 살 길이요, 휘장은 곧 그의 육체니라"(히 10:20). 이것만이 은혜의 보좌가 있는 거룩한 지성소에 들어갈 수 있는 유일한 길이다.

둘째, 우리는 죄악 된 양심으로부터 먼저 피 뿌림을 받은 우리의 마음을 갖고 은혜의 보좌에 접근해야 한다. 이스라엘 백성을 대표했던 제사장도 성막에 들어갈 때 먼저 피를 뿌리지 않고는 그 안에 들어가지 않았다(출 29:20-21). "오직 둘째 장막은 대제사장이 홀로 일 년에 한 번 들어가되 자기와 백성의 허물을 위하여 드리는 피 없이는 아니하나니"(히 9:7).

그런데 복음서를 보면 우리는 모두 피가 아닌 믿음으로 말미암아 휘장을 통해서 들어갈 수 있도록 허락받았다. 여기서 우리는 피 없이는 들어갈 수 없다고 하는 점에 주의해야 한다. 왜냐하면 그 피가 실제로 우리에게 보이지 않았다면 우리는 자비를 얻는 대신, 은혜의 도움을 발견하는 대신 죽게 되었을 것이기 때문이다. 이것은 내가 가장 강조하는 것이다. 우리가 이러한 것을 잊어버리는 것은 매우 자연스러운 일이기 때문이다.

물론 예수 그리스도의 보혈 안에서 믿음으로 어떻게 행해야 하는지 알지 못하는 사람이 누가 있겠는가? 은혜의 보좌 앞으로 접근하려고 시도할 때 양심에 보혈의 가치를 뿌리려고 하지 않는 사람이 누가 있겠는가? 그러나 성경은 우리가 준비하지 않고 부정하게 사는 것을 주의하라고 말하고 있다. "우리가 마음에 뿌림을 받아 악한 양심으로부터 벗어나고 몸은 맑은 물로 씻음을 받았으니 참 마음과 온전한 믿음으로 하나님께 나아가자. …하물며 영원하신 성령으로 말미암아 흠 없는 자기를 하나님께 드린 그리스도의 피가 어찌 너희 양심을 죽은 행실에서 깨끗하게 하고 살아 계신 하나님을 섬기게 하지 못하겠느냐"(히 10:22, 9:14).

우리가 죽지 않기 위해서는 그리스도의 보혈과 함께해야 한다. 율법 안에서 우리는 피 뿌림을 받아야 한다. 하늘의 일에 있어 우리 자신이 행한 일들이 보혈보다 더 좋은 희생제물이 될 수는 없다. 오직 육체의 제물, 십자가에서 흘리신 그리스도의 보혈로 깨끗해져야 할 필요가 있다. 그때 우리는 은혜의 보좌 앞에 계신 그리스도에 의해서 정결하게 되는 것이다.

셋째, 우리는 우리의 몸을 정결한 물로 씻고 나아가야 한다. 이것은 사도들로부터, 또한 앞에서 살펴보았던 것처럼 이미 제정된 율법으로부터 취한 것이다. 예수님도 하나님께 나아가시기 전에 베드로와 남아 있는 사람들에게 말씀하셨다. "베드로가 이르되 내 발을 절대로 씻지 못하시리이다. 예수께서 대답하시되 내가 너를 씻어 주지 아니하면 네가 나와 상관이 없느니라"(요 13:8). 이러한 정결한 물은 성령과 함께 혼합된 말씀의 건전한 교리 외에는 아무것도 없다. 이것에 따라 양심이 보혈, 혹은 그 육체로 피 뿌림을 받은 것처럼 거룩해졌으며 깨끗해졌다. "너희는 내가 일러준 말로 이미 깨끗하여졌으니"(요 15:3).

씻음받는 것, 거룩해지는 것, 그리고 칭의받는 것은 함께 고려되어야 한다. 그리고 우리 주 예수 그리스도의 이름으로, 우리 하나님의 성령으로 나아와야 한다. "너희 중에 이와 같은 자들이 있더니 주 예수 그리스도의 이름과 우리 하나님의 성령 안에서 씻음과 거룩함과 의롭다 하심을 받았느니라"(고전 6:11). 우리는 물로 씻음을 받아야만 한다. 만약 우리가 질서정연하게 은혜의 보좌 앞으로 나아가고 있다면, 만약 우리가 확신에 찬 믿음 안에서 진실한 마음으로 그 보좌로 나아가고 있다면, 여기 나오는 본문이 우리에게 명령하고 있는 것처럼 행하고 있다면 우리는 긍휼하심을 받고 때를 따라 돕는 은혜의 얻기 위하여 은혜의 보좌 앞에 담대히 나아가야 한다.

여기서 우리가 분명히 기억해야 할 것은 은혜의 보좌 앞에 담대하게 나아가는 것이 피 뿌림을 통해서 이루어진다는 사실이다. 그리고 성령이 거룩하게 하시는 작용을 통해서 우리는 이것을 믿음으로 받게 되었다. 거기에는 인간의 담대함도 없고 거룩한 담대함도 없다. 오직 예수님의 보혈만 있다. 양심에 처음으로 보혈을 뿌리는 사람일수록 더욱 은혜의 보좌 앞에서 하나님과 함께하므로 바르게 있어야 한다. "육체의 생명은 피에 있음이라. 내가 이 피를 너희에게 주어 제단에 뿌려 너희의 생명을 위하여 속죄하게 하였나니 생명이 피에 있으므로 피가 죄를 속하느니라"(레 17:11).

그것은 믿음으로 말미암아 생긴 능력, 보혈이다. 그것은 죄책감으로부터, 두려움으로부터 멀어지게 한다. 그 결과 담대함이 형성되는 것이다. 그 보혈로 말미암아 은혜의 보좌 앞에서 하나님과 함께하므로 담대함을 얻기 전에 먼저 그리스도의 보혈에 관해 아주 잘 알게 될 것이다. 보혈은 하나님과 우리 사이에 평화를 만든다. 당신은 은혜의 보좌 앞에 담대하게 나아가기 전에 이러한 화해에 참여해야 한다.

담대함 없이 은혜의 보좌 앞에 나아간다고 하는 것은 무슨 뜻인가?

—

먼저, 담대함이 생기기 전에 은혜의 보좌 앞에 나아가는 것이다. 그러나 보좌 앞에 나아오는 목적이 올바르다면, 그리스도의 죽음과 보혈을 포함한다면, 그리고 그 방법에 관해 영혼이 전혀 이해하지 못한다 하더라도 보좌로부터 은혜를 얻으려고 하는 소망이 있다면 담대함이 일어날 것이다. 격려는 십자가로부터, 그리고 그곳에서 죽으신 그리스도로부터 일어난다. 그리스도 자신은 하나님의 길로 가셨다. 그리고 실제로 가능한 일은 아니지만 우리 또한 그와 같은 길로 가야만 한다. 그때 그리스도께서 격려를 많이 하시든 적게 하시든 간에 그 이해하는 믿음조차 우리의 믿음의 양에 따른 것이다. 강한 믿음은 큰 담대함을 준다. 반면에 약한 믿음은 그렇지 못하다.

또한 담대함 없이도 그 마음속에 정직함을 갖고 나아갈 수 있다. 그러나 진실한 마음과 확신에 찬 것은 반드시 구별되어야 한다. "우리가 마음에 뿌림을 받아 악한 양심으로부터 벗어나고 몸은 맑은 물로 씻음을 받았으니 참 마음과 온전한 믿음으로 하나님께 나아가자"(히 10:22). 신실함은 많은 연약함을 수반할 수 있다. 심지어 담대함조차도 거기에 많은 자만심이 따를 것이다. 은혜의 보좌 앞에 나아옴이 어떤 종류의 나아옴이든지, 담대함으로 나아오든지, 성도들 안에서 일어날 수 있는 의심을 품고 나아오든지 간에 여전히 그 나아옴은 보혈에 의한 구속에 대한 지식이다.

둘째, 영혼이 갈망하는 모든 것을 갖고 은혜의 보좌 앞에 진지하게 나아가는 것이다. 다윗은 죄책감이 들 때, 고통이 올 때 자신의 짐이 너무 무거워서 무엇을 해야 할지 알지 못했다고 말한다. 그는 다음과 같이 말하고 있다.

"여호와여 주의 노하심으로 나를 책망하지 마시고 주의 분노하심으로 나를 징계하지 마소서. 주의 화살이 나를 찌르고 주의 손이 나를 심히 누르시나이다. 주의 진노로 말미암아 내 살에 성한 곳이 없사오며 나의 죄로 말미암아 내 뼈에 평안함이 없나이다. 내 죄악이 내 머리에 넘쳐서 무거운 짐 같으니 내가 감당할 수 없나이다. 내 상처가 썩어 악취가 나오니 내가 우매한 까닭이로소이다. 내가 아프고 심히 구부러졌으며 종일토록 슬픔 중에 다니나이다. 내 허리에 열기가 가득하고 내 살에 성한 곳이 없나이다. 내가 피곤하고 심히 상하였으매 마음이 불안하여 신음하나이다. 주여 나의 모든 소원이 주 앞에 있사오며 나의 탄식이 주 앞에 감추이지 아니하나이다"(시 38:1-9).

다윗은 은혜의 보좌 앞으로 열심히 나아왔다. 그는 영혼이 갈망하는 모든 것을 가지고 나아왔다. 그러나 이것은 여전히 보좌가 하나님 아들의 보혈 때문에 성도들이 구속함을 받는 길이라는 지식에서 나오는 것이어야 한다.

셋째, 은혜의 보좌 앞에 변함없이 계속해서 나아가는 것이다. "여호와 내 구원의 하나님이여 내가 주야로 주 앞에서 부르짖었사오니 나의 기도가 주 앞에 이르게 하시며 나의 부르짖음에 주의 귀를 기울여주소서. 무릇 나의 영혼에는 재난이 가득하며 나의 생명은 스올에 가까웠사오니"(시 88:1-3).

우리는 시편 기자가 은혜의 보좌 앞에서 끊임없이 밤낮으로 부르짖고 있는 것을 보게 된다. 그런데 그 사람은 마치 먹구름 속에 있는 것처럼 보인다. 그리고 그의 영혼은 견디기 어려운 작업을 하고 있음을 발견하게 된다. 그러나 이 구절은 하나님이 어떻게 해서 하나님의 구원을 이루셨는지 가르쳐준다.

그렇다. 시편 기자는 영혼의 많은 어려움에도 불구하고 하나님을 자신의 하나님이라고 불렀다. 그런 까닭에 사람들은 담대한 마음이 아니고서는 은혜의 보좌 앞에 나아가지 말아야 하며, 또한 확신이 들 때까지 그 보좌에 나아가는 것을 삼가야 한다는 결론을 내릴 수밖에 없다.

나는 사람들이 은혜의 보좌 앞에 나아오는 근거가 그리스도의 죽음과 보혈에 있지 않고는 결코 올바로 나아올 수 없음을 말하는 것이다. 보혈로 말미암아 구속함을 받았다는 지식을 갖지 않고서는 은혜의 보좌 앞으로 나올 수 없다는 것이다. 궁핍한 때에 도움을 구하기 위해서 은혜와 자비를 얻으려는 소망을 품지 않고서는 은혜의 보좌 앞에 나올 수 없다는 것이다.

그러므로 나는 욥이 자신이 발견한 것을 확실히 말했던 것같이 왕자처럼 은혜의 보좌 앞에 접근하는 것은 우리의 특권이자 책임이요, 영광이라는 결론을 내린다. "내가 어찌하면 하나님을 발견하고 그의 처소에 나아가랴. 어찌하면 그 앞에서 내가 호소하며 변론할 말을 내 입에 채우고 내게 대답하시는 말씀을 내가 알며 내게 이르시는 것을 내가 깨달으랴. 그가 큰 권능을 가지시고 나와 더불어 다투시겠느냐. 아니로다. 도리어 내 말을 들으시리라. 거기서는 정직한 자가 그와 변론할 수 있은즉, 내가 심판자에게서 영원히 벗어나리라"(욥 23:3-7).

정말로 하나님은 우리를 시험하신다. "그는 보름달을 가리시고 자기의 구름을 그 위에 펴시며"(욥 26:9). 하나님의 시험은 영혼으로 하여금 어찌할 바를 모르게 해서 고백하게 하고 부르짖게 만든다. "내가 어찌하면 하나님을 발견하고 그의 처소에 나아가랴"(욥 23:3). 하나님은 우리의 정직과 충성을 증명하기 위해 시험하신다. 왜냐하면 마음이 사악한 자는 항상 기도하지 않을 것이기 때문이다. 하나님이 특별히 그들을 속박하셔도 그들은 도우심을 위해 기도하지 않는다. "마음이 경건하지 아니한 자들은 분노를 쌓으며 하나님이 속박할지라도 도움을 구하지 아니하나니"(욥 36:13).

그러나 보좌 앞에서 환히 빛나는 얼굴을 발견하기까지의 어려움은 항상 믿음이 연약한 자들의 문제만은 아니다. 강한 믿음의 소유자도 그 과정에서 당혹감을 느끼며 곤경에 처하게 된다. 하나님이 그 보좌의 뒤쪽에 그의 얼굴을 두시고 구름을 그 위에 펴시고 있기 때문이다.

욥의 믿음은 연약하지 않았다. 그럼에도 하나님이 그를 곤경에 처하게 하신 이유는 욥의 강함을 시험하시기 위해서였다. 욥이 어떻게 해서 용감한 사람이 되었는지 후에 사람들에게 보여 주시기 위해서였다. 그것이 만약 강한 믿음이라면 어둠 속에 있는 사람들과 함께 놀 것이다. 그리고 아무리 어려운 상황에서도 발버둥치는 말의 기질처럼 그 시험에서 실망하지 않을 것이다. 그 사람의 믿음이 강하든지 약하든지 간에 모든 사람은 한결같이 시험을 받는다. "그가 나를 죽이시리니 내가 희망이 없노라. 그러나 그의 앞에서 내 행위를 아뢰리라"(욥 13:15).

욥처럼 믿음의 수준이 아주 높은 사람도 시험에서 예외는 아니었다. 아, 슬프도다! 믿음은 때로 고요한 중에 있으며 때로 좋았다가 때로 사라질 때도 있다. 그리고 그것은 때로 죄와 죽음,

그리고 사탄과 함께 있기도 한다. 그러나 우리가 말했던 것처럼 믿음은 보혈 안에 깊이 빠져 있는 것이다. 지금 사람들의 믿음은 양심 안에서 평안을 말할 시간을 거의 갖지 못한다. 그것은 지금 삶과 투쟁하고 있다. 또한 그것은 지금 천사와 함께, 혹은 지옥과 함께 싸우고 있다. 믿음은 삶을 위해 모든 것을 다 할 수 있다. 즉 울부짖을 수도 있고, 신음할 수도 있고, 땀을 흘리며 부르짖을 수도 있고, 두려워할 수도 있고, 싸울 수도 있고, 헐떡거리며 갈망할 수도 있다.

참으로 믿음을 가진 영혼들은 지금 십자가로 달려가고 있다. 그곳에는 칭의에 관한 평안을 지켜주기 위한 믿음을 제공해주는 보혈과 생명수가 있기 때문이다. 그러나 믿음의 선한 싸움을 하면 할수록 강한 믿음을 갖게 된다 하더라도 이 싸움을 하는 게 어려운 과정인 것을 발견하게 될 것이다. 좌절은 예수 그리스도의 죽음과 보혈을 계속해서 믿고 따르는 사람 안에도 있다. 그러나 사람들은 자신이 할 수 있는 온 힘을 다해야만 한다.

**거룩한 사람이 아니면 그 누구도
은혜의 보좌를 알 수 없다**

―

은혜의 보좌에 나아가는 것에 대한 요한의 설교는 적절한 예표를 보여주기 위해서, 또한 우리의 믿음을 더욱더 강하게 하려고 많은 설명이 덧붙여질 수밖에 없었다. 더구나 이방인들은 이러한 자세한 설명 없이는 그것을 깨달을 수 없었다. 왜냐하면 요한은 이방인들이 알고 있는 것보다 더 많이 알고 있었기 때문이다. 이방인들은 자기들이 알고 있던 것과 전혀 다른 이야기 때문에 크게 위로받았을 것이다. 성령은 항상 말씀에 관한 가장 완벽한 설명을 주고 계신다. 그런 까닭에 우리는 우리의 지식을 완전하게 하려면 도움을 청해야 한다. 은혜의 보좌가 말씀 안에서 구체적으로 설명되었다기보다는 예수 그리스도의 계시로 주어졌기 때문이다.

먼저, 성도는 특별히 자신의 양심 속에 죄에 관한 강한 죄책감을 갖고 있다. 이런 죄책감에서 구원받는 것은 빌립보의 간수가 처음에는 하나님의 진노로 두려워 떨다가 죄 씻음을 받고 그의 전 생애 중에서 가장 큰 기쁨을 맛본 것과 같다(행 16:29-34). 베드로는 바닷속으로 빠져 들어가기 시작했을 때 구원받는 것이 무엇인지 보았다. 그는 "주여 나를 구원하소서"라고 소리 질렀다. 자신이 죽어가고 있다고 말했다.

죄는 은혜가 무엇인지 그 의미를 잘 이해하지 못하는 것을 말한다. 죄와 은혜, 호의와 진노, 죽음과 생명, 지옥과 천국은 정반대의 것이다. 우리 마음속에 있는 죄에 대한 죄책감, 그리고 도덕적인 부패는 우리를 선한 은혜로 인도한다. 우리가 다른 어떤 것으로도 구원받을 수 없고, 오직 무한하신 하나님의 은혜로만 구원받을 수 있다는 것을 깨달을 때 우리 속에 있는 지옥에 떨어질 만한 무서운 죄를 보게 된다. 성경은 이렇게 말한다. "육신을 따르는 자는 육신의 일을 영을 따르는 자는 영의 일을 생각하나니"(롬 8:5).

어린아이는 엄마의 품 안에서 젖이 있는 쪽으로 코를 들이박는다. 은혜로우신 하나님의 자녀는 본능에 따라 하나님의 은혜로 삶을 살아가기 위해 은혜의 보좌가 있는 쪽으로 간구하고 있다. 모든 피조물은 뱃속에서 나오자마자 본능에 때라 젖꼭지가 있는 쪽을 향해 몸을 돌린다. 주 안에서 새로운 피조물도 마찬가지다. "그러므로 모든 악독과 모든 기만과 외식과 시기와 모든 비방하는 말을 버리고 갓난아기들같이 순전하고 신령한 젖을 사모하라. 이는 그로 말미암아 너희로 구원에 이르도록 자라게 하려 함이라. 너희가 주의 인자하심을 맛보았으면 그리하라"(벧전 2:1-3). 왜냐하면 사슴이 시냇물을 찾기에 갈급함 같이 죄책감이 그들로 배고프게 하고 목마르게 하기 때문이다. 배고픈 사람에게는 **빵**을 먹게 해주고 목마른 사람에게는 물을 마시게 해주면 된다.

그렇다. 그것은 마음의 빵과 물을 부르고 있는 것이다. 배고픈 사람은 머릿속에 음식을 떠올릴 것이다. 그리고 갈증이 나는 사람은 머릿속에 물 항아리를 떠올릴 것이다. 은혜는 그들에게 무엇이 필요한지 생각나게 하려고, 그들을 부를 것이며 강하게 만들 것이며 명령할 것이다. 또한 그들 자신의 영적 충만을 위해서 은혜를 발견한 곳에서 그들로 하여금 탐색하게 할 것이다.

사람이 맛있게 잘 구워진 고기에 식욕을 느끼는 것은 당연하다. 그렇다. 우리는 영적인 생명에 필요한 빵과 물을 먹어야 하며 영양분을 공급받아야 한다. 그것을 게을리해서는 안 된다. 그것은 본능적인 것이다. 은혜로 말미암은 것이다. 영생을 얻기까지 인내하며 그것을 구해야만 한다.

둘째, 새로운 피조물은 하늘의 자연적인 본능에 따라서 이것을 가르친다. 은혜의 보좌에서 얻은 경험은 거룩한 사람에게 많은 도움을 준다. 왜냐하면 그들은 다른 장소, 즉 은혜의 보좌가 없는 곳, 텅 비어 있는 곳, 물을 소유하지 않은 장소나 일을 구별하는 법을 발견했기 때문이다. 그들은 은혜의 보좌 앞에 나아가기 전에 도움을 얻기 위해서 시내산에 갔다. 그러나 그곳에서 불과 어둠을 제외하고는, 번개와 빛, 지진과 떨림을 제외하고는 아무것도 발견하지 못했다.

"너희는 만질 수 있고 불이 붙는 산과 침침함과 흑암과 폭풍과 나팔 소리와 말하는 소리가 있는 곳에 이른 것이 아니라 그 소리를 듣는 자들은 더 말씀하지 아니하시기를 구하였으니 이는 짐승이라도 그 산에 들어가면 돌로 침을 당하리라 하신 명령을 그들이 견디지 못함이라. 그 보이는 바가 이렇듯 무섭기로 모세도 이르되 내가 심히 두렵고 떨린다 하였느니라"(히 12:18-21).

사람들은 자신의 행위로 은혜를 찾고 있다. 얼마나 슬픈 일인가! 그들은 단지 바람, 그리고 혼란한 것에 지나지 않는 것에게 굴복한다. 은혜는 그의 행위에 따라서, 그의 책임에 따라서, 혹은 그의 어떠한 종교적 예배 형태에 따라서 찾을 수 있는 것이 아니다. 단지 그들은 주님의 유리 바닷속에서 그것을 바라보고 그들의 잘못과 결점을 발견하는 것이다.

사람들은 자신의 결심, 자신의 맹세, 자신의 목적, 자기가 좋아하는 것을 가지고 와서 은혜를 찾고 있다. 이 얼마나 슬픈 일인가! 그들은 아주 불완전한 것을 찾아 매달린다. 은혜가 절대 자신을 도와줄 수 없다고 생각하는 사람들처럼 행동한다. 그들은 눈물이 말랐다. 그들에게서 슬픔이 사라졌고 회개도 없다. 만약 그들이 다른 곳에서 약간의 도움을 발견하더라도 거의 모두가 이른 아침의 이슬처럼 사라지고 말 것이다. 그들이 그곳에 서 있다 하더라도 심지어 그곳에 있는 사람들에 의해서 외면당할 것이다. 하물며 거룩한 성령에 따라 얼마나 더 많이 외면당하겠는가!

그들은 위대한 창조자로서의 하나님을 잊어버린 채 하나님이 이루어 놓으신 사역들이 얼마나 놀라운 것인가를 지켜보고 있다. 그들은 하늘 아래, 땅 위를 바라보고 있다. 그리고 그들의 모든 장신구를 바라보고 있다. 그러나 은혜는 그들이 가진 이러한 것들이 아닐 뿐 아니라 또한 그들의 것도 아니다. 은혜는 보좌로부터 은혜에 관한 절실한 필요를 느끼고 있는 사람에게로 양도된다. 그러나 은혜에 관한 절실한 필요를 느끼지 못하고 있는 사람들은 물을 발견하지 못한다. 또한 생수의 강물도 발견하지 못한다. "많은 의사에게 많은 괴로움을 받았고 가진 것도 다 허비하였으되 아무 효험이 없고 도리어 더 중하여졌던 차에"(막 5:26).

그들은 율법을 가졌다. 율법은 이 세상에는 은혜도 없고 은혜의 보좌도 없다고 하는 것을 그들에게 확신시키기에 충분하다. 왜냐하면 율법 이래로 이 세상의 가장 우수한 모든 이도 은혜가 없다고 외치기 때문이다. "율법은 모세로 말미암아 주어진 것이요, 은혜와 진리는 예수 그리스도로 말미암아 온 것이라"(요 1:17).

바울은 율법 안에서는 은혜를 발견할 수 없다고 말했다. 보좌 밖의 다른 곳에서 이것을 발견하는 것은 불가능한 일이다. 그러나 사람들은 은혜를 찾을 수 없는 곳에서 그것을 찾고 있다. 사람들은 때로 믿음의 의가 아니라 율법의 의로 그것을 찾으려고 하기 때문이다. 바울은 은혜의 보좌에 앉아 계신 예수 그리스도로부터 은혜를 발견했다고 말했다. 그는 보좌에서 은혜를 발견했고 하나님의 영광스러운 소망 안에서 즐거워했다.

"그러므로 우리가 믿음으로 의롭다 하심을 받았으니 우리 주 예수 그리스도로 말미암아 하나님과 화평을 누리자. 또한 그로 말미암아 우리가 믿음으로 서 있는 이 은혜에 들어감을 얻었으며 하나님의 영광을 바라고 즐거워하느니라. 다만 이뿐 아니라 우리가 환난 중에도 즐거워하나니 이는 환난은 인내를, 인내는 연단을, 연단은 소망을 이루는 줄 앎이로다"(롬 5:1-4).

셋째, 우리는 다른 보좌를 통해서 은혜의 보좌를 알 수 있다. 사람들이 광야에서 열심히 일할 때 "율법을 주는 자의 지시에 따라서 일한다"고 말했던 것처럼 성도들은 은혜를 주시는 자의 지시에 따라서 은혜의 보좌로부터 은혜를 발견한다. 사도 바울은 기도했다. "주께서 너희 마음을 인도하여 하나님의 사랑과 그리스도의 인내에 들어가게 하시기를 원하노라"(살후 3:5).

육체를 가진 모든 사람은 은혜의 보좌를 직접 겨냥할 수 없다. 게다가 그들의 기도는 수준에 미치지 못한다. "이와 같이 성령도 우리의 연약함을 도우시나니 우리는 마땅히 기도할 바를 알지 못하나 오직 성령이 말할 수 없는 탄식으로 우리를 위하여 친히 간구하시느니라"(롬 8:26). 예수님은 말씀하셨다. "나를 보내신 아버지께서 이끌지 아니하시면 아무도 내게 올 수 없으니 오는 그를 내가 마지막 날에 다시 살리리라"(요 6:44). 이 말씀은 내가 지금까지 말하고 있는 것의 근거가 될 뿐만 아니라 은혜의 보좌 앞으로 나아온 사람들에게 '오직 은혜'라는 생각만 하게 해준다.

하나님이 영광을 통해 우리에게 계시하실 때 우리는 다른 보좌로부터 은혜의 보좌를 알게 된다. 그 영광은 비싼 값을 치른 것이다. 이러한 영광은 아무 데서도, 하늘에서나 혹은 땅에서도 볼 수 없다. 오직 하나님에게서 오는 것이다. 우리의 견해가 들어 있는 어떠한 우수함에 따라서 오는 것이 아니다. 우리의 견해나 이해는 단순하게 자연적인 것처럼 무지함이나 어리석음이 있다.

내가 만약 은혜의 보좌에 도달하기 위한, 그곳으로부터 오는 영광을 조금이라도 이해하기 위한 능력이 나 자신의 힘과 영혼 안에 있다고 말한다면 나는 어둡고 버릇없고 어리석어져서 아무것도 볼 수 없게 될 것이다. 나의 마음속에서는 생기 없는 것, 이해력이 둔한 것, 재미없는 것, 생명 없는 것들만 자랄 것이다. 그러나 하나님의 지시에 따라 은혜를 찾게 될 때 독수리의 날개처럼 올라갈 것이다. 그때 그 보좌가 더욱 진실하게 이해될 것이다.

08

Prayer by John Bunyan _ Part 2

은혜의 보좌 앞으로 담대히 나아가라

사도들은 히브리서에서 은혜의 보좌 앞으로 담대히 나아가도록 성도들을 격려한다. 나는 이것을 통해서 당신에게도 은혜의 보좌 앞에 담대히 나아가도록 하기 위한 동기부여를 하고자 한다. 첫째, 우리의 대제사장께서 그곳에 계신다. 둘째, 은혜를 구하기 위해 보좌 앞에 나아간 우리는 그곳에서 확실히 은혜를 발견하고 얻을 수 있다.

은혜의 보좌에 우리의 대제사장이 계신다는 사실은 우리로 하여금 보좌 앞에 담대히 나아가도록 재촉하고 격려한다. "우리에게 있는 대제사장은 우리의 연약함을 동정하지 못하실 이가 아니요, 모든 일에 우리와 똑같이 시험을 받으신 이로되 죄는 없으시니라. 그러므로 우리는 긍휼하심을 받고 때를 따라 돕는 은혜를 얻기 위하여 은혜의 보좌 앞에 담대히 나아갈 것이니라"(히 4:15-16).

나는 지금까지 당신에게 예수 그리스도께서 바로 그 대제사장이시라는 사실을 보여주었다. 그분은 제단이시며 희생제물이시고, 또한 중보자이시기 전에 은혜의 보좌이시다. 사도들에 의해 그리스도는 우리에게 은혜의 보좌로서 나타나실 뿐만 아니라 그 보좌 앞에서 사역하는 대제사장으로 제시되고 있다. 따라서 내가 예수님의 대제사장직을 다소 특별하게 생각하는 것은 잘못이 아닐 것이다. 여기서 나는 예수 그리스도의 직무에 대한 자격을 중점적으로 다루려고 한다. 나는 그것을 일반적으로 두 가지로 구분하고 있다. 하나는 법적인 것이고, 다른 하나는 자연적인 것이다.

예수 그리스도의 대제사장
직분을 위한 법적인 자격
—

내가 법적인 것을 말한다고 해서 한때 사도들이 표현한 것처럼 그런 것을 의미하는 것은 아니다. "그는 육신에 속한 한 계명의 법을 따르지 아니하고 오직 불멸의 생명의 능력을 따라 되었으니"(히 7:16). 구약의 대제사장 직분은 단지 예표였으며 법적인 그들의 대제사장직은 단지 그림자에 불과했다. 그러나 그들은 율법 때문에, 그리고 그것에 의해서 그들이 대제사장으로 들어갔기 때문에 나는 다음과 같이 말하려고 한다. "율법은 장차 올 좋은 일의 그림자일 뿐이요, 참 형상이 아니므로 해마다 늘 드리는 같은 제사로는 나아오는 자들을 언제나 온전하게 할 수 없느니라"(히 10:1).

여기서 이야기하는 것은 은혜의 보좌 앞에 대제사장의 신분으로 계신 예수 그리스도의 중요성이다. 그것은 우리로 하여금 은혜의 보좌 앞으로 담대히 나아오도록 동기를 부여하고 격려한다. "그러므로 우리에게 큰 대제사장이 계시니 승천하신 이, 곧 하나님의 아들 예수시라. 우리가 믿는 도리를 굳게 잡을지어다. 그러므로 우리는 긍휼하심을 받고 때를 따라 돕는 은혜를 얻기 위하여 은혜의 보좌 앞에 담대히 나아갈 것이니라"(히 4:14,16). 그가 어떻게 대제사장이 되셨는가? "그리로 앞서 가신 예수께서 멜기세덱의 반차를 따라 영원히 대제사장이 되어 우리를 위하여 들어 가셨느니라"(히 6:20).

먼저, 예수님은 하나님의 법적인 부르심을 따라 존귀를 나타내셨다. 예수님께서는 하나님의 법아래서 제사장이란 직분이 붙여졌다. "이 존귀는 아무도 스스로 취하지 못하고 오직 아론과 같이 하나님의 부르심을 받은 자라야 할 것이니라. 또한 이와 같이 그리스도께서 대제사장 되심도 스스로 영광을 취하심이 아니요, 오직 말씀하신 이가 그에게 이르시되 너는 내 아들이니 내가 오늘 너를 낳았다 하셨고, 또한 이와 같이 다른 데서 말씀하시되 네가 영원히 멜기세덱의 반차를 따르는 제사장이라 하셨으니, 하나님께 멜기세덱의 반차를 따른 대제사장이라 칭하심을 받으셨느니라"(히 5:4-6,10).

대제사장에 대한 법은 구약시대의 대제사장에 대한 법과 똑같다. 구약시대의 제사장과 예수님은 둘 다 법적인 부르심에 따라서 제사장이 되었다. 그러나 하나님의 법적인 부르심을 받은 예수님은 구약시대의 대제사장들보다 뛰어나시다. 그것은 여러 특별한 일 안에서 다음과 같이 설명된다.

성경은 예수님이 멜기세덱의 반차를 좇아 제사장이라 칭함을 받게 되었다고 증언한다. "증언하기를 네가 영원히 멜기세덱의 반차를 따르는 제사장이라 하였도다"(히 7:17). 그러나 구약시대의 제사장은 법 아래서 아론의 반차, 즉 영원한 하나님의 언약이 아닌 육체에 상관된 계명으로 제사장이 되었다.

그리스도는 맹세를 통해 제사장이 되셨다. "또 예수께서 제사장이 되신 것은 맹세 없이 된 것이 아니니(그들은 맹세 없이 제사장이 되었으되 오직 예수는 자기에게 말씀하신 이로 말미암아 맹세로 되신 것이라. 주께서 맹세하시고 뉘우치지 아니하시리니 네가 영원히 제사장이라 하셨도다"(히 7:20-21).

희생제물이 함께 있어야 하는 법 아래서의 제사장은 영원하지 못하다. "제사장 된 그들의 수효가 많은 것은 죽음으로 말미암아 항상 있지 못함이로되 예수는 영원히 계시므로 그 제사장 직분도 갈리지 아니하느니라"(히 7:23-24). "율법은 약점을 가진 사람들을 제사장으로 세웠거니와 율법 후에 하신 맹세의 말씀은 영원히 온전하게 되신 아들을 세우셨느니라"(히 7:28).

그러므로 우리는 위의 말씀들을 통해 다음과 같은 결론을 내릴 수 있다.

그는 하나님의 아들 예수 그리스도이시다. 사도들은 다음과 같이 말한다. "그러므로 우리에게 큰 대제사장이 계시니 승천하신 이, 곧 하나님의 아들 예수시라. 우리가 믿는 도리를 굳게 잡을지어다"(히 4:14). "이러한 대제사장은 우리에게 합당하니 거룩하고 악이 없고 더러움이 없고 죄인에게서 떠나 계시고 하늘보다 높이 되신 이라"(히 7:26). 이것은 예수님의 인간성에 대한 존엄성을 부연 설명하는 것이다. 예수님의 희생제물로서의 특별함을, 그리고 우리를 위한 하나님의 놀라운 중보를 넌지시 암시하는 것이다.

"대제사장이 해마다 다른 것의 피로써 성소에 들어가는 것같이 자주 자기를 드리려고 아니하실지니…. 그가 세상을 창조한 때부터 자주 고난을 받았어야 할 것이로되 이제 자기를 단번에 제물로 드려 죄를 없이 하시려고 세상 끝에 나타나셨느니라"(히 9:25-26). "제사장마다 매일 서서 섬기며 자주 같은 제사를 드리되 이 제사는 언제나 죄를 없게 하지 못하거니와 오직 그리스도는 죄를 위하여 한 영원한 제사를 드리시고 하나님 우편에 앉으사 그 후에 자기 원수들을 자기 발등상이 되게 하실 때까지 기다리시나니, 그가 거룩하게 된 자들을 한 번의 제사로 영원히 온전하게 하셨느니라"(히 10:11-14). "그러므로 함께 하늘의 부르심을 받은 거룩한 형제들아 우리가 믿는 도리의 사도이시며 대제사장이신 예수를 깊이 생각하라"(히 3:1). "이 사람이 얼마나 높은가를 생각해 보라"(히 7:4). 우리에게는 이렇게 위대하신 대제사장이 계신다. 우리는 하나님의 아들 예수 그리스도를 통해서 하늘로 들어갈 수 있다.

또한 예수님은 그런 위대함을 가지고 제사장이란 직분에 부름심을 받았다. 엄중히 선포된 예수님의 존재는 그냥 간과될 수 없다. 예수님은 영원한 생명의 능력을 따라 제사장이 되셨다. 예수님은 생명이 있는 동안에, 그리고 우리가 예수님을 통해서 묵상해야 할 필요가 있는 모든 시간에 제사장이 되셨다.

그리스도는 죽음으로부터 부활하셨다. 그래서 더는 죽지 않으신다. 죽음이 더는 지배하지 못한다. "예수는 영원히 계시므로 그 제사장 직분도 갈리지 아니하느니라. 그러므로 자기를 힘입어 하나님께 나아가는 자들을 온전히 구원하실 수 있으니 이는 그가 항상 살아 계셔서 그들을 위하여 간구하심이라"(히 7:24-25). 예수 그리스도는 맹세를 통해 제사장이 되셨다. "주께서 맹세하시고 뉘우치지 아니하시리니 네가 영원히 제사장이라 하셨도다"(히 7:21).

성경은 구약시대의 제사장과 그리스도의 차이에 대해 다음과 같이 말한다. "대제사장마다 사람 가운데서 택한 자이므로 하나님께 속한 일에 사람을 위하여 예물과 속죄하는 제사를 드리게 하나니, 그가 무식하고 미혹된 자를 능히 용납할 수 있는 것은 자기도 연약에 휩싸여 있음이라"(히 5:1-2). "그리스도께서는 참 것의 그림자인 손으로 만든 성소에 들어가지 아니하시고 바로 그 하늘에 들어가사 이제 우리를 위하여 하나님 앞에 나타나시고"(히 9:24).

하나님은 맹세로 그리스도를 제사장으로 세우셨다. 그리고 그렇게 행한 것에 대해 절대 뉘우치지 않을 것이라고 결정하셨다. 그리스도의 희생 제사 때문에 그가 영원히 제사장이 될 것이라고 선언하셨다. 이것은 그리스도를 통해 하나님께 나오는 사람들에게 큰 격려가 된다. 이러한 맹세 때문에 사람들은 확실한 근거를 갖고 은혜의 보좌 앞에 나아가는 것이다. 그 맹세는 "네가 영원히 제사장이라"는 것이다. 예수 그리스도께서 중보자가 되셨기 때문에 우리가 영원히 받아들여질 수 있게 되었다는 것이다. 그러므로 그리스도를 통해 하나님 앞에 나아오는 자는 어떠한 육체라도 거절되지 않는다. 여기에 믿음을 위한, 소망을 위한, 그리고 즐거움을 위한 근거가 있다. 이 모든 것을 통해 사람들은 은혜의 보좌 앞에 담대하게 나아오는 근거를 찾는다.

둘째, 예수님은 부르심에 의하여, 그리고 맹세로 말미암아 법적으로 제사장이 되셨다. 부르심을 받은 예수님은 법적인 자격을 갖추기 위해 또 다른 준비를 하셔야 했다. 법 아래 있는 대제사장이 거룩한 지성소로 나아오는 것은 법에 따른 것만은 아니었다. 예복을 입은 사람들만이 하나님 앞에서 사역하도록 임명받은 것이었다. 예복은 사람들의 상상으로 만들어진 것이 아니라 모세의 계명으로 만들어진 것이다. 하늘에 계신 우리의 대제사장이신 그리스도는 모든 사람에게 줄 수 있는 거룩한 예복을 입고 계셨다. 이 예복은 금이나 은같이 타락하기 쉬운 물건들로 만들어진 것이 아니었다. 도덕적이고 의례적인 것을 모두 포함하고 있는 모세의 율법에 따른 거룩한 생명 안에서 인내로 만들어진 것이었다.

물론 이러한 것으로 예수님이 영원한 언약에 따라서 제사장이 되신 것은 아니다. 단지 도덕적인 율법을 만족하게 하기 위한 것이었다. 이것은 예식적인 율법에 대한 예표로써 아주 충분했다. 그리스도께서는 사람들로 하여금 영원한 계약에 근거하여 하나님을 묵상하게 해야 할 책임이 있다. 그런 이유 때문에 예수님은 지성소에 들어가시기 전에 반드시 거룩한 옷을 입으셔야 했다. 예수님은 아론의 경우처럼 자신을 위한 예복을 만들기 위해서 다른 어떤 것도 신뢰하지 않으셨다. 아론은 단지 모세가 명한 율법에 따라서 그것을 만들었다. 그리스도의 예복은 이렇게 훌륭하게 만들어진 옷이었다.

당신은 질문할 것이다. "그 예복은 언제 필요한 것입니까?" 대답은 예수님의 생애 동안 항상 필요하다는 것이다. 왜냐하면 예수님에 대하여 기록하고 있는 모든 일은 예수님이 십자가에 달리신 그날까지도 완성되지 않았기 때문이다. "그 후에 예수께서 모든 일이 이미 이루어진 줄 아시고 성경을 응하게 하려 하사 이르시되 내가 목마르다 하시니 거기 신 포도주가 가득히 담긴 그릇이 있는지라. 사람들이 신 포도주를 적신 해면을 우슬초에 매어 예수의 입에 대니 예수께서 신 포도주를 받으신 후에 이르시되 다 이루었다 하시고 머리를 숙이니 영혼이 떠나가시니라"(요 19:28-30).

이 예복은 영광을 위한 것이었으며 아름다움을 위한 것이었다. 내가 앞에서도 말했던 것처럼 무지개 색깔로 되어 있으며 우리가 나아가도록 명령받은 곳인 은혜의 보좌를 둘러싸고 있다. "촛대 사이에 인자 같은 이가 발에 끌리는 옷을 입고 가슴에 금띠를 띠고"(계 1:13). 이것은 예수님 몸의 모든 신비적인 부분을 덮고 있는 겉옷이었다. 그것은 하나님의 눈으로부터, 그리고 율법으로부터 더럽혀진 많은 것을 감추고 있다. "한 사람이 순종하지 아니함으로 많은 사람이 죄인 된 것같이 한 사람이 순종하심으로 많은 사람이 의인이 되리라"(롬 5:19).

그리스도는 이 예복을 항상 입고 계신다. 아론의 대제사장들은 예식적인 명령에 따라 그들의 예복을 벗는 경우가 있었지만 예수님은 절대 벗지 않으신다. 예수님은 항상 중보를 위한 삶을 사시기 때문이다. 결론적으로 예수님은 언제나 제사장의 예복을 입고 계신다. 그것이 없이는 죽음의 위험이 있거나, 혹은 적어도 다시 되돌려주어야 하므로 거룩한 장소에 들어갈 수가 없었다. 그러나 예수님이 죽지 않고 영원히 살게 된 것은 다시 되돌려주지 않고 하나님의 우편에 앉아 계시기 때문이다. 그리고 그의 원수들을 그의 발판으로 만드실 때까지 그곳에 앉아 계실 것이다. "의에 대하여라 함은 내가 아버지께로 가니 너희가 다시 나를 보지 못함이요"(요 16:10).

예복은 그리스도를 통해 하나님께 나아온 모든 사람을 축복하시고, 안아주시고, 용서해주시고, 그리고 구원해주시기 위한 것이었다. 의로우며 흠 없는 옷이었다. 이것은 하늘에 있는 대제사장의 직분을 수행하기 위한 준비로써 예수님의 또 다른 법적인 자격이다.

셋째, 하나님의 법 아래 있는 대제사장이신 예수님은 법적인 부르심에 의하여 세우심을 입었다. 그리고 직분에 맞는 옷을 입음으로써 제정되었다. 그러나 예수님께서는 자신의 직분을 수행하기 위한 또 다른 일이 있었다. 그것은 예수님이 자신을 위한 첫 번째 제물을 하나님께 바침으로써 거룩하여지고 그곳으로 엄숙하게 인도되어야만 하는 것이었다. 이것은 대제사장이 그 백성을 위하여 거룩한 지성소로 나아가는 데 필요한 절차였다. 이것은 레위기의 법에서 만들어진 것이다. 거기에는 대제사장이 그의 백성을 지성소로 접근시키기 위해서 받은 한 가지 명령이 있다. 그 자신을 먼저 거룩한 제물로 바쳐야만 했다. 그것은 부르심에 따르는 것이었고 거룩한 옷을 입음으로써 끝이 났다.

"붉은 물 들인 숫양의 가죽과 해달의 가죽과 조각목과 등유와 관유에 드는 향료와 분향할 향을 만들 향품과 호마노며 에봇과 흉패에 물릴 보석이니라. …한 그룹은 이 끝에 또 한 그룹은 저 끝에, 곧 속죄소 두 끝에 속죄소와 한 덩이로 연결할지며, 그룹들은 그 날개를 높이 펴서 그 날개로 속죄소를 덮으며 그 얼굴을 서로 대하여 속죄소를 향하게 하고, 속죄소를 궤 위에 얹고 내가 네게 줄 증거판을 궤 속에 넣으라. 거기서 내가 너와 만나고 속죄소 위, 곧 증거궤 위에 있는 두 그룹 사이에서 내가 이스라엘 자손을 위하여 네게 명령할 모든 일을 네게 이르리라"(출 25:5-7,19-22).

예수님의 예복이 다 만들어져서 입을 때까지 예식은 거행될 수 없었다. 또한 거룩한 숫양의 피가 예수님을 거룩하게 하고 대제사장의 직분을 위하여 예수님의 옷 위에 뿌려져야 했다. 우리의 대제사장이신 하나님의 아들 예수 그리스도는 자신의 보혈로 백성을 거룩하게 하기 위한 사역을 해야만 했다. "또 그들을 위하여 내가 나를 거룩하게 하오니 이는 그들도 진리로 거룩함을 얻게 하려 함이니이다"(요 17:19).

당신은 다음과 같은 질문을 할 수도 있다. "그리스도는 언제 이것을 이루셨습니까?" "우리의 죄를 위하여 그 자신을 제물로 바치시는 것보다 먼저 무슨 거룩한 희생제물을 바치셔야 했습니까?"

그 대답은 이렇다. 예수님이 겟세마네 동산에서 자신의 보혈로 씻음을 받았을 때, 예수님의 땀방울이 아주 많은 양의 핏방울이 되어 땅에 떨어졌을 때 이루어졌다. 예수님의 피가 뿌려졌다고 하는 것은 예수님의 귓가, 손가락과 발가락뿐만 아니라 예수님이 완전히 깨끗하여졌다는 것을 의미한다. 예수님의 제물은 가장 장엄한 봉헌이었다. 그리고 이것은 제사장 아론처럼 모세에 의하여 이루어졌다. 아론의 제사장 옷에 피를 뿌렸던 것은 바로 모세였다.

그것은 또한 그리스도의 피로 뒤섞인 땀방울이 나오도록 했던 몸부림의 힘으로 된 것이다. 그리고 그것은 예수님의 고통어린 몸부림의 원인이었다. 그것은 단지 모세의 율법으로 처벌받거나 저주받은 사람들에 대한 이해였다. 이것은 예수님이 그 백성의 죄를 위하여 당하는 고통이셨다.

그때 예수님은 이러한 희생제물을 갖고 또 다른 일을 해야 했다. 그것은 대제사장 직분을 수행하기 위한 중요한 준비였다. 그것은 우리를 위한 그 직분을 수행하기 위해서 먼저 되어야 할 것이었다. 그것은 전제로서의 포도주였으며, 또한 하나님께 강하게 부르짖으며 바쳤던 예수님의 눈물이었다. "한 어린양에 고운 밀가루 십분의 일 에바와 찧은 기름 사분의 일 힌을 더하고 또 전제로 포도주 사분의 일 힌을 더할지며"(출 29:40). 왜냐하면 그것은 그때 그곳에서 특별한 방법으로 예수님께 강한 포도주가 부어지게 한 원인이었기 때문이다.

그래서 예수님은 물방울과 같은 자신의 눈물을 마셨던 것이다. 그것이 바로 자신이 하나님께 받아들여지게 하기 위한 그의 희생제물이었다. "그는 육체에 계실 때에 자기를 죽음에서 능히 구원하실 이에게 심한 통곡과 눈물로 간구와 소원을 올렸고 그의 경건하심으로 말미암아 들으심을 얻었느니라"(히 5:7).

예수님은 자신의 경건하심으로 인하여 들으심을 얻게 되었다. 즉 이러한 직분을 예수님이 받아들이므로 들으심을 얻게 되었다는 뜻이다. 또한 그의 직분뿐만 아니라 그의 백성도 받을 만하여 짐으로써 들으심을 얻게 되었다는 뜻이다. 그러므로 그것은 "온전하게 되는 것"이 뒤따라야 했다. 예수님은 이처럼 대제사장으로서 직분을 올바로 수행하는 데 필요한 모든 것을 완전하게 행하심으로써 자기를 순종하는 모든 자에게 영원한 구원의 근원이 되셨다. "온전하게 되셨은즉 자기에게 순종하는 모든 자에게 영원한 구원의 근원이 되시고"(히 5:9).

이것에 대한 당신의 이해를 더욱 쉽게 하려면 예수님의 완전성 안에 이중성을 갖고 있음을 마음에 새겨두라. 그 하나는 예수님의 인간성에 대한 것이고, 다른 하나는 예수님의 직무 수행에 대한 것이다. 그의 인간성 안에 있는 완전성에 대하여는 두 가지 일을 고려해야 한다.

하나는 자연적인 것으로써 예수님의 인간성이다. 그것은 먼저 전혀 오염됨이 없이 나타났다. 예수님은 아주 완전하셨다.

그러나 이러한 인간성은 또 다른 인간성, 즉 성장과 나이의 완전성과 연합되어 있었다. 그러므로 성경은 예수님의 인간성에 대해 성장했다고, 더욱더 완전하게 성장했다고 말한다. "예수는 지혜와 키가 자라가며 하나님과 사람에게 더욱 사랑스러워 가시더라"(눅 2:52).

유월절의 제물은 일 년 된 어린양이었다. "너희 어린양은 흠 없고 일 년 된 수컷으로 하되 양이나 염소 중에서 취하고 이 달 열나흘날까지 간직하였다가 해 질 때에 이스라엘 회중이 그 양을 잡고"(출 12:5-6). 그러나 예수 그리스도께서는 하나님의 법에 의해 완전한 시기에 이를 때까지 희생제물이 될 수가 없으셨다. 자신의 인간성 안에서 이러한 이중적인 의미로 완전하게 되는 것이 필요했다. "우리가 아직 연약할 때에 기약대로 그리스도께서 경건하지 않은 자를 위하여 죽으셨도다"(롬 5:6).

예수님 안에 자연적인 인간성이 있는 것처럼, 또한 그 안에 직무 수행에 대한 완전성이 있어야 했다. 성경은 예수님이 하나님께 더 사랑스러워지셨다(눅 2:52)고 말한다. 즉 하나님에 대한 예수님의 순종이 우리를 위하여 완전해지셨다는 것이다. 예수님의 직무 수행은 우리를 위해 하나님의 의가 나타나도록 하는 것과 관련되어 있었다. 혹은 대제사장으로서 희생제물을 준비하는 것과 관련되어 있었다.

그러나 여기에서는 둘 다 특별하게 적용된다. 예수님의 직무 수행에 부족함이 있는 한 예수님이 말씀하셨던 것처럼 그렇게 완전해지실 수가 없었을 것이기 때문이다. "내가 너희에게 말하노니 기록된 바 그는 불법자의 동류로 여김을 받았다 한 말이 내게 이루어져야 하리니 내게 관한 일이 이루어져 감이니라"(눅 22:37).

순종에 대한 예수님의 모든 행동이 완벽했던 것은 아니었다. 율법에서 요구된 길이와 넓이를 균형 있게 전달하고 있는 것도 아니었다. 그러나 예수님의 순종은 언제든지 하나의 명령으로 하여금 또 다른 명령을 방해하지 못하도록 하셨다. 예수님은 모든 일을 아주 잘하셨다. 그리고 하나님의 사랑을 받으며 자라셨다. 그러나 한 가지 행동이 전부를 나타내는 것은 아니다.

비록 예수님의 행동 중 어떤 한 가지가 율법의 만족과 평온을 위해 충분한 가치를 그 안에서 전달하고 있다 하더라도 실제로 전부는 아니다. 그것은 예수님이 하나님의 사랑스러운 아들이셨을 뿐만 아니라 하나님께 더 사랑스러워지셨다는 것을 우리에게 말해주고 있는 것이다. 즉 하늘에 계신 하나님을 기쁘시게 하기 위한 일을 계속 행하심으로써 하나님께 더 사랑스러워지셨다는 것이다.

돈을 빌린 사람은 매달 약속한 날에 돈을 조금씩 갚아 나간다.

채권자에게 빚진 돈을 다 갚을 때까지 이것을 중단할 수 없다. 매달 갚는 돈은 전체 빚의 단지 일부분을 갚는 것에 불과하다. 그럼에도 그것은 불완전한 부분이 아니며 채권자는 그 어떤 잘못도 발견하지 못한다. 왜냐하면 비록 다달이 적은 금액을 갚는 것이지만 머지않아 전체 빚을 다 갚을 날이 올 것이기 때문이다.

그런 의미에서 그 첫 번째 지급은 첫 열매로 받아들여진다. 그리스도는 이 세상에 오셔서 그 값을 지급하시기 시작했다. 예수님은 전체 빚을 다 갚을 때까지 그 행동을 계속하셔야 했다. 그리고 하나님 앞에 사랑스러운 존재로 성장해 가셨다. 그리스도는 이 세상에 오셔서 많은 사람들을 위하여 그분의 책임을 조금씩 수행하셨다. 처음부터 약속된 모든 일을 다 이루신 것은 아니다. 우리를 위하여 행하기로 하신 그 위대한 일을 준비하시는 시간이었다. 그리고 약속된 시간이 되었을 때 예수님은 완전하게 되셨다. "온전하게 되셨은즉 자기에게 순종하는 모든 자에게 영원한 구원의 근원이 되시고"(히 5:9).

예수님의 순종 안에 불완전함이 있었다고 말하는 것은 잘못이다. 물론 그리스도께서 우리를 위하여 이 땅에서 행하셨던 모든 일이 이루어지지 않았던 그 시점이 존재한다고 말할 수 있다. 그러나 그것이 예수님의 순종 안에 불완전함이 있다는 사실로 이어질 수는 없다. 왜냐하면 모든 순종적인 행동은 적절한 때에 이루어지며 하나님의 뜻에 따라서 이루어지기 때문이다. 그 행동이 수행되는 시점은 완전한 순종을 해치거나 불완전한 순종을 의미할 수 있다. 만약 이스라엘이 유월절에 어린양을 제정된 시간 삼 일 전에 죽였다면 그들은 죄를 범한 것이다. "이 달 열나흗날까지 간직하였다가 해 질 때에 이스라엘 회중이 그 양을 잡고"(출 12:6).

또한 이스라엘이 여리고 성을 돌 때 칠 일째 되는 날에 해야 할 일을 사흘째 되는 날에 행했다면 그들은 죄를 범한 것이다. "여호수아가 백성에게 명령하여 이르되 너희는 외치지 말며 너희 음성을 들리게 하지 말며 너희 입에서 아무 말도 내지 말라. 그리하다가 내가 너희에게 명령하여 외치라 하는 날에 외칠지니라 하고 여호와의 궤가 그 성을 한 번 돌게 하고 그들이 진영으로 들어와서 진영에서 자니라. 또 여호수아가 아침에 일찍이 일어나니 제사장들이 여호와의 궤를 메고 제사장 일곱은 양각 나팔 일곱을 잡고 여호와의 궤 앞에서 계속 행진하며 나팔을 불고 무장한 자들은 그 앞에 행진하며 후군은 여호와의 궤 뒤를 따르고 제사장들은 나팔을 불며 행진하니라. 그 둘째 날에도 그 성을 한 번 돌고 진영으로 돌아오니라. 엿새 동안을 이같이 행하니라. 일곱째 날 새벽에 그들이 일찍이 일어나서 전과 같은 방식으로 그 성을 일곱 번 도니 그 성을 일곱 번 돌기는 그날뿐이었더라. 일곱 번째에 제사장들이 나팔을 불 때에 여호수아가 백성에게 이르되 외치라. 여호와께서 너희에게 이 성을 주셨느니라"(수 6:10-16).

책임은 그 제정된 시간 안에서 아름다운 것이다. 예수님은 그 시간을 지키셨다. 예수님께 제정된 시간, 즉 적절한 때에 예수님을 보내신 자의 일을 하셨다. 당신은 행동의 본질이나 성질 안에서가 아니라 수행된 일의 수와 관련하여 그리스도의 완전성 한 부분에 대해서만 말해야 한다. 이것은 그리스도께서 자신과 관련하여 우리를 위한 대제사장으로서 직분과 관련된 책임을 수행하고 있으심을 말하는 것이다. 이러한 책임을 수행하도록 법적인 허가가 예수님께 주어졌다. 반면에 이러한 책임은 정규적으로 행하지 않아도 되는 것이었다. 이런 점에서 책임의 결핍은 하나님의 존전에 가까이 가기에 부적합한 사람으로 만드는 것이다.

내가 앞에서 말한 것처럼 주님은 행하신 일에 의해, 그리고 하나님의 뜻에 따라 자신을 드리고 제물로 거룩하게 하셨으며, 사역을 위해서 자신을 희생제물로 바치셨다. 그리고 경건하심과 두려워하심에 의해 하나님께 받아들여지셨다. "그는 육체에 계실 때에 자기를 죽음에서 능히 구원하실 이에게 심한 통곡과 눈물로 간구와 소원을 올렸고 그의 경건하심으로 말미암아 들으심을 얻었느니라"(히 5:7). 예수님은 마땅히 행해야 할 것을 적절하게 행하셨다.

넷째, 대제사장의 직분을 수행하기 위해서 준비해야 할 다음 일은 희생제물 그 자체였다. 우리는 희생제물이 제사가 진행되는 중에 반드시 필요한 것이며 제물로 드려지기 이전에 미리 준비되어야 할 것으로 알고 있다. 만약 그리스도께서 대제사장이 아니라면 제사를 위한 희생제물이 되실 수 없을 것이다. "대제사장마다 예물과 제사 드림을 위하여 세운 자니 그러므로 그도 무엇인가 드릴 것이 있어야 할지니라"(히 8:3).

나는 마지막에 있어야 할 것이 아니라 마지막에 준비해야 할 것으로서 희생제물을 소개했다. 왜냐하면 희생제물은 예수님이 앞에서 명명한 책임 중의 하나인 그 자신의 몸으로 책임을 수행하기 전에 있어야 했던 것이기 때문이다. 그러나 희생제물은 마지막에 있어야 함이 적절했다. 하나님이 제정하신 시간이 되기까지는 희생제물이 되실 수 없었다.

그 후 예수님은 하나님의 일을 이루시기 위해서 준비하셔야 했다. 그 시기는 제물이 되시기에 적합했다. 그리고 하나님이 가장 좋은 때로 생각하실 때였다. "그러므로 주께서 세상에 임하실 때에 이르시되 하나님이 제사와 예물을 원하지 아니하시고 오직 나를 위하여 한 몸을 예비하셨도다"(히 10:5).

대제사장이 희생제물을 가졌던 것과 또다시 예수님이 어떻게 희생제물을 바치기 위해서 나아오게 되셨는지를 주목해보라. 예수님은 하나님께서 부르시는 그 시간에 번제물을 바치기 위해서 나아오셨다. 예수님은 제사장 예복을 입고 제물을 바치시기 위해 나아오셨으며 자신의 보혈 안에서 거룩해지고 깨끗해지셨다. 예수님은 보혈과 눈물로 나아오셨다. 그리고 이 세상에 있는 죄인들을 위하여 자신을 하나님께 희생제물로 바치셨다. 하나님이 이 세상에 있는 모든 희생제물과 예배에 싫증을 내기 시작하신 때가 바로 이때이다.

"그러므로 주께서 세상에 임하실 때에 이르시되 하나님이 제사와 예물을 원하지 아니하시고 오직 나를 위하여 한 몸을 예비하셨도다. 번제와 속죄제는 기뻐하지 아니하시나니 이에 내가 말하기를 하나님이여 보시옵소서. 두루마리 책에 나를 가리켜 기록된 것과 같이 하나님의 뜻을 행하러 왔나이다 하셨느니라"(히 10:5-7).

다섯째, 대제사장으로서 뿐만 아니라 희생제물로서 예수님은 어떻게 그것을 바치셨는가? 우리의 대제사장은 제사장 직분을 계속해서 수행하고 계신다. 우리는 그리스도의 희생제물을 보았다. 우리는 그리스도께서 어떤 방식으로 자신을 바치셨으며 탄원하셨는지 일부분을 고려해 보려고 한다. 죄인을 위한 번제의 제물은 두 부분, 즉 살과 기름으로 나누어진다. 기름은 내장의 기름, 콩팥의 기름 등이었다.

"만일 그의 예물이 염소면 그것을 여호와 앞으로 끌어다가 그것의 머리에 안수하고 회막 앞에서 잡을 것이요, 아론의 자손은 그 피를 제단 사방에 뿌릴 것이며, 그는 그중에서 예물을 가져다가 여호와께 화제를 드릴지니, 곧 내장에 덮인 기름과 내장에 붙은 모든 기름과 두 콩팥과 그 위의 기름, 곧 허리 쪽에 있는 것과 간에 덮인 꺼풀을 콩팥과 함께 떼어낼 것이요, 제사장은 그것을 제단 위에서 불사를지니, 이는 화제로 드리는 음식이요, 향기로운 냄새라. 모든 기름은 여호와의 것이니라"(레 3:12-16).

이것과 관련해서 그리스도의 희생제물도 두 부분, 즉 육체와 영혼으로 나뉜다. 예수님의 육체는 살이고 예수님의 영혼은 기름이다. 그것은 아무래도 불로 보존되지 않는 내적인 부분이다. "여호와께서 그에게 상함을 받게 하시기를 원하사 질고를 당하게 하셨은즉 그의 영혼을 속건제물로 드리기에 이르면 그가 씨를 보게 되며 그의 날은 길 것이요, 또 그의 손으로 여호와께서 기뻐하시는 뜻을 성취하리로다"(사 53:10). 기름, 혹은 희생제물의 형상이었던 번제물, 속건제를 태우는 것이 없이는 모든 것이 불완전하게 설명되었고, 또한 받아들여지지 않았다.

이러한 과정에 주목해야 한다. 그 제물은 태워져야 했다. 기름과 제물의 머리는 함께 단 위에 놓아야 했고 함께 태워야 했다. "그는 그것의 각을 뜨고, 그것의 머리와 그것의 기름을 베어낼 것이요, 제사장은 그것을 다 제단 위의 불 위에 있는 나무 위에 벌여 놓을 것이며"(레 1:12). 예수님의 몸과 영혼으로 된 이러한 희생제물이 마음으로부터 오는 깊은 감정임을 나타내기 위한 방법으로 죄인들을 위해 고통받는 동안 죄인들 때문에 하나님의 저주를 받아야 했다. 번제물이라는 이름으로 된 이러한 희생제물은 이것으로부터 온 것이다. 그것은 태우기 위한 번제물이었다. 왜냐하면 제단 위의 제물은 아침까지 밤새도록 탔고, 그 제단 위의 불꽃은 그 안에서 타게 될 것이기 때문이다.

기름은 불꽃이 커지게 했고 불꽃이 올라가게 했다. 하나님은 그 기름에 대해 '나의 제물인 기름'이라고 사랑스럽게 말씀하신다. "그가 자기 영혼의 수고한 것을 보고 만족하게 여길 것이라"고 말씀하신다. "여호와께서 그에게 상함을 받게 하시기를 원하사 질고를 당하게 하셨은즉 그의 영혼을 속건제물로 드리기에 이르면 그가 씨를 보게 되며 그의 날은 길 것이요, 또 그의 손으로 여호와께서 기뻐하시는 뜻을 성취하리로다. 그가 자기 영혼의 수고한 것을 보고 만족하게 여길 것이라. 나의 의로운 종이 자기 지식으로 많은 사람을 의롭게 하며 또 그들의 죄악을 친히 담당하리로다. 그러므로 내가 그에게 존귀한 자와 함께 몫을 받게 하며 강한 자와 함께 탈취한 것을 나누게 하리니, 이는 그가 자기 영혼을 버려 사망에 이르게 하며 범죄자 중 하나로 헤아림을 받았음이니라. 그러나 그가 많은 사람의 죄를 담당하며 범죄자를 위하여 기도하였느니라"(사 53:10-12).

그리스도의 신음과 그 영혼의 부르짖음, 그리고 그 영혼의 싸움 속에서 하나님의 뜻에 예수님 영혼의 순종이 함께 섞여 있었다. 그때 예수님은 죄인들을 위한 희생제물을 만드신 것이다. 그것은 빛나는 불꽃이 되었고 높이 올라갔다. 그리고 하나님의 코에 향기로운 냄새로 날아갔다. 그 때문에 지금 예수님의 정의는 죄인 된 우리를 위로하고 있다.

예수님의 살 또한 이러한 희생제물의 한 부분이었다. 그것은 죄인들을 위한 하나님의 정의를 느낄 수 있도록 했다. 그리고 그것은 자연적인 생명이 있는 한 더 많은 것을 느낄 수 있게 했다. 그래서 육체적인 감각이 여전히 남아 있었다. 영혼은 고통 속에 있었고 육체는 피를 흘렸다. 그 영혼은 심판과 율법의 저주, 그리고 육체와 씨름하고 있었다. 그것의 의미와 동정심을 보여주기 위해 하나님 앞에서 비통한 울부짖음이 나오게 했으며 눈물의 강이 하염없이 흐르게 했다.

우리는 여기서 채찍 끈과 가시 면류관이 어떻게 예수님의 얼굴을 때렸는지 상세하게 말하지는 않을 것이다. 또한 예수님이 어떻게 해서 상처받게 되셨으며 찔리게 되셨는지, 그리고 우리의 죄를 위하여 고통받는 동안 최후의 순간에 어떠한 고통을 느끼셨는지도 말하지 않을 것이다. 이러한 고통은 희생제물의 머리를 잘라내고 비틀음으로써, 희생제물을 조각으로 잘라내고 불 속에서 태움으로써 구약의 율법 안에서 미리 예시되었기 때문이다.

지금 당신은 대제사장이 희생제물을 가진 것처럼 예수 그리스도께서 계신 지성소 쪽에서, 혹은 은혜의 보좌 쪽에서 피를 갖고 있어야 함을 알아야만 한다. 그렇다면 예수님은 희생제물을 어떻게 바치셨는가? "그 예물이 소의 번제이면 흠 없는 수컷으로 회막 문에서 여호와 앞에 기쁘게 받으시도록 드릴지니라"(레 1:3). 예수님은 강요에 의해서가 아니라 자원하는 마음으로 기꺼이 그 자신을 드렸다. 예수님은 자신을 흠 없는 제물로 바치셨다. "그는 저 대제사장들이 먼저 자기 죄를 위하고 다음에 백성의 죄를 위하여 날마다 제사 드리는 것과 같이 할 필요가 없으니, 이는 그가 단번에 자기를 드려 이루셨음이라"(히 7:27).

예수님은 자신을 대속물로 주셨다. "인자가 온 것은 섬김을 받으려 함이 아니라 도리어 섬기려 하고 자기 목숨을 많은 사람의 대속물로 주려 함이니라"(마 20:28). 예수님은 자신의 생명을 내던지기까지 희생하셨다. "이를 내게서 **빼앗는** 자가 있는 것이 아니라 내가 스스로 버리노라. 나는 버릴 권세도 있고 다시 얻을 권세도 있으니 이 계명은 내 아버지에게서 받았노라 하시니라"(요 10:18). "마땅히 두려워 할 자를 내가 너희에게 보이리니, 곧 죽인 후에 또한 지옥에 던져 넣는 권세 있는 그를 두려워하라. 내가 참으로 너희에게 이르노니 그를 두려워하라"(눅 12:5). 예수님은 죽음의 그날을 갈망하셨다. 그것은 백성을 대속하기 위한 죽음이셨다.

예수님의 생애가 항상 그렇게 즐겁지는 않았다. 우리는 예수님의 고통이 아주 심했을 때에 대하여 읽었을 것이다. 그때 예수님은 자신의 몸과 피로써 성례식을 거행하셨다. 그리고 감사의 예식으로 제자들에게 그것을 나눠주셨다. 그때 예수님은 찬송을 부르셨고 즐거워하셨다. 우리를 위하여 선한 것을 이루시려는 그 위대한 마음으로 나아가셨다. 예수님은 영혼이 갈망하는 모든 것을 갖고 그것을 이루셨다.

예수님은 자원하는 마음과 기꺼이 내어주는 마음뿐만 아니라 원수의 생명에 대한 사랑과 애정으로 그것을 이루셨다. 예수님이 친구들의 생명을 위하여 그것을 이루셨다면 좋은 일이다. 그러나 예수님이 원수의 생명을 위하여 사랑으로 그것을 이루셨다면 그보다 더 좋은 일은 없을 것이다. "의인을 위하여 죽는 자가 쉽지 않고 선인을 위하여 용감히 죽는 자가 혹 있거니와 우리가 아직 죄인 되었을 때에 그리스도께서 우리를 위하여 죽으심으로 하나님께서 우리에 대한 자기의 사랑을 확증하셨느니라"(롬 5:7-8).

예수님은 심한 고통 가운데 계시면서도 포기하지 않고 그것을 이루셨다. 실망하며 낙담하지 않으셨다. 영혼의 고통으로 울부짖고 피 흘리며 신음하셨지만 자신의 마음을 쏟아 부으셨다. "해산하는 여인의 어려움이 그에게 임하리라. 그는 지혜 없는 자식이로다. 해산할 때가 되어도 그가 나오지 못하느니라. 내가 그들을 스올의 권세에서 속량하며 사망에서 구속하리니 사망아 네 재앙이 어디 있느냐. 스올아 네 멸망이 어디 있느냐. 뉘우침이 내 눈앞에서 숨으리라"(호 13:13-14).

예수님은 그것을 효과적으로 이루셨다. 예수님은 피 묻은 율법의 입술을 중지하셨다. 예수님은 평온한 상태로 회복되셨다. 우리를 용서하셨다. 예수님은 하나님의 존전에서 우리의 죄를 가져가 버리셨다. 우리로 하여금 그 죄에서 떠나게 하셨다. 예수님은 사탄을 멸망시켰으며 죽음을 없애버리셨다. 생명, 즉 복음을 통한 영원한 생명의 빛을 가져오셨다. 예수님은 자기를 믿는 우리를 위하여 이루신 이 일로 이 세상의 변화를 이루신 것이다. 이러한 모든 일은 그때부터 영원까지 선을 위해 함께 일하고 계신다.

나는 이제 대제사장의 직분에 대하여 말하려고 한다. 그 직분을 수행하기 위해서 그 일을 준비하는 사람들에게 말하려고 한다. 먼저 이러한 희생제물이 하나님께 바쳐졌던 제단에 관한 약간의 언급이 필요하다.

나는 예수 그리스도께서 죄인들을 위하여 그 자신이 제물이 되셨을 때 달리신 십자가가 바로 그 제단이라고 생각한다. 왜냐하면 예수님이 희생제물로 바쳐지신 것을 통해 제단이 되셨기 때문이다. 이것은 그 안에 감춰진 지혜의 보물과 같다. 이것은 이 세상 사람들과 적그리스도의 무지한 것 중의 하나이다. 나는 앞에서 미리 이것에 관해 언급했다. 제단은 항상 예물보다 더 위대한 것이다. 지금까지 그 예물은 예수님의 몸과 영혼이었다. 예수님은 죄인을 위하여 자신을 주셨다. 제단은 가엾은 나무 조각이라기보다, 혹은 저주받은 나무라기보다 이루 표현하지 못할 굉장한 것이어야만 했다. 그런 까닭에 나는 다음과 같은 것을 말하려고 한다.

즉 그들이 예물을 제단보다 더 존중히 생각하면서 예물을 맹신했을 때 솔로몬이 유대인들에게 말했던 것보다 더 지혜로운 자인 것처럼 그것을 말하려고 한다. "너희가 또 이르되 누구든지 제단으로 맹세하면 아무 일 없거니와 그 위에 있는 예물로 맹세하면 지킬지라 하는도다. 맹인들이여 어느 것이 크냐. 그 예물이냐 그 예물을 거룩하게 하는 제단이냐"(마 23:18-19). 만약 예물이 제단보다 더 위대하다면 그 예물은 인간으로서 예수님이 하실 수 있으셨던 것만큼 그렇게 위대한 일을 했을 것이다.

그렇다면 제단은 무엇인가? 그것은 영원한 성령이신 예수님의 신성한 성격이다. "하물며 영원하신 성령으로 말미암아 흠 없는 자기를 하나님께 드린 그리스도의 피가 어찌 너희 양심을 죽은 행실에서 깨끗하게 하고 살아 계신 하나님을 섬기게 하지 못하겠느냐"(히 9:14). 제단은 예물보다 더 위대한 것이다. 그러나 그곳에는 예수님의 인간성보다 더 위대한 예수님의 신성만이 존재한다. 그 제단은 단순한 통나무 조각이 아니라는 것이다. 그것은 예수님의 신성한 성품이다.

성경은 "제단은 예물을 거룩하게 한다"라고 말한다. 즉 그 안에는 가치와 미덕이 들어 있다는 것이다. 그렇다면 그것은 나무였을까? 아니면 우리 죄인들을 위하여 하나님께 바쳐졌던 희생제물 속에 귀한 가치와 유효성이 들어 있는 예수님의 신성이었을까?

제단은 그 희생제물이 없어질 때까지 참아야 하는 구약의 것이었다. 희생제물에 대하여 생각해보면 나무가 그것을 견뎌내지 못할 것이다. 왜냐하면 우리의 희생제물은 육체와 영혼으로 구성된 인간이기 때문이다. 이것은 예수님의 고통스러운 상황을 자신으로 하여금 참아내게 하는 것이다. 이것은 구원과 원조를 위해서 예수님의 이성적이고 감성적인 부분을 그 자체에 적용해야만 하는 것이다. 그리고 그것은 예수님의 영혼 속에서, 심지어 예수님이 현재 있는 그 상황에서 하나님께 대한 완전한 순종 속에서 자신을 지키기 위한 능력이었다.

그렇다면 당신은 그 나무가 이러한 일을 했다고 생각하는가? 예수님의 고통 안에 내재된 평정과 흠 없음 속에서 그 자신이 이러한 비통한 고통을 견뎌내기 위해서, 혹은 불완전한 냄새나 강한 향취가 조금도 없이 이러한 위대한 사역을 극복하기 위해서 예수님의 이성과 감각, 즉 영혼과 감정이 그 십자가를 명령하고 지배했다고 생각하는가? 아니다. 그렇지 않다! 그것은 하나님께 흠 없는 자신을 바치셨던 영원한 성령으로 말미암는 것이다.

그때 십자가는 직무를 수행했는가? 그 희생제물은 제단 위에서 나무와 함께 탔다. 그 나무는 제단이 아니었다. 그 나무는 희생제물을 태우기 위한 하나의 도구였다. 그 십자가로 말미암아 예수님은 고통과 고뇌를 겪어야 하셨다. 그때 그 제단은 나무와 희생제물을 둘 다 참아내야 했던 것이다. 그 희생제물을 계속 태우기 위해서 그 나무를 떠받치고 계셔야 했다. 예수님이 달리셨던 그 나무와 그의 몸인 희생제물은 둘 다 예수님의 신성한 능력이 떠받치고 있는 것이다.

그렇지만 그 나무는 더는 희생제물이 아니다. 그리고 또한 제단도 아니다. 제단 위에 놓인 나무일 뿐이다. 그리고 또한 나무도 아니다. 단지 그 희생제물이 다 타서 소모된 불이며 거룩함이었다. 이제 그 나무가 나무가 되게 하자. 그리고 그 희생제물이 희생제물이 되게 하고 그 제단이 제단이 되게 하자. 제단은 예물보다, 혹은 그 위에 놓인 희생제물보다 더 위대한 것이다.

여섯째, 예수님은 어떻게 대제사장 직무를 수행하셨는가? 나는 여기서 그리스도께서 어떻게 대제사장 직무를 수행하셨는지에 대하여 이야기하려고 한다. 그러기 위해서 먼저 그것이 수행하는 일이 무엇이었는지 보여주어야 한다. 우리는 은혜의 보좌 앞에 나아가도록 격려하기 위한, 우리를 위한 유월절 희생제물을 보았다. 지금 우리는 지성소 안에 나타나 있는 모든 것을 바라본다.

하나님의 심판은 이미 이루어진 일에 대한 하나님의 견해를 생각하도록 한다. 즉 어떻게 해서 예수님으로 만족함을 발견했는지를 의미하는 것이다. 예수님은 죽음에서부터 다시 살아나심으로 충만한 선언을 하셨다. 왜냐하면 그 안에서 예수님은 우리 죄인들을 위하여 죽게 되셨을 때 그 죽음으로부터 다시 부활하셨기 때문이다. 예수님의 제물이 받아들여졌다는 증거이다.

우리의 죄를 위한 희생제물이 되기에 그것에 영향을 주기에 충분한 가치가 있는 것으로 평가되었다는 증거이다. 그것은 우리의 죄를 위한 것이었다. 예수님의 제물은 하늘의 허락을 위한 것이었다. 하나님은 예수님을 죽음에서 부활시키심으로써 예수님의 죽음을 정당화하셨으며 세상을 구원하기에 충분하도록 하셨다. 이것은 예수님이 자신의 죽음에 영향을 주고 있음을 아는 것이다. 그리고 예수님이 자신을 대속물로 주기 이전에 갈망하신 것이다.

"이것이 소, 곧 뿔과 굽이 있는 황소를 드림보다 여호와를 더욱 기쁘시게 함이 될 것이라"(시 69:31). "주 여호와께서 나를 도우시므로 내가 부끄러워하지 아니하고 내 얼굴을 부싯돌 같이 굳게 하였으므로 내가 수치를 당하지 아니할 줄 아노라. 나를 의롭다 하시는 이가 가까이 계시니 나와 다툴 자가 누구냐. 나와 함께 설지어다. 나의 대적이 누구냐. 내게 가까이 나아올지어다. 보라. 주 여호와께서 나를 도우시리니 나를 정죄할 자 누구냐. 보라. 그들은 다 옷과 같이 해어지며 좀이 그들을 먹으리라"(사 50:7-9). 이러한 것은 우리 주 하나님, 예수님의 아버지께서 이루신 사역이다.

내가 앞에서 언급했던 것처럼 그것에서 믿음이 생기는 것이다. 우리를 달래주시는 분은 바로 하나님이셨다. 예수님이 평화로운 상태로 회복되었든 그렇지 않든 간에 그 문제에 관하여 듣는다고 하는 것은 필수불가결한 일이다. 나는 예수님이 죽음에서부터 다시 살아났다고 선언하신 것을 말했다. 바울과 요한은 예수님의 부활이 자신의 능력으로부터 일어나기보다 또 다른 능력이 부활을 일어나게 한 것으로 생각했을 때 다음과 같이 말했다.

"이 예수를 하나님이 살리신지라. 우리가 다 이 일에 증인이로다"(행 2:32). "생명의 주를 죽였도다. 그러나 하나님이 죽은 자 가운데서 그를 살리셨으니 우리가 이 일에 증인이라"(행 3:15). "너희와 모든 이스라엘 백성들은 알라. 너희가 십자가에 못 박고 하나님이 죽은 자 가운데서 살리신 나사렛 예수 그리스도의 이름으로 이 사람이 건강하게 되어 너희 앞에 섰느니라. …너희가 나무에 달아 죽인 예수를 우리 조상의 하나님이 살리시고. …하나님이 죽은 자 가운데서 그를 살리신지라"(행 4:10, 5:30, 13:30). 이 모든 것은 하나님이 예수님을 죽음으로부터 다시 살리셨음을 말하고 있다. 그것은 하나님을 기쁘게 했으며 하나님은 만족하셨다고 말하는 것이다.

또한 하나님은 모든 사람이 아니라 믿음 있는 사람에게 그 광경을 엄숙하게 드러내심으로써 예수님을 죽음에서 다시 살리신 것을 첨가하셨다. 그리고 그것을 다른 사람에게 전달하므로 확신을 갖게 하셨다. "하나님이 사흘 만에 다시 살리사 나타내시되 모든 백성에게 하신 것이 아니요, 오직 미리 택하신 증인, 곧 죽은 자 가운데서 부활하신 후 그를 모시고 음식을 먹은 우리에게 하신 것이라"(행 10:40-41). 이것은 그의 희생제물에 대한 덕행과 가치의 어떠한 것을 첨가하기 위해서라기보다 그에 의해서 영원한 구원을 받게 된 우리의 믿음을 도와주기 위해서 필수불가결한 것이었다.

바울이 그 일, 즉 하나님이 예수님을 죽음에서 다시 살리셨다는 사실을 증언하는 사람들이 있다고 그렇게 상세하게 말하는 이유도 이 때문이다. 사람들은 그 때문에 하나님이 기뻐하시는 것을 보게 될 것이다. 이것은 우리가 자비를 구하기 위해서 예수님을 힘입어 은혜의 보좌 앞으로 담대히 나아갈 수 있도록 격려하는 것이다.

"형제들아 내가 너희에게 전한 복음을 너희에게 알게 하노니 이는 너희가 받은 것이요, 또 그 가운데 선 것이라. 너희가 만일 내가 전한 그 말을 굳게 지키고 헛되이 믿지 아니하였으면 그로 말미암아 구원을 받으리라. 내가 받은 것을 먼저 너희에게 전하였노니 이는 성경대로 그리스도께서 우리 죄를 위하여 죽으시고 장사 지낸 바 되셨다가 성경대로 사흘 만에 다시 살아나사 게바에게 보이시고 후에 열두 제자에게와 그 후에 오백여 형제에게 일시에 보이셨나니, 그 중에 지금까지 대다수는 살아 있고 어떤 사람은 잠들었으며 그 후에 야고보에게 보이셨으며 그 후에 모든 사도에게와 맨 나중에 만삭되지 못하여 난 자 같은 내게도 보이셨느니라"(고전 15:1-8).

이것은 놀라거나 눈부신 잠깐이 아니라 사십 일 밤과 낮이라는 긴 시간 동안 나타내신 것이다. 그리고 동일한 사람들에게도 나타내셨다. "그가 택하신 사도들에게 성령으로 명하시고 승천하신 날까지의 일을 기록하였노라. 그가 고난 받으신 후에 또한 그들에게 확실한 많은 증거로 친히 살아 계심을 나타내사 사십 일 동안 그들에게 보이시며 하나님 나라의 일을 말씀하시니라"(행 1:2-3).

하나님은 바울에게 이 세상을 더욱더 풍성하게 보여주시려는 의지를 갖고 계셨다. 그래서 예수님의 부활과 승천 사이에 이러한 중요한 시기를 명령하셨다. 그리고 그들 또한 죄인을 위해 만드신 속죄를 믿는 믿음에 근거하여 이 세상을 볼 수 있게 된 것이다.

그러므로 예수님은 앞에서 언급한 그 예복을 입고 나아가셨다. 즉 순종으로, 피를 뿌림으로 자신의 길을 만드셨던 것이다. 예수님은 성령께서 소리쳐 부르시는 쪽으로 가셨다. "하나님께서 즐거운 함성 중에 올라가심이여 여호와께서 나팔 소리 중에 올라가시도다"(시 47:5). 이것은 아론의 예복 가장자리에 달린 종에 의해 예언된 것이다.

이러한 외침은 사람과 천사의 목소리를 나타내려는 것처럼 보인다. 이것은 하나님의 음성과 기쁨을 알리는 나팔 소리였다. 그러므로 그것이 예수님께 전해지고 있다고 말하는 것이다. "주께서 호령과 천사장의 소리와 하나님의 나팔 소리로 친히 하늘로부터 강림하시리니 그리스도 안에서 죽은 자들이 먼저 일어나고"(살전 4:16).

예수님이 승천하셨을 때처럼 아론의 종소리도 지성소에 들어갔을 때와 지성소에서 나왔을 때 들렸던 것이다. "그 옷 가장자리로 돌아가며 청색 자색 홍색 실로 석류를 수 놓고 금 방울을 간격을 두어 달되 그 옷 가장자리로 돌아가며 한 금 방울 한 석류 한 금 방울 한 석류가 있게 하라. 아론이 입고 여호와를 섬기러 성소에 들어갈 때와 성소에서 나올 때에 그 소리가 들릴 것이라. 그리하면 그가 죽지 아니하리라"(출 28:33-35). 앞에서 그와 함께 승천한 사람들은 어떤 사람들인가? "예수의 부활 후에 그들이 무덤에서 나와서 거룩한 성에 들어가 많은 사람에게 보이니라"(마 27:53).

예수님이 낮은 처지였을 때 여기서 그로 하여금 사역하게 한 사람이 천사 외에 그 누가 있겠는가? 예수님은 포로된 죄수처럼 그들을 쳐부수셨다. 예수님은 높이 승천하셨다. "그러므로 이르기를 그가 위로 올라가실 때에 사로잡혔던 자들을 사로잡으시고 사람들에게 선물을 주셨다 하였도다"(엡 4:8).

그때 예수님은 거룩한 낙원으로 승천하셨다. 수많은 거룩한 천사와 수천수만의 완전하게 된 의로운 사람들이 그곳에서 예수님을 기다리고 있었다. 예수님은 하나님의 특별한 존전인 가장 높은 하늘에 접근하셨다. 그러자 하나님께서 예수님을 모든 피조물 중에서 가장 높은 자로 만드신 것의 상징으로써 예수님을 하나님의 우편에 앉으라고 말씀하셨다. 하나님은 모든 이름 중에서 가장 뛰어난 이름을 예수님께 주셨다. 또한 하늘에 있는 모든 피조물이 주 예수 이름 앞에 굴복하도록 명령하셨다. 그리고 이 땅에 있는 모든 것과 아래 있는 모든 것이 심판의 날에, 또한 하나님의 영광을 위하여 예수님께 굴복하게 될 것을 약속하셨다.

"그는 근본 하나님의 본체시나 하나님과 동등됨을 취할 것으로 여기지 아니하시고 오히려 자기를 비워 종의 형체를 가지사 사람들과 같이 되셨고, 사람의 모양으로 나타나사 자기를 낮추시고 죽기까지 복종하셨으니 곧 십자가에 죽으심이라. 이러므로 하나님이 그를 지극히 높여 모든 이름 위에 뛰어난 이름을 주사 하늘에 있는 자들과 땅에 있는 자들과 땅 아래에 있는 자들로 모든 무릎을 예수의 이름에 꿇게 하시고, 모든 입으로 예수 그리스도를 주라 시인하여 하나님 아버지께 영광을 돌리게 하셨느니라"(빌 2:6-11).

　예수님은 하나님을 위해 자신을 향기로운 냄새가 있는 희생제물로 나타내셨다. 하나님은 그 안에서 영원히 안식하고 계신다. 희생제물의 보혈 때문에 항상 즐거워하시며 널리 울려 퍼지는 음성을 갖고 계신다. 이것은 부정할 수 없는 사실이다. 예수님에 의하여 하나님께 나아온 우리의 죄가 아무리 무겁고 그 상황이 악화되었다 하더라도 마찬가지다. 예수님은 항상 보좌 가운데 계신다. 예수님은 지금 우리를 위하여 하나님의 존전에 나타난 '죽임당한 어린양'이 있는 보좌 앞에 항상 계신다. 예수님의 중보 방법에서 음성으로 드린 것과 행동의 공적 중 어느 것이 더 효과적인지 나는 판단할 수 없다. 단지 하늘에서 어떻게 그 일이 이루어졌는지에 대해 조금 알고 있을 뿐이다.

　우리는 우리의 이해 속에서 육체적이거나 공상적이 될 것이다. 중보는 예수님이 만드셨다. 예수님은 우리를 위하여 하나님과 함께 고통에 대한 유효성과 가치를 다루셨다. 그러므로 예수님은 항상 우리를 위해 자신의 공적을 편만하게 하신다. 그 방법에 관해 우리가 여기에 있는 동안 무한한 것 너머의 것을 마음속에 품는다 하더라도 하나님은 우리의 연약함을 굴복시키신다.

성경은 이 문제에 대하여 다음과 같이 표현하였다. 우리는 다소 어린아이 같이 그것을 깨달을 것이다. "내가 어렸을 때에는 말하는 것이 어린아이와 같고 깨닫는 것이 어린아이와 같고 생각하는 것이 어린아이와 같다가 장성한 사람이 되어서는 어린아이의 일을 버렸노라. 우리가 지금은 거울로 보는 것같이 희미하나 그때에는 얼굴과 얼굴을 대하여 볼 것이요, 지금은 내가 부분적으로 아나 그때에는 주께서 나를 아신 것같이 내가 온전히 알리라"(고전 13:11-12).

우리가 하나님의 말씀에 계시된 것처럼 그 말씀을 마음속에 품는다면 잘못하지 않을 것이다. 왜냐하면 성경은 수로가 있는 곳에 심긴 푸른색 포플러나무이며 적갈색의 개암나무이며 밤나무이다. 그곳은 우리가 물을 마시러 나아가는 곳이다. 그곳은 예수님이 하늘에서 기도하고 계신 곳을 말한다. 예수님은 그곳에서 중보하고 계신다. 다시금 말하지만 그곳은 예수님의 피가 뿌려진 곳을 말하는 것이다. 예수님이 육체의 몸을 입고 있을 그때처럼 신음, 눈물, 숨소리, 그리고 강한 외침을 갖고 계심을 의미한다.

나는 예수님이 우리를 구원하기 위해 하나님께 강한 외침으로 호소하셨다는 사실을 믿는다. 예수님은 친히 육성으로 효험 있는 탄원을 하셨다. 우리는 그렇게 이해해야 한다. 왜냐하면 성경도 예수님이 이와 같은 방법으로 우리를 위해서 중보하고 계신다고 말하고 있기 때문이다. 그 일은 우리의 연약함 때문에 완전히 이해되지 못할 것이다. 예수 그리스도께서 우리를 위한 중보의 역할을 하고 계심을 믿는다면 그것은 우리의 믿음에 유익을 줄 것이다.

또한 그분의 중재 때문에 흠 없는 것으로 깨끗하게 되는 유익이 있을 것이다. 우리는 예수님으로 구원받게 되었다. 왜냐하면 우리는 예수 그리스도께서 흘리신 보혈을 믿고 있고, 또한 하나님이 우리와 함께하신다는 가치의 편만을 믿고 있기 때문이다. 우리 힘으로는 불가능하다. 심지어 예수님의 중재 방법이 있다 하더라도 우리는 무슨 일을 어떻게 해야 할지 모를 것이다.

말씀은 우리가 단지 하늘에 있는 일에 대한 형상이라고 말한다. 나는 예수 그리스도께서 육체로 오시기 이전에 구원받은 수많은 사람들에 대하여 전혀 의심하지 않는다. 그리고 우리 영혼을 구원하신 예수님을 믿는다. 그러나 우리를 위한 예수님의 고통스러운 수많은 상황에 관한 지식에는 미치지 못한다. "율법은 장차 올 좋은 일의 그림자일 뿐이요, 참 형상이 아니므로 해마다 늘 드리는 같은 제사로는 나아오는 자들을 언제나 온전하게 할 수 없느니라"(히 10:1).

비록 지금 우리가 예수님이 우리를 위하여 중재하시는 삶을 사셨다는 사실을 믿는다 하더라도 예수님의 중재하시는 방법이나 양식에 관해서는 충분히 이해하지 못한다. 그러나 우리는 예수님이 우리의 죄를 위하여 죽으셨다는 사실을 믿고 있다. 그리고 우리를 위한 예수님의 공적이 하나님과 함께하는 말씀에 있었다는 사실 또한 믿는다. 예수님은 우리가 마음에 깊이 새길 수 있는 것 이상의 것으로 하나님 앞에서 자신의 공적을 우리를 위한 중재의 방법으로 다루고 계신다.

성경은 말한다. "그 안에는 신성의 모든 충만이 육체로 거하시고"(골 2:9). 그것은 예수님이 곧 하나님의 보좌이심을, 예수님이 그 보좌의 우편에 앉아 계심을 말하는 것이다. "못이 단단한 곳에 박힘 같이 그를 견고하게 하리니 그가 그의 아버지 집에 영광의 보좌가 될 것이요"(사 22:23). "믿음의 주요, 또 온전하게 하시는 이인 예수를 바라보자. 그는 그 앞에 있는 기쁨을 위하여 십자가를 참으사 부끄러움을 개의치 아니하시더니 하나님 보좌 우편에 앉으셨느니라"(히 12:2).

아주 연약한 것 때문에 이해할 수 없는 이러한 일이, 오히려 가장 강한 부분과 재능에 저항하는 것이다. 그러나 하늘에는 거룩한 진리로 가득 차 있다. 하늘의 거룩한 일은 쉽게 믿어지는 것이 아니다. 또한 여기 땅에 있는 동안 스스로를 믿는 사람도 없다. 그들이 믿는다고 할 때 그것은 그들이 연약한 상태로 확신하고 단순하게 믿는 것이다. 나는 하나님 앞에서 예수님이 하시는 아주 매력적인 일이 탄원뿐만 아니라 제사장으로서 중재하고 계신 것임을 믿는다. 나는 예수님이 계속해서 중재하는 삶을 살고 계심을 믿는다.

"그리스도께서는 참 것의 그림자인 손으로 만든 성소에 들어가지 아니하시고 바로 그 하늘에 들어가사 이제 우리를 위하여 하나님 앞에 나타나시고"(히 9:24). "곧 우리가 원수 되었을 때에 그의 아들의 죽으심으로 말미암아 하나님과 화목하게 되었은즉 화목하게 된 자로서는 더욱 그의 살아나심으로 말미암아 구원을 받을 것이니라"(롬 5:10).

그러나 무엇인가 더 말해야 할 것이 있다. 인간이신 예수님이 만약 육체로 하나님의 모든 충만함 속에 내주하고 계신다면 어떻게 중재하기 위해 하나님 앞에 나타나실 수가 있겠는가? 만약 예수님이 은혜의 보좌, 지성소라면 어떻게 그 보좌에 앉아 계신 하나님 앞에 자신의 피를 뿌리기 위해서 나타나실 수가 있겠는가? 만약 예수님이 향기로운 제단이라면 어떻게 제사장으로서 보좌 앞에 서 계실 수 있겠는가?

일곱째, 그렇다면 이러한 신비적인 일들을 우리는 어떻게 배울 수 있을까? 이 모든 것이 성경에 기록되어 있는 것은 사실이다. 그 모든 것이 진리라는 것 역시 사실이다. 그러나 나는 이것이 구원받는 모든 사람에 의해서 이해된다고는 믿지 않는다. 내가 의미하는 바는 이들 본문에 있는 외관상 모순처럼 보이는 것을 화해시킬 수 있을 만큼 이해할 만하다는 것이다. 그러므로 하나님의 신비 속에서 우리의 이해를 완전하게 하시기 위해서 하나님이 우리에게 가르쳐주신 세 가지 강의가 있다.

먼저, 문자에 관한 것이다. 나는 의식적인 율법을 그렇게 부른다. 왜냐하면 모든 것이 분명히 설명되었기 때문이다. 문자는 어린아이와 같은 것이다. 우리는 제사장을, 희생제물을, 제단을, 거룩한 장소인 지성소를 갖고 있다. 그리고 이 모든 것은 분명하다.

다음으로 말씀에 관한 것이다. 복음 안에서 이러한 문자는 모두 말씀 속에서 귀결된다. 그리고 예수님은 말씀, 즉 하나님의 마음에서 나오는 말씀이다. 그러므로 복음은 예수님을 제사장으로, 희생제물로, 제단으로, 지성소로, 은혜의 보좌로, 그리고 그 밖의 모든 것으로 만들고 있다. 이러한 모든 것은 몇 개의 문자가 한 말씀 속에서 만나는 것처럼 예수님 안에서 만나게 된다.

마지막으로 의미에 관한 것이다. 그 말씀과 나란히 우리는 그 의미를 배워야 한다. 그런데 그 의미는 문자, 혹은 말씀보다 더 배우기가 어렵다. 그러므로 그것에 대한 완전한 이해는 우리가 더욱더 높은 수준의 믿음에 도달할 때까지, 혹은 우리가 완전한 인간에 도달할 때까지 남겨 두어야 한다. "온전한 것이 올 때에는 부분적으로 하던 것이 폐하리라"(고전 13:10).

동시에 우리가 할 일은 그 문자 속에 말씀을 가져와서 배우는 것이다. 또한 종교적인 의식 속에 예수님을 생각나게 하는 것을 배워야 한다. 이것은 예수님 안에 있는 제사장적 직분을, 예수님 안에 있는 희생제물을, 예수님 안에 있는 제단을, 예수님 안에 있는 은혜의 보좌를, 그리고 예수님 안에서 그로 말미암아 이 세상과 그 자신을 화해시키는 하나님을 발견하기 위한 것이다. 우리가 이러한 사실을 온전히 배울 수 있다면 우리는 전혀 비난하지 않을 것이다. 이것이 바로 우리에게 주어진 최고의 강의이기 때문이다. 즉 복음 안에 계시된 예수님을 발견하는 것만큼 우리는 예수님을 배우게 된다. 바울은 말한다. "내가 너희 중에서 예수 그리스도와 그가 십자가에 못 박히신 것 외에는 아무 것도 알지 아니하기로 작정하였음이라"(고전 2:2).

내가 의미하는 그리스도인은 기도하고 말씀을 연구하여 예수님에 대한 지식을 갖추고 어느 정도 선한 것에 도달하려는 사람들이다. 이것은 예수님을 아는 것이 곧 영생이라는 것이다. 예수님은 성령 때문에 알려졌다. "영생은 곧 유일하신 참 하나님과 그가 보내신 자 예수 그리스도를 아는 것이니이다"(요 17:3). 성경 말씀을 계속 가까이하면서 당신의 믿음을 말씀의 권위 아래 순종시켜라. 그러면 확실히 당신의 믿음이 성장할 것이다.

"복음에는 하나님의 의가 나타나서 믿음으로 믿음에 이르게 하나니 기록된 바 오직 의인은 믿음으로 말미암아 살리라 함과 같으니라(롬 1:17). "나의 복음과 예수 그리스도를 전파함은 영세 전부터 감추어졌다가 이제는 나타내신 바 되었으며 영원하신 하나님의 명을 따라 선지자들의 글로 말미암아 모든 민족이 믿어 순종하게 하시려고 알게 하신 바 그 신비의 계시를 따라 된 것이니, 이 복음으로 너희를 능히 견고하게 하실 지혜로우신 하나님께 예수 그리스도로 말미암아 영광이 세세무궁하도록 있을지어다. 아멘"(롬 16:25-27).

예수님이 죽으셨으며 장사 지내셨고 다시 살아나셨으며 승천하신 것을 믿어라. 우리를 위하여 중보하시기 위해서 영원한 삶을 살고 계심을 믿어라. 사람들은 신비 속에서 길을 잃어버리기 때문에 너무 멀리서 그 비밀을 캐려고 한다. 이것을 주의하라. 그러나 당신이 이러한 신비를 믿고 있는 것은 좋은 일이다. 예수님이 어떻게 이런 신비스러운 일을 행하시는지 당신이 말로 설명할 수 없다 하더라도 예수님은 그렇게 행하고 계신다.

내가 강조하는 것은 하나님이 예수님을 통하여 우리를 구원하셨으며, 또한 그 후에 예수님이 자신의 보혈로 우리를 의롭게 하셨다는 사실을 믿어야 한다는 것이다. "그러면 이제 우리가 그의 피로 말미암아 의롭다 하심을 받았으니 더욱 그로 말미암아 진노하심에서 구원을 받을 것이니"(롬 5:9).

예수님은 중보를 통해, 즉 하나님과 우리 사이에 오심으로써, 또한 자신의 보혈과 공적으로 우리 사이에서 친히 육성으로 나타내셨다. 이것은 우리를 위해 흘리신 보혈 때문에 하나님이 우리 편에서 말씀하고 계신 것이다. 그리고 하나님과 사람들 가운데 있는 예수님의 공적은 예수님이 만드신 영원한 언약에 따라서 하나님의 은혜로 우리를 고치시는 것이다. 이것이 내가 알고 있는 예수님의 중보 사역이다. 내가 관심을 두는 것은 중보 사역 그 자체의 행동에 대한 것이다. 즉 예수님이 어떻게 중보 사역을 하시는가이며, 그 후 하나님의 거룩한 영으로 충만한 모든 것은 육체로 그 안에 거하는 것이다. 예수님은 인간성을 지니고 은혜의 보좌에 계신다. 그렇다. 예수님은 모든 것 중에 가장 거룩한 것이 되셨다. 그리고 영원토록 하나님의 안식처가 되셨다.

내가 의미하는 예수님의 인간성은 감정과 이성이 없는 그런 인간성이 아니다. 또한 자진하는 능력과 감격스러운 능력을 상실한 것도 아니다. 내가 의미하는 인간성은 거룩하신 뜻 안에서 모든 것을 종결시키는 것이다. 그 거룩한 뜻은 인간성을 지니신 예수님의 공적과 뜻 안에서 죄인을 구원하시기 위한 것이다. 아들은 그 아버지의 뜻이 될 것이며, 그리고 그 아들의 뜻은 아버지가 될 것이라는 믿음에 동의한다는 것이다. 아들의 뜻과 하나님의 뜻은 무한한 공로와 함께 보좌 뒤쪽에 있다. 그 안에서 또한 아버지는 안식하고 계신다. 아버지는 아들을 허락받은 모든 자에게 그곳에서 예수님과 함께 계심을 보이신다. 우리는 예수 그리스도의 영광을 붙잡고 있다. "아버지여 내게 주신 자도 나 있는 곳에 나와 함께 있어 아버지께서 창세 전부터 나를 사랑하시므로 내게 주신 나의 영광을 그들로 보게 하시기를 원하옵나이다"(요 17:24).

예수 그리스도의 대제사장
직분을 위한 자연적인 자격

이것은 예수님으로 하여금 대제사장으로서 그리스도의 자연적인 자격으로 이끌고 있다. 먼저 예수님은 인간의 성질과 전혀 다른 성질을 갖춘 분이 아니라는 사실이다. 천사들은 우리를 매우 사랑한다. 그러나 그들은 우리의 고뇌 속에서 우리와 함께 일치된 연민을 느낄 수 없다. 왜냐하면 그들은 우리의 성격에 참여한 자가 아니기 때문이다. 그러나 예수님의 성격 안에는 특별한 동정심이 있다. 예수님은 죄가 없으신 것을 제외하고는 우리와 동일한 사람이시다. 예수님은 우리와 같이 살과 피가 있는 그런 사람이시다. 예수님은 여자의 몸에서 태어나셨고 성령을 제외하고는 모든 면에서 우리와 똑같이 만들어졌다. "자녀들은 혈과 육에 속하였으매 그도 또한 같은 모양으로 혈과 육을 함께 지니심은 죽음을 통하여 죽음의 세력을 잡은 자, 곧 마귀를 멸하시며"(히 2:14). "이는 확실히 천사들을 붙들어주려 하심이 아니요, 오직 아브라함의 자손을 붙들어주려 하심이라"(히 2:16).

앞에서도 말했던 것처럼 예수님에게는 많은 자격이 주어졌다. 그중 하나가 예수님의 성격 안에 동정심이 있다는 것이다. 그렇다면 왜 예수님의 성격 안에 동정심이 있을까? 지금 하나님의 집에 대제사장으로서 계신 예수님은 성경에서 명백하게 말하고 있는 것처럼 자연스럽게 우리와 함께 한 사람이다.

"때가 차매 하나님이 그 아들을 보내사 여자에게서 나게 하시고 율법 아래에 나게 하신 것은"(갈 4:4). "그의 아들에 관하여 말하면 육신으로는 다윗의 혈통에서 나셨고"(롬 1:3). "조상들도 그들의 것이요 육신으로 하면 그리스도가 그들에게서 나셨으니 그는 만물 위에 계셔서 세세에 찬양을 받으실 하나님이시니라. 아멘"(롬 9:5). "내가 전한 복음대로 다윗의 씨로 죽은 자 가운데서 다시 살아나신 예수 그리스도를 기억하라"(딤후 2:8). "자녀들은 혈과 육에 속하였으매 그도 또한 같은 모양으로 혈과 육을 함께 지니심은 죽음을 통하여 죽음의 세력을 잡은 자 곧 마귀를 멸하시며, 또 죽기를 무서워하므로 한평생 매여 종 노릇 하는 모든 자들을 놓아 주려 하심이니"(히 2:14-15).

우리는 지금 사망의 권세, 즉 사탄을 멸망시키고 자기 백성을 구원해내기 위해서 예수님께 있었던 인간성의 필요에 대해 말하려고 한다. 왜냐하면 그것은 여기서도 다루어질 뿐 아니라 우리 주변에 그것에 관련된 문제가 너무 많기 때문이다. 우리는 지금 예수님의 대제사장 직무 위에 있다. 그리고 우리는 예수님의 자연적인 자격 안에 참여한 사람이다.

나는 그 성격 자체가 위대한 자격이라는 것을 말하는 것이다. 왜냐하면 그 성격 안에는 동정심이 있기 때문이다. 동정심이 있는 곳에는 도와주기 위한 자극이 있을 것이고, 또한 도와주기 위한 자극이 있는 곳에는 우리를 괴롭히는 세력에 대항하는 질투와 의분이 있기 때문이다. 곰에게서 그의 새끼를 빼앗는다는 표현조차도 예수님이 죽으심으로 영원한 중보의 삶을 살기 위해서, 우리로 하여금 영원한 생명을 사모하게 하려고 사용되었던 실제적인 의미보다 더 큰 자극을 일으키지는 못할 것이다.

둘째, 예수님은 대제사장이 되시기 위해 사람들을 향해 자연적인 동정심을 갖고 계신다. 예수님은 우리의 자연성을 받아들이고 좋아하셨을 뿐만 아니라 우리와 함께 형제의 관계가 되셨다. 거룩함을 입은 사람들, 즉 그의 성도들은 모두가 하나이다.

하나님 안에서 한 자녀들이다. 그들은 모두 아버지의 자녀들이다. "거룩하게 하시는 이와 거룩하게 함을 입은 자들이 다 한 근원에서 난지라. 그러므로 형제라 부르시기를 부끄러워하지 아니하시고 이르시되 내가 주의 이름을 내 형제들에게 선포하고 내가 주를 교회 중에서 찬송하리라 하셨으며"(히 2:11-12).

이 관계는 예수님의 인간성에 대한 것이고 예수님의 애정과 고난에 대한 자연적인 주제이다. 이는 중보의 사역에서 매우 중요한 일이다. "자녀들은 혈과 육에 속하였으매 그도 또한 같은 모양으로 혈과 육을 함께 지니심은 죽음을 통하여 죽음의 세력을 잡은 자, 곧 마귀를 멸하시며"(히 2:14). 예수님은 자신의 형제를 위하여 은혜의 보좌에 계신다. 예수님은 형제를 위하여 중보 사역을 하고 계신다.

기드온은 다볼에서 형제들을 살해하였던 사람이 세바와 살문나라는 것을 자백을 통하여 알게 되었다. 기드온의 격분은 기드온의 얼굴에 나타났다. 기드온은 자신의 형제들을 그들이 죽였다고 하는 것을 엄숙히 선언하였다. "이에 그가 세바와 살문나에게 말하되 너희가 다볼에서 죽인 자들은 어떠한 사람들이더냐 하니 대답하되 그들이 너와 같아서 하나 같이 왕자들의 모습과 같더라 하니라. 그가 이르되 그들은 내 형제들이며 내 어머니의 아들들이니라. 여호와께서 살아 계심을 두고 맹세하노니 너희가 만일 그들을 살렸더라면 나도 너희를 죽이지 아니하였으리라 하고, 그의 맏아들 여델에게 이르되 일어나 그들을 죽이라 하였으나 그 소년이 그의 칼을 빼지 못하였으니 이는 아직 어려서 두려워함이었더라. 세바와 살문나가 이르되 네가 일어나 우리를 치라. 사람이 어떠하면 그의 힘도 그러하니라 하니 기드온이 일어나 세바와 살문나를 죽이고 그들의 낙타 목에 있던 초승달 장식들을 떼어서 가지니라"(삿 8:18-21).

관계는 중요한 문제이다. "그러므로 그가 범사에 형제들과 같이 되심이 마땅하도다. 이는 하나님의 일에 자비하고 신실한 대제사장이 되어 백성의 죄를 속량하려 하심이라"(히 2:17). 사람들은 불행을 갖고 태어났으며, 또한 소외되어 있다. 그러므로 그리스도께서 대제사장이 되시기 위해 갖춰야 할 또 다른 자격은 예수님이 우리의 형제가 되시는 것이다. 은혜의 보좌 앞에서 예수님과 우리는 형제이다. 이러한 관계로 말미암아 예수님은 우리를 위하여 더욱더 애정을 갖고 중보하시는 것이다.

셋째, 예수님이 인간의 모습으로 활동하셨던 그 기간에 유혹과 결점들이 있었다는 것이다. 유혹과 결점들이 심각하게 고려되어야 하는 것은 사실이다. 누구도 우리의 성격 중에 그것이 없다고 말할 수 없다. 만약 유혹과 애정이 성격 속에 있다고 말하는 것이 더욱더 적절하다면 예수님과 우리는 모든 면에서 자연적인 유대 관계를 갖게 된다. 왜냐하면 성경에서 말하고 있기 때문이다. "우리에게 있는 대제사장은 우리의 연약함을 동정하지 못하실 이가 아니요, 모든 일에 우리와 똑같이 시험을 받으신 이로되 죄는 없으시니라"(히 4:15).

우리가 하나님을 불신하려는 유혹을 받았는가? 예수님도 마찬가지다. 우리가 죽고 싶은 충동을 느꼈는가? 예수님도 마찬가지다. 우리는 이 세상에서 황홀하게 하는 자만심으로 유혹받고 있는가? 예수님도 그렇다. 우리는 우상에 복종하고 사탄을 예배하라고 유혹받고 있는가? 예수님도 그렇게 유혹을 받으셨다(마 4:3-10, 눅 4:1-13). 이 사실에 대하여 우리 또한 마찬가지다. 그렇다. 요람에서부터 십자가에 이르기까지 예수님은 슬픔을 지닌 인간이었다. 그리고 생애를 통하여 깊은 고뇌, 즉 인간이 지닌 고통을 알려주셨다.

그 가운데서 예수님은 하나님께 순종하므로 복종하셔야 했다. 예수님께는 그렇게 해야 할 의무가 있었다. 더욱더 많은 사랑과 깊은 동정을 갖고 대제사장 직무를 더욱더 잘 수행할 수 있도록 모든 것에서 우리와 같게 만들어져야 할 책임이 있었다. "그러므로 그가 범사에 형제들과 같이 되심이 마땅하도다. 이는 하나님의 일에 자비하고 신실한 대제사장이 되어 백성의 죄를 속량하려 하심이라. 그가 시험을 받아 고난을 당하셨은즉 시험받는 자들을 능히 도우실 수 있느니라"(히 2:17-18).

예수님이 어떻게 자격을 갖추셨는지, 그리고 무슨 목적이 있으셨는지를 자세히 보라. 예수님은 우리처럼 유혹을 받으셨다. 모든 면에서, 모든 일에서 우리처럼 유혹 때문에 고통을 받으셨다. 이 사실은 예수님이 우리를 위하여 동정심을 갖고 계셨음을 의미한다. 이것은 그의 백성을 속죄하기 위한, 하나님과 그의 백성 사이에 놓인 죄의 장벽을 없애기 위한, 하나님과 관계가 있는 모든 일 가운데서 자비롭고 신실한 대제사장이 되기 위한 것이었다. 그렇다. 예수님이 당하셨던 것처럼 유혹을 받으심으로써, 고통을 받으심으로써 예수님은 준비되었으며 그 사역을 감당하실 수 있었다. "그가 시험을 받아 고난을 당하셨은즉 시험받는 자들을 능히 도우실 수 있느니라"(히 2:18).

나는 이것을 자연적이고 필연적인 자격이라고 부른다. 자연적이라고 하는 이유는 우리와 같은 종류의 것이기 때문이다. 즉 예수님이 받으신 유혹은 우리가 겪었던 것과 같은 것이다. 우리 자신이 가진 성향, 성질, 계획과 같은 것이다. 그렇다면 왜, 누구를 위하여 예수님은 그런 공격을 받으셨으며 괴롭힘을 당하셨는가? 그것은 예수님이 자비롭고 신실하게 되시기 위해서, 그리고 우리를 구원하시기 위해서였다.

넷째, 우리를 위한 중보를 위하여 우리의 대제사장이 갖춘 것보다 더 적합한 또 다른 자격이 있다. 그것은 우리가 그리스도의 지체라는 사실이다. 그러므로 예수님은 지금 자신을 위하여, 자신의 몸을 위하여, 그리고 자신의 몸에 있는 지체를 위하여 중보하고 계신 것이다. 율법 아래서 대제사장은 자신을 위하여, 즉 먼저 자신과 자신의 죄를 위하여, 혹은 그 백성의 잘못을 위하여 자신을 제물로 바칠 수 있는 희생제물의 자격이 있었다. 나는 그리스도께서 인격이나 행위 면에서 어떠한 죄를 가지고 계셨다고 말하지 않을 것이다. 왜냐하면 그것은 성령의 이름을 모독하는 것이기 때문이다. 대신 나는 예수님이 그 백성의 죄를 아신다고 말할 것이다. "하나님이여 주는 나의 우매함을 아시오니 나의 죄가 주 앞에서 숨김이 없나이다"(시 69:5).

그렇다. 하나님 아버지는 우리의 죄악을 알고 계신다. 따라서 우리는 영원한 중보자의 삶을 살고 계신 예수님과 연합해야 한다. 그의 몸, 그의 살, 그리고 그의 뼈의 일원이 되어야 한다. 그때 우리의 어느 것도 그의 지체가 아닌 부분이 없을 것이다. "하나님이 죄를 알지도 못하신 이를 우리를 대신하여 죄로 삼으신 것은 우리로 하여금 그 안에서 하나님의 의가 되게 하려 하심이라"(고후 5:21).

지금까지 우리는 예수님의 대제사장 직분을 위한 자연적인 자격에 관하여 말했다. 결론적으로 예수님이 영원한 중보자의 삶을 살고 계시기 때문에 우리는 그의 지체가 되어야 하며 그 몸의 한 부분이 되어야 한다. 성경은 "우리는 그 몸의 지체임이라"(엡 5:30)고 말하고 있다. 또한 우리가 속한 교회가 그리스도 몸의 일부분이기 때문에 우리는 예수님과 더욱더 가까운 관계에 있는 것이다. 교회는 그리스도의 살이다. "누구든지 언제나 자기 육체를 미워하지 않고 오직 양육하여 보호하기를 그리스도께서 교회에게 함과 같이 하나니"(엡 5:29).

만약 그리스도 안에 죄인인 우리에 대한 사랑이 없다면 예수님은 우리를 돌보실 수 없을 것이다. "우리에게 있는 대제사장은 우리의 연약함을 동정하지 못하실 이가 아니요 모든 일에 우리와 똑같이 시험을 받으신 이로되 죄는 없으시니라"(히 4:15).

예수님은 절대 우리를 향한 감정을 잃어버리지 않으신다. 왜냐하면 항상 우리의 머리가 되시며, 또한 우리는 그의 구성원이 되기 때문이다. 결함 있는 지체는 가장 많이 보호받아야 하며, 가장 많이 불쌍히 여김을 받아야 하며, 해로운 일로부터 보호받기 위해서 가장 많은 경호를 받아야 하며, 가장 많이 고려되어야 한다.

아! 누가 우리를 위하여, 그리고 잃어버릴 것을 위하여 그렇게 많은 기도와 간구를 하겠는가? 예수님이 마치 그의 새끼에 대하여 완고한 타조처럼 행동하실 것이라고 상상할 수 있는가?

"그 새끼에게 모질게 대함이 제 새끼가 아닌 것처럼 하며 그 고생한 것이 헛되게 될지라도 두려워하지 아니하나니"(욥 39:16).

그렇지 않다. 만약 예수님이 지체를 잃어버린다면 예수님은 외관상 손상을 입을 것이며, 팔다리가 부러져서 불구가 될 것이며, 불완전하게 될 것이다. 그러나 절대 그런 일은 없을 것이다. 왜냐하면 예수님의 몸은 그의 충만함이라고 불렸기 때문이다. 그렇다. 그 안에 있는 충만함은 모든 만물 가운데 있는 충만함이다. 이것은 대제사장이신 예수님이 우리를 위하여 영원한 중보의 삶을 사시는 것을 자연스럽게 존경하는 것을 보여주는 것이다. 그렇다. 그 깊이를 알 수 없는 존경이다. 왜냐하면 우리는 그의 지체이기 때문이다.

나는 뒷부분에서 우리의 대제사장이신 예수 그리스도께서 갖고 계신 계획에 대하여 당신에게 말하려고 한다. 예수님은 우리를 친히 값을 치르고 사신 것으로 생각하고 계신다. 또한 예수님은 우리를 그의 소중한 보석으로, 또한 그의 부동산으로 생각하고 계신다.

성경은 그것을 이렇게 설명한다. "여호와는 나의 산업과 나의 잔의 소득이시니 나의 분깃을 지키시나이다. 내게 줄로 재어 준 구역은 아름다운 곳에 있음이여 나의 기업이 실로 아름답도다"(시 16:5-6). 이미 당신은 그리스도께서 우리를 위해 많은 일을 행하실 것이며, 많은 말씀을 하실 것이며, 영원히 중보하실 것을 알고 있다. 그러나 이제 나는 예수 그리스도의 더 탁월한 자격에 대하여 말하려고 한다.

그것은 예수님은 거룩하시다는 것이다. 예수님은 대제사장이 되기에 합당하시다. 그의 거룩함은 우리로 하여금 신실하게 하려고 자신에게 주어진 것이기 때문이다. 그 거룩함 안에서 예수님은 직분을 수행하신다. 그러므로 우리는 예수님이 신실한 대제사장이라고 하는 것을 알게 된다. 성경은 "우리에게 이 같은 대제사장이 있으니 그는 거룩한 분이시다"라고 말한다.

"그러므로 그가 범사에 형제들과 같이 되심이 마땅하도다. 이는 하나님의 일에 자비하고 신실한 대제사장이 되어 백성의 죄를 속량하려 하심이라"(히 2:17). "이러한 대제사장은 우리에게 합당하니 거룩하고 악이 없고 더러움이 없고 죄인에게서 떠나 계시고 하늘보다 높이 되신 이라"(히 7:26). "여호와는 선하시고 정직하시니 그러므로 그의 도로 죄인들을 교훈하시리로다"(시 25:8). "이스라엘의 하나님이 말씀하시며 이스라엘의 반석이 내게 이르시기를 사람을 공의로 다스리는 자, 하나님을 경외함으로 다스리는 자여"(삼하 23:3).

예수님은 거룩하신 분이다. 그분은 멕기세덱의 반차를 따라 하나님의 대제사장이 될 것이라는 칭함을 받았다. 이것은 우리를 위하여 하나님과 함께 직분을 수행하기 위한 것이다. 예수님은 부정한 것, 우리에게 달라붙은 그 부정을 화해시키기 위해서 계속해서 말씀하고 계신다. 지금도 예수님은 우리를 위하여 하나님이 맡기신 대제사장의 직분을 수행하고 계신다. 예수님은 절대 연약함을 가진 대제사장, 거룩하지 않은 대제사장이 아니다. 마땅히 그러한 것보다 더 좋은 것으로 설명되어야 한다. "대제사장마다 사람 가운데서 택한 자이므로 하나님께 속한 일에 사람을 위하여 예물과 속죄하는 제사를 드리게 하나니"(히 5;1). 이것은 위대한 일이다. 우리에게 거룩한 대제사장이 계셔서 우리를 위하여 위탁받은 신뢰를 최대한 수행하는 데 있어 실패하지 않으실 것이라는 사실은 참으로 위대한 일이다.

또한 예수님은 악이 없으시다. "이러한 대제사장은 우리에게 합당하니 거룩하고 악이 없고 더러움이 없고 죄인에게서 떠나 계시고 하늘보다 높이 되신 이라"(히 7:26). 대제사장의 직분을 수행할 때 만약 대제사장이 악이 있는 사람이라면 백성에게 얼마나 많은 악영향을 끼치겠는가! 이 같은 사람은 연약한 사람에게서 옳은 것을 빼앗을 것이다. 그의 해로움은 즉시 다른 사람에게 영향을 끼칠 것이다. "가난한 백성을 압제하는 악한 관원은 부르짖는 사자와 주린 곰 같으니라"(잠 28:15).

그러나 우리의 대제사장이신 예수님은 거룩하고 악이 없으신 분이다. 그분은 그릇됨이 없으신 분이다. 그분은 우리에게서 아무것도 빼앗지 않으실 것이다. 그분은 또한 우리를 경멸하지도 않으실 것이다. 그뿐만 아니라 축복된 중보의 유익이며 이득이 되시는 예수님을 의지하여 하나님께 나아오는 사람을 부정하지 않으실 것이다.

반대로 악한 사람은 사람을 존경하지 않으며, 보상을 주지 않으며, 마음을 상하게 할 것이며, 미워할 것이며, 편견을 가질 것이다. 또한 악영향을 끼칠 기회만을 찾고 있을 것이며, 할 수만 있다면 우리로 하여금 옳은 것을 부정하도록 영적인 것들을 이용할 것이다.

그러나 예수님은 비둘기처럼 악이 없으신 분이다. 그분은 병이 없으신 분이다. 아니 병이 없도록 의도된 분이시다. 이처럼 속되지 않으시고, 흠이 없으시고, 해가 없으신 것은 우리를 중보하시기 위한 것이었다. 예수님은 당신에 대한 편견을 널리 퍼뜨리지 않으실 것이다. 당신의 이름이 그의 입술에서 결점이 있고 연약한 것으로 이해되지 않도록 주의하실 것이다. 그리고 당신이 예수님을 통해 하나님께 진정으로 나아온다면 많은 사람들이 당신의 죄에 대해 분개하지 않을 것이다. 예수님은 거룩하신 분이며 해가 없으신 분이다. 우리의 대제사장이 되시기에 우리를 위하여 중보하시기에 더욱 합당하신 분이다.

또한 예수님은 순결하시다. 예수님은 거룩하고 악이 없으며 더러움이 없으신 분이다. 이러한 표현은 그분의 직무를 수행하는 데 있어서 어떠한 잘못도 발견할 수 없다는 사실을 보여주기 위한 것이다. 거룩한 인간도 불결하게 될 수 있다. 우리는 거룩하고 악이 없는 사람이 되라는 명령을 받는다. 그것은 복음 안에서 모든 그리스도인에게 해당되는 명령이다. 그럼에도 우리는 죄 탓에 더럽혀질 때가 많다. 그러나 예수님은 법적인 의미에서 아주 완전하게 순결을 지키셨다. 이것은 위대한 일이다. 죄로 더럽혀진 인간은 비록 선한 사람을 위하여 자신의 직분을 수행하기 때문에 다른 사람이 분개하지 않는다 하더라도 자신의 직분을 불성실하게 사용하게 될 가능성이 그 안에 있다.

그러나 예수님은 악이 없고 더러움이 없는 순결하신 분이다. 이처럼 법적인 의미에서 완전하게 순결하다는 것은 직분을 수행하는 데 있어서 상처주지 않고 불성실하게 행동하지 않는다는 것을 의미한다. 예수님은 거룩하고 악이 없고 더럽혀지지 않은 순결하신 분이다. 예수님은 그 안에서 원래부터 상처를 입지 않으신 분이다. 우리 자신에 의해서 뿐만 아니라 종종 더럽혀진 다른 사람에 의해서 우리 안에 일어나는 쓴 뿌리가 있다. "너희는 하나님의 은혜에 이르지 못하는 자가 없도록 하고 또 쓴 뿌리가 나서 괴롭게 하여 많은 사람이 이로 말미암아 더럽게 되지 않게 하며"(히 12:15).

그러나 우리의 대제사장은 더럽혀지지 않은 분이며 타락한 것이 없는 분이다. 또한 부패되지 않은 분이다. 예수님은 자신의 직무를 정당하게, 충실하게, 거룩하게, 정의롭게 완성하셨다. 우리에게 필요한 것에 확실한 대답을 주시면서 완성하셨다. 그 신뢰는 우리에게 평온을 가져다준다.

또한 예수님은 잉태되고 조성되는 과정부터 죄인들과 구별되신 분이다. 예수님은 인간의 육체대로 자궁 안에서 만들어진 분이 아니다. 예수님은 타락하고 더럽혀진 성격으로 만들어지지 않으셨다. 예수님은 부정하고 더럽혀지고 불완전한 자료를 갖고 직무를 수행하지 않으셨다. 흠이 없는 것, 그 자신의 더럽혀지지 않은 흠 없는 완전한 희생제물을 바침으로써 직무를 수행하셨다. 예수님과 그의 제물은 제사장들이 율법 아래서 드린 어떠한 불안전한 희생제물과 같지 않으셨다. 예수님은 죄인의 성질이나 행동, 성향 중 그 어느 것도 갖고 계시지 않는다. 그분께는 절대 죄의 어떤 모양도 볼 수가 없었다. 예수님은 이것을 세상에서 배우지 않으시고 오직 하나님 아버지에게서 배우셨다.

그러기에 예수님은 하늘보다 더 높으신 분이다. "이러한 대제사장은 우리에게 합당하니 거룩하고 악이 없고 더러움이 없고 죄인에게서 떠나 계시고 하늘보다 높이 되신 이라"(히 7:26). 이 말씀은 성도들이나 하늘도 하나님의 시야에서 볼 때 깨끗한 것이 없다는 것을 말하는 것이다. "하나님은 그의 종이라도 그대로 믿지 아니하시며 그의 천사라도 미련하다 하시나니. …하나님은 거룩한 자들을 믿지 아니하시나니 하늘이라도 그가 보시기에 부정하거든"(욥 4:18, 15:15). 이 말씀은 우리의 대제사장이 하늘이나 천사보다도 더 고상하다는 사실을 우리에게 보여주는 것이다.

그렇다. 예수님은 다른 어떤 것보다 더 깨끗하고 완전하시다. 이 말씀은 또한 모든 하늘의 영들이 우리를 위한 예수님의 중보사역을 위하여 예수님의 명령에 순종하고 있음을 보여주기 위한 것이다. 모든 천사는 예수님을 경배한다. 그리고 모든 천사는 예수님의 말씀대로 된다. 그리고 모든 천사는 구원의 상속자가 될 사람을 위하여 사역하는 영이 되었다.

이 말씀은 우리의 대제사장이 쇠약해지고 부패하는 것이 불가능한 일임을 보여준다. 왜냐하면 성경은 예수님을 하늘보다 더 높이 되신 자라고 했기 때문이다. 때때로 하늘에 있는 영들도 부패된다. "하나님이 범죄한 천사들을 용서하지 아니하시고 지옥에 던져 어두운 구덩이에 두어 심판 때까지 지키게 하셨으며"(벧후 2:4). 하늘은 스스로 부패되기도 하고 시들어지기도 하고 낡아지기도 한다. 그것은 말씀에 따라 우리가 들어가도록 허락을 받은 가장 먼 곳에 있는 것이다. "이 뜻을 따라 예수 그리스도의 몸을 단번에 드리심으로 말미암아 우리가 거룩함을 얻었노라. 제사장마다 매일 서서 섬기며 자주 같은 제사를 드리되 이 제사는 언제나 죄를 없게 하지 못하거니와 오직 그리스도는 죄를 위하여 한 영원한 제사를 드리시고 하나님 우편에 앉으사"(히 10:10-12).

예수님은 하늘 위에 계시고 하늘보다 더 높이 계신다. 그분은 모든 하늘보다 더 높이 승천하셨다. 그분은 항상 동일하신 분이며 연대가 다함이 없으신 분이다. "의복처럼 갈아입을 것이요, 그것들은 옷과 같이 변할 것이나 주는 여전하여 연대가 다함이 없으리라 하였으나"(히 1:12). "예수 그리스도는 어제나 오늘이나 영원토록 동일하시니라"(히 13:8).

우리의 대제사장은 우리가 율법 책에서 읽은 것과 같은 그런 사람이 아니시다. "누구든지 흠이 있는 자는 가까이 하지 못할지니 곧 맹인이나 다리 저는 자나 코가 불완전한 자나 지체가 더한 자나"(레 21:18). 예수님은 어떠한 더럽혀진 것도, 어떠한 불완전한 것도 없으신 분이다. 그분은 자신이 수행하기로 예정된 직무를 거부하시거나 그 과정에서 실패하실 분이 아니다. 그분은 우리를 위한 영원한 중보의 삶을 보여주고 계신다. 그분은 하나님께 나아온 우리를 온전히 구원하실 수 있는 분이다. 그분은 우리가 나아가기에 충분한 가치가 있는 분이다.

예수님의 대제사장 직무는 하나님이 만드신 것이다. 하나님이 약속하신 것이며, 제정하신 것이며, 부르신 것이며, 그리고 자격을 주신 것이다. 그러므로 아버지의 마음뿐만 아니라 그 아들의 마음 역시 우리를 지키는 것에 집중되어 있다. 예수님에게는 대제사장으로서의 완벽한 자격이 있다. 이러한 자격은 우리에게 영광스러운 영향으로 나타난다. "그러므로 우리는 긍휼하심을 받고 때를 따라 돕는 은혜를 얻기 위하여 은혜의 보좌 앞에 담대히 나아갈 것이니라"(히 4:16).

은혜의 보좌 앞으로
담대히 나아가라
—

우리는 앞에서 그리스도의 법적인 자격과 자연적인 자격에 관해서 이야기했다. 이제 우리는 그리스도의 대제사장 되시는 그러한 자격을 바탕으로 은혜의 보좌 앞으로 나아가도록 하는 강한 동기를 부여받는다. 그것은 은혜의 보좌 앞으로 나아간다면 우리가 궁핍한 때에 도움을 얻기 위한 은혜와 자비를 발견할 수 있다는 것이다. 우리가 만약 은혜의 보좌 앞에 나아가기만 한다면 도움을 받기 위한 은혜와 자비를 발견할 것이다. 우리는 여기서 고려해야 할 세 가지 일이 있다.

그것은 우리는 이 세상에 있는 동안 궁핍한 때에 충족되기를 원한다는 것이다. 그러나 우리의 궁핍한 때에 우리가 자신을 위해 할 수 있는 일은 아무것도 없다는 사실이다. 하지만 우리는 우리를 향한 하나님의 자비와 은혜를 오직 은혜의 보좌 앞에서 발견할 수 있다는 것이다. 그러므로 우리는 과거에 궁핍한 때에 경험했던 기억을 되살려 이제 기도를 통해 담대하게 은혜의 보좌 앞으로 나아가야 한다.

먼저, 우리는 궁핍한 때를 만나게 된다. 우리가 궁핍한 때에 충족되기를 원한다는 것은 하나님의 은혜를 받기 위해서 계속 보좌가 필요하다는 점이다. 이것은 우리에게 박차를 가하는, 즉 은혜의 보좌 앞에서 하나님을 향하여 전심으로 간구하도록 만드는 자극적인 동기부여이다. 이러한 궁핍한 때를 성경은 위험한 때, 사탄의 때, 어둠의 권세가 있을 때, 유혹의 시기, 구름과 어둠의 날이라고 부른다.

"너는 이것을 알라. 말세에 고통하는 때가 이르러"(딤후 3:1). "그러므로 하나님의 전신 갑주를 취하라. 이는 악한 날에 너희가 능히 대적하고 모든 일을 행한 후에 서기 위함이라"(엡 6:13). "광야에서 시험하던 날에 거역하던 것같이 너희 마음을 완고하게 하지 말라"(히 3:8). "목자가 양 가운데에 있는 날에

양이 흩어졌으면 그 떼를 찾는 것같이 내가 내 양을 찾아서 흐리고 캄캄한 날에 그 흩어진 모든 곳에서 그것들을 건져낼지라"(겔 34:12). "야곱이 바로에게 아뢰되 내 나그네 길의 세월이 백삼십 년이니이다. 내 나이가 얼마 못 되니 우리 조상의 나그네 길의 연조에 미치지 못하나 험악한 세월을 보내었나이다 하고"(창 47:9). "그러므로 내일 일을 위하여 염려하지 말라. 내일 일은 내일이 염려할 것이요, 한 날의 괴로움은 그날로 족하니라"(마 6:34).

참으로 우리의 인생 여정에 있는 모든 날은 일반적으로 악한 일로 가득 차 있다. 그렇다. 모든 날은 우리를 파괴하기 위한 사탄의 음모로 가득 차 있다. 사탄은 끊임없이 우리를 하나님의 은혜로부터 멀어지게 만든다. 이처럼 우리에게는 특별한 때, 곧 사탄의 유혹에 빠질 수 있는 궁핍한 때가 있다.

어린 시절과 청년 시절이 곧 궁핍한 때이다. 이러한 날들은 일반적으로 시온의 방향과 반대쪽에 서게 한다. 그날에는 우리에게 더 많은 사탄이 뒤따르게 된다. 지금 사탄은 우리를 파멸시키려 하고 있다. 그들은 으르렁대고 있다. 우리에게 죄를 부추기기 위하여 신음하면서 찾고 있다. 지금 우리를 유혹하고 위협하고 있으며, 우리에게 아첨하고 비난하고 있으며, 우리의 눈 속에 티끌을 던져 넣고 있으며, 우리의 잘못이 다른 성도들에게

독약이 되게 하고 있다. 이것이 바로 궁핍한 때이다.

그러나 그 어떠한 일도 주 예수 그리스도께서 오시는 것을 막을 수는 없다. 따라서 이와 같은 궁핍한 때를 만난 사람이 풍성한 은혜를 구해야 하는 것 아닌가? 당신이 사탄으로부터 포위당해 공격을 받는다면 당신에게 절대적으로 필요한 것은 무엇인가? 이처럼 궁핍한 때에 도움을 얻기 위한 은혜와 자비를 구하기 위해 은혜의 보좌 앞에 서 있어야 한다. 당신의 생애가 가치 있는 만큼 더욱 간절히 기도의 영을 구해야 한다. 지금 당신은 지옥으로부터 탈주하고 있는 것이다. 당신 앞에 놓인 소망을 잡고 피난처를 찾아 도피하고 있는 것이다. 당신은 당신의 뒤에서 나는 사탄의 신음을 듣게 될 것이다. 사탄은 쇠사슬이 짤그랑거리는 소리로 당신을 계속 위협할 것이다.

그러나 당신에게는 약속이 있다. 당신이 눈물 흘리면서 간구하며 하나님 앞에 나아올 때 당신을 인도해주실 것이라는 약속에 대한 믿음이 있다. 이것은 궁핍한 때의 한 모습이다. 지금 당신의 울타리는 낮아졌다. 지금 당신의 가지는 약해졌다. 지금 당신은 단지 봉오리를 맺기 위해서 움트고 있는 상태에 있다. 당신은 하나님의 크신 은총을 빌며 기도해야 한다.

번영의 때가 곧 궁핍한 때이다. 여기서 말하는 번영이란 영적인 번영을 의미한다. 사탄은 우리가 원하는 것이 있을 때 우리가 원하는 것을 갖고 얼마든지 유혹할 수 있다. 마찬가지로 우리가 영적 풍성함으로 가득 차 있을 때에도 우리를 난처하게 할 수 있다. "우리의 씨름은 혈과 육을 상대하는 것이 아니요, 통치자들과 권세들과 이 어둠의 세상 주관자들과 하늘에 있는 악의 영들을 상대함이라"(엡 6:12). 사탄은 가나안 땅뿐만 아니라 광야에 있는 우리에게도 얼마든지 함정에 빠뜨리는 말을 할 수 있다.

또한 우리가 선한 것을 받아들이고 있을 때뿐만 아니라 우리가 배고프고 공허한 시기에도 사탄은 우리를 함정에 빠뜨리는 말을 얼마든지 할 수 있다. 이와 같은 때 대부분은 위험하지 않은 것처럼 느껴진다. 사탄은 우리의 마음을 속이는 거짓말을 통해서 위험하지 않은 것처럼 보이게 만든다. 이스라엘에 위기가 닥쳤을 때는 하나님이 그들에게 약속의 땅, 포도원, 우물, 감람나무를 주셨을 때였다. 그들은 먹고 배불렀다. 그런 이스라엘 백성에게 모세는 주의하라고 경고하고 있다.

"네 하나님 여호와께서 네 조상 아브라함과 이삭과 야곱을 향하여 네게 주리라 맹세하신 땅으로 너를 들어가게 하시고, 네가 건축하지 아니한 크고 아름다운 성읍을 얻게 하시며, 네가 채우지 아니한 아름다운 물건이 가득한 집을 얻게 하시며, 네가 파지 아니한 우물을 차지하게 하시며, 네가 심지 아니한 포도원과 감람나무를 차지하게 하사 네게 배불리 먹게 하실 때에 너는 조심하여 너를 애굽 땅 종 되었던 집에서 인도하여 내신 여호와를 잊지 말고 네 하나님 여호와를 경외하며 그를 섬기며 그의 이름으로 맹세할 것이니라"(신 6:10-13).

그리고 다시금 이러한 이중적인 위기의 때에 대한 주의를 환기하고 있다. "네가 먹어서 배부르고 네 하나님 여호와께서 옥토를 네게 주셨음으로 말미암아 그를 찬송하리라. 내가 오늘 네게 명하는 여호와의 명령과 법도와 규례를 지키지 아니하고 네 하나님 여호와를 잊어버리지 않도록 삼갈지어다. 네가 먹어서 배부르고 아름다운 집을 짓고 거주하게 되며 또 네 소와 양이 번성하며 네 은금이 증식되며 네 소유가 다 풍부하게 될 때에 네 마음이 교만하여 네 하나님 여호와를 잊어버릴까 염려하노라. 여호와는 너를 애굽 땅 종 되었던 집에서 이끌어 내시고"(신 8:10-14).

이 모든 것은 영적으로 적용해야 한다. 앞에서도 말했던 것처럼 우리가 보기에 최상이라고 생각되는 그 속에 함정이 놓여 있기 때문이다. 만약 우리가 충만한 기쁨을 갖고 겸손을 유지하기 위한 은혜를 간구하는 기도를 잊어버리게 된다면 베드로가 하나님의 계시에 의해 주 예수님에 대한 지식을 가진 직후, 자기 고향으로 급히 돌아가는 꼴이 될 것이다.

우리가 세상의 좋은 것을 박탈당하고 허탈한 상태에 있게 될 바로 그때가 궁핍한 때이다. 그때는 온갖 유혹과 함정으로 가득 차 있는 때이다. 그때에 우리가 자신의 행동을 유의해서 보지 않는다면 사탄으로부터 양심과 하나님의 말씀을 버리라는 유혹을 받는 자신을 발견하지 못하게 될 것이다. 사탄이 위험한 일을 하도록 그 사람을 함정에 빠뜨릴 것이다. 그 때문에 그 사람은 자신의 모든 믿음과 신앙 고백에 관하여 공허하게 될 경향이 있다.

아굴은 다음과 같이 기도했다. "내가 두 가지 일을 주께 구하였사오니 내가 죽기 전에 내게 거절하지 마시옵소서. 곧 헛된 것과 거짓말을 내게서 멀리 하옵시며 나를 가난하게도 마옵시고 부하게도 마옵시고 오직 필요한 양식으로 나를 먹이시옵소서. 혹 내가 배불러서 하나님을 모른다 여호와가 누구냐 할까 하오며 혹 내가 가난하여 도둑질하고 내 하나님의 이름을 욕되게 할까 두려워함이니이다"(잠 30:7-9).

세상에는 우리가 빈곤에 처하게 되면 수반되는 많은 문제가 있다. 그중 하나가 악한 날이 함께한다는 것이다. 사탄은 마치 야위고 딱지가 생긴 양에 파리가 붙어서 분주한 것처럼 빈곤한 자에게 붙어 바쁘게 움직일 것이다. 변덕으로 가득 차 있는 사람에게 고통을 줄 것이다. 사탄은 우리로 하여금 부드러운 양심을 계속 보유하지 못하게 하고, 말씀과 약속에 대하여 값을 지급하지 못하게 하고, 우리 이웃의 것을 훔치게 할 것이다. 야굴은 이것을 경계했다. 그는 유혹으로부터 지켜달라고 하나님께 기도했다.

우리의 날들 속에는 이런 함정이 항상 도사리고 있다. 많은 경우 우리 자신이 사탄의 함정에 그냥 빠져들고 만다. 이러한 이유 때문에 우리는 궁핍한 때에 도움을 얻기 위하여 하나님께 은혜를 간구하는 습관을 갖지 못한다. 오히려 선한 일을 그만두며 사탄의 유혹에 빠져 스스로 가치 있는 삶을 포기하고 만다.

핍박의 날이 곧 궁핍한 때이다. 이것은 앞에서도 언급했듯 '어둠의 시간' '구름과 어둠의 날'이라고 불린다. 이날은 함정으로 가득 차 있고 모든 종류의 사탄으로 가득 차 있다. 우리를 두렵게 하고, 감옥과 같은 공포를 느끼게 하고, 선한 일과 생명을 잃어버리게 한다. 모든 일은 어둡기만 하며 불같은 시련이 온다. 그것은 우리로 하여금 기도할 수 없게 만든다. 제사장이신 예수 그리스도를 통해 은혜의 보좌 앞에 계신 하나님께 나아갈 수 없게 만든다. "그러므로 우리는 긍휼하심을 받고 때를 따라 돕는 은혜를 얻기 위하여 은혜의 보좌 앞에 담대히 나아갈 것이니라"(히 4:16).

삶의 상황이 변화되고 새로운 관계에 들어가려고 하는 바로 그때가 곧 궁핍한 때이다. 그때에 또한 함정과 덫이 우리를 기다리고 있다. 이제 막 새로운 가정을 꾸미고 신혼의 단꿈에 젖어 있는 젊은 남녀가 있다. 그들은 처음에는 그 새로운 변화 앞에서 기도할 것이다. 그러나 곧 기도하기를 멈출 것이다. 왜냐하면 그들은 종종 그 속에 숨겨진 함정에 빠져 삶이 파괴되거나 몰락하게 되기 때문이다. 사람들은 이러한 변화 속에 새로운 함정, 새로운 근심, 새로운 유혹이 숨어 있다는 사실을 모르고 있다. 그런 이유로 그들이 알지 못하는 것을 조심하지 않았기 때문에 그들은 순식간에 지옥에 떨어지며 파멸될 것이다. 나는 그 속에 함정이 숨겨져 있다는 사실을 의심하지 않는다.

때때로 변화는 우리에게 가장 중요한 것으로, 희망찬 것으로 보인다. 그러나 그 속에 우리의 불이 곧 꺼져 가고 램프의 기름이 다해 가는 위험이 도사리고 있다. 그 위험에 빠진 사람들은 자신에게 빛을 비추는 사역자에게서, 그들을 일깨워주고 즐겁게 해주었던 온정 있는 그리스도인에게서 얼마나 빨리 그들의 사랑을 거두어들일까? 함정은 우리로 하여금 새로운 친구, 새로운 동료, 새로운 길, 그리고 삶에 대한 새로운 방법 등 어리석은 마음을 충동질하는 새로운 즐거움을 빨리 발견하게 한다! 그런 까닭에 우리는 이 말씀에 귀 기울여야 한다. "그러므로 우리는 긍휼하심을 받고 때를 따라 돕는 은혜를 얻기 위하여 은혜의 보좌 앞에 담대히 나아갈 것이니라"(히 4:16).

신앙 고백자들이 부패되어 있을 때가 곧 궁핍한 때이다. 신앙을 가진 어린아이에서 어른에 이르기까지 만연된 모든 습관적인 공상이나 어리석은 짓은 그 속에 위험성을 동반한다. 그럴 때 우리는 기도해야 한다. 그렇지 않으면 죽게 될 것이다. 우리는 부패한 사람들, 습관적인 헛된 행동을 하는 사람들, 어리석은 공상을 하는 사람들, 세상을 따라 가볍고 헛된 행동을 하는 사람들을 위해 기도해야 한다. 그들은 뻔뻔스럽게 우리의 문을 두드릴 것이다. 그리고 우리 곁에서 유혹의 향내를 풍길 것이다.

죄책감 때문에 하나님 앞에서 숨어 있을 때가 곧 궁핍한 때이다. 그때는 매우 위험하다. 만약 당신이 지금 기도를 중단하고 있다면 당신은 참 그리스도인으로 완성되지 못할 것이다. 죄책감의 자연적인 성향은 하나님에게서 당신을 쫓아내는 것이기 때문이다. 실제로 그 죄책감은 우리의 첫 조상을 유혹했다. 그로 말미암아 우리 조상은 하나님 앞에서 숨었고, 결국 하나님도 그 얼굴을 숨기셨다. 그 후 조상은 자포자기 상태에 빠졌다. 모든 책임감을 포기했다.

"무리와 말을 할 때에 그 사자가 그에게 이르니라. 왕이 이르되 이 재앙이 여호와께로부터 나왔으니 어찌 더 여호와를 기다리요"(왕하 6:33). 이러한 궁핍에 대항하기 위한 우리의 중요한 도움은 기도이다. 즉 계속해서 기도하는 것이다. 기도는 사탄과 씨름하는 것이며, 사탄을 끌어내려 굴복시키는 것이며, 사탄의 온갖 궤계를 극복하는 것이다.

기도는 모든 유혹과 씨름하는 것이다. 기도는 그 유혹으로 하여금 멀리 날아가 버리게 한다. 위대한 일은 기도로, 심지어 죄책감이 일어난 사람들의 기도로 이루어졌다. 하나님에 대한 은혜의 감격과 미소를 잃어버린 죄인들에 의하여 이루어졌다. 그러므로 당신도 이러한 궁핍의 때, 이러한 사탄의 때를 당신의 기도로 능히 돌파할 수 있다. "그러므로 우리는 긍휼하심을 받고 때를 따라 돕는 은혜를 얻기 위하여 은혜의 보좌 앞에 담대히 나아갈 것이니라"(히 4:16).

책망과 비방받을 때가 곧 궁핍한 때이다. 이러한 날에 우리는 은혜를 간절히 원해야 한다. 때때로 우리는 책망, 비방, 스캔들, 거짓말 등이 가득한 날을 만나게 된다. 예수님도 자신에게 나타난 책망의 날, 견딜 수 없도록 무거운 날을 발견했다. 하나님을 향하여 조용히, 열심히 기도하는 많은 신앙 고백자들도 그런 날을 만났다. 시편 기자는 이러한 날에 대해 이렇게 고백한다. "내가 주를 위하여 비방을 받았사오니 수치가 나의 얼굴에 덮였나이다"(시 69:7). 시편 기자에게 내던져진 책망은 마치 그가 돌에 맞아 완전히 죽은 것과 같은 느낌일 것이다. 지금 우리는 우리에게 떨어진 무거운 책망 때문에 실패하거나 쇠약해지지 않도록 자비와 은혜를 구하기 위해 은혜의 보좌 앞에서 열심히 기도해야 한다.

친구들이 우리 때문에 시험에 빠져 믿음을 버리거나 떠나는 때가 곧 궁핍한 때이다. 그것은 가끔 좋은 사람들에게서도 일어난다. 그것은 예수님과 바울, 욥에게도 일어났다. 그것은 이 세상의 많은 하나님의 종들에게서도 일어났다. 그들은 그때에 괴로워하고 슬퍼했다. 제자들도 마찬가지였다. "그때부터 그의 제자 중에서 많은 사람이 떠나가고 다시 그와 함께 다니지 아니하더라"(요 6:66).

욥은 그러한 상황에서 다음과 같이 불평했다. "나의 형제들이 나를 멀리 떠나게 하시니 나를 아는 모든 사람이 내게 낯선 사람이 되었구나. 내 친척은 나를 버렸으며 가까운 친지들은 나를 잊었구나. 내 집에 머물러 사는 자와 내 여종들은 나를 낯선 사람으로 여기니 내가 그들 앞에서 타국 사람이 되었구나. 내가 내 종을 불러도 대답하지 아니하니 내 입으로 그에게 간청하여야 하겠구나. 내 아내도 내 숨결을 싫어하며 내 허리의 자식들도 나를 가련하게 여기는구나. 어린아이들까지도 나를 업신여기고 내가 일어나면 나를 조롱하는구나. 나의 가까운 친구들이 나를 미워하며 내가 사랑하는 사람들이 돌이켜 나의 원수가 되었구나"(욥 19:13-19).

그때에 우리는 광야에 있는 펭귄처럼, 사막에 있는 올빼미처럼, 혹은 지붕 꼭대기에 있는 참새처럼 불쌍하고 쓸쓸할 것이다. 만약 우리가 지금 예수님을 통해서 기도함으로 은혜의 보좌 앞에 나아갈 수 없다면, 그곳에서 드리는 간구가 은혜를 가져올 수 없다면 우리는 무엇을 할 수 있겠는가? 우리는 우리 자신의 힘만으로 살 수 없다. "내 안에 거하라. 나도 너희 안에 거하리라. 가지가 포도나무에 붙어 있지 아니하면 스스로 열매를 맺을 수 없음 같이 너희도 내 안에 있지 아니하면 그러하리라"(요 15:4).

죽음의 때가 곧 궁핍한 때이다. 정말로 죽음은 죽음이고 무덤은 무덤이다! 우리는 우리의 주검이 육체와 영혼으로 나뉜 것을 보기 시작했다. 그리고 하나님 앞에 나타나는 것을 보기 시작했다. "또한 그런 자들은 높은 곳을 두려워할 것이며 길에서는 놀랄 것이며 살구나무가 꽃이 필 것이며 메뚜기도 짐이 될 것이며 정욕이 그치니, 이는 사람이 자기의 영원한 집으로 돌아가고 조문객들이 거리로 왕래하게 됨이니라"(전 12:5).

어둠에 들어갈 때, 거룩한 하늘 문 앞에서 임종이라고 하는 그 시점에 있을 때, 우리의 마음은 건강한 육체로 있을 때보다 더 그리스도 앞에 가까이 가 있다. 그러므로 이러한 때가 바로 진정한 시련의 때, 궁핍의 때와 같은 것이다.

분별 있는 신중한 사람은 이런 죽음의 날을 대비하여 은혜를 자신의 창고에 비축해두는 일을 전 생애의 가장 중요한 관심사로 만든다. 반면에 아무런 준비도 없이 어느 날 갑자기 차디찬 죽음을 맞는 사람은 손으로 자신의 얼굴과 가슴을 어루만지면서 쓰다듬어야 할 뿐이다. 피는 젤리 모양으로 굳어지고, 은으로 만든 끈은 풀리고, 금으로 만든 항아리는 깨어질 것이다. "은줄이 풀리고 금 그릇이 깨지고 항아리가 샘 곁에서 깨지고 바퀴가 우물 위에서 깨지고"(전 12:6). 이러한 동기부여는 우리로 하여금 때를 따라 돕는 은혜와 자비를 얻기 위하여 은혜의 보좌 앞으로 담대히 나아가도록 권면하고 있다.

둘째, 은혜에 대한 지속적인 간구는 우리가 축복을 받기 위해서 필수적이라는 것이다. 앞에서 우리는 궁핍의 때에 우리가 할 수 있는 일은 아무것도 없으며, 오직 할 수 있는 것은 은혜와 자비를 얻기 위하여 계속해서 간구하는 일뿐임을 보았다. 성령은 우리로 하여금 자비와 은혜를 얻게 하려고 은혜의 보좌 앞으로 이끌고 계신다. 성령은 이러한 목적을 갖고 궁핍의 때를 언급함으로써 우리를 은혜의 보좌 앞으로 이끌고 계신다. 우리는 그곳에서 진정한 자비와 은혜를 얻게 될 것이다.

그러기에 기도를 통하여 받는 자비와 은혜는 위대하다. 자비! 그것으로 우리는 예수님을 통해서 계속 용서의 증거를 갖게 된다. 그것 없이는 구원도 없다. 은혜! 그것으로 우리는 그리스도인으로 인정받고, 우리의 궁핍의 때에 격려와 지원을 받으며, 마침내 위험을 극복하게 될 것이다. 그것 없이는 구원도 없다. 자비와 은혜를 통해 우리는 하늘의 모든 것을 수여받게 될 것이며 깨끗해질 것이다. "나의 의인은 믿음으로 말미암아 살리라. 또한 뒤로 물러가면 내 마음이 그를 기뻐하지 아니하리라 하셨느니라. 우리는 뒤로 물러가 멸망할 자가 아니요, 오직 영혼을 구원함에 이르는 믿음을 가진 자니라"(히 10:38-39).

또한 우리는 자비로써 용서함을 받는다. 우리의 모든 것이 타락하고, 돌이킬 수 없는 잘못을 저질렀으며, 끊임없이 실패하고 있고, 이루 말할 수 없는 연약함이 있음에도 하나님의 자비로써 용서함을 받는다. 이러한 자비 때문에 우리는 기도해야만 한다. "우리 아버지여 우리의 부정한 죄를 용서하여 주옵소서"라고 기도해야 한다. "그러므로 너희는 이렇게 기도하라. 하늘에 계신 우리 아버지여 이름이 거룩히 여김을 받으시오며 나라가 임하시오며 뜻이 하늘에서 이루어진 것같이 땅에서도 이루어지이다. 오늘 우리에게 일용할 양식을 주시옵고 우리가 우리에게 죄 지은 자를 사하여 준 것같이 우리 죄를 사하여 주시옵고"(마 6:9-12).

그러나 성경이 "그러므로 우리는 긍휼하심을 받고 때를 따라 돕는 은혜를 얻기 위하여 은혜의 보좌 앞에 담대히 나아갈 것이니라"고 말하고 있는 것처럼 하나님의 자비는 분명 주 예수 그리스도를 통하여 하나님의 보좌로부터 우리에게까지 확장된 것이다. 그것은 궁핍의 때 악한 날에 우리에게 찾아오는 것으로써 모든 연약한 사람들에게 관용과 용서함을 주기 위한 것이다. 우리는 그것을 통해 하나님께 나아가는 것이다.

다윗의 기도 속에 이에 대한 고백이 담겨 있다. "내 평생에 선하심과 인자하심이 반드시 나를 따르리니 내가 여호와의 집에 영원히 살리로다"(시 23:6). "여호와여 나의 발이 미끄러진다고 말할 때에 주의 인자하심이 나를 붙드셨사오며"(시 94:18). 이 세상은 우리를 도와줄 수 없다. 우리의 중요한 부분, 우리의 지식, 우리의 공적, 우리의 은혜는 이 세상을 통해서 우리에게 전달될 수 없다. 오히려 그것은 하나님의 용서하시는 자비 없이는 우리가 지옥에 빠질 것이라고 하는 죄책감만 줄 뿐이다.

우리의 행함을 통해 받을 수 있는 것은 은혜가 아니다. 하나님의 용서하시는 자비 외에는 그것을 할 수 있는 일이 아무것도 없는 것이 은혜이다. 우리가 가진 모든 자비는 불완전하므로 흠 없는 순종을 만들어낼 수 없다. 그것은 흠 없는 순종이 아니기에 하나님의 자비로써 계속 관용과 용서가 반드시 뒤따라야 할 필요가 있다.

그러므로 사도들은 우리가 이 땅에서 이러한 헛된 삶을 살기 좋아하는 한 계속 자비를 얻을 수 있는 은혜의 보좌 앞으로 나아오도록 우리에게 책임을 지울 것이다. 그 자비는 우리의 전 생애를 통해서 얻어야 할 것이다. 그곳에는 책임도 없으며 오직 우리의 부정한 죄를 제거하기 위해서 뒤좇아 갈 자비의 필요성만 있을 뿐이다. 우리는 보좌 외에 어디서도 그렇게 깨끗한 자비를 받을 수 없다. 우리는 그렇게 겸손하게, 그렇게 쉽게, 그렇게 기쁘게, 그리고 우리가 했던 것과 같은 감사함으로 자비를 받을 수가 없다. 그러므로 우리의 이러한 필요성 때문에 하나님이 죄인들을 용서하시는 또 다른 행동의 자비가 있어야 한다.

　그것은 우리가 자비를 얻기 위하여 하나님께 나아가 요구해야 할 가장 중요한 은혜이다. 그것은 하나님이 우리를 위하여 은혜의 보좌, 희생제물, 대제사장, 그리고 그렇게 많은 자비를 제공해 주시고, 우리로 하여금 담대하게 나아오도록 초청하시는 이루 말할 수 없는 선한 것이다. 그것은 우리로 하여금 자비를 얻기 위하여 보좌 앞에 나아오도록 일깨우실 목적으로 궁핍의 때와 사탄의 때에 관한 항목과 통고를 주심으로써 우리를 더욱더 가까이 이끄시는 하나님의 친절이다.

　앞에서도 암시했던 것처럼 은혜의 보좌와 우리의 대제사장이신 예수 그리스도는 둘 다 우리의 불완전 상태를 설명해주고 있다. 그것은 우리가 부르심을 받은 것이, 아직 남아 있는 연약함을 방해하기 위한 것이 아니라 영원한 상속권을 얻게 하기 위한 것임을 우리에게 보여주는 것이다. 칭의 안에 남아 있는 이 같은 연약함, 잘못, 그리고 실패는 우리 안에, 우리 위에서 발견된다. 그것은 우리에게 수반되는 자비와 용서의 과정에서 나타나는 것이다. 이것은 하나님의 백성이 자신의 불완전성에 관한 이해로 낙심되지 않도록 간접적으로 알리는 것이다. 우리로 하여금 믿음을, 소망을, 그리고 기도를 버리게 되는 것과 같은 그러한 낙심을 하지 말라고 말하는 것이다. 왜냐하면 은혜의 보좌가 우리에게 제공되어 있기 때문이다. 그곳에서 우리는 자비, 즉 죄인들을 용서하시는 자비를 위해 계속해서 도움을 청해야만 한다. 우리는 그렇게 해야만 한다.

셋째, 우리가 그곳에서 자비를 얻는 것처럼 그곳에서 은혜를 발견하게 된다. 우리가 자비를 얻었다는 것은 은혜를 발견하게 될 것이라는 예시이다. 자비와 은혜는 함께 있다. 그러나 먼저 자비를 발견해야만 한다. 하나님은 예수님에 의하여 자비의 영을 먼저 받지 않은 사람들에게 은혜의 영을 주시지 않는다. 만약 예수님이 하나님처럼 우리를 용서해 주시고 양자로 삼는 것을 그만두신다면 우리는 은혜를 받지 못한다. 그러나 우리가 용서함을 받기 위한 자비를 얻게 되었을 때 우리는 또한 우리를 회복시키기 위한 은혜를 발견하게 된다. 먼저 자비를 얻고 그때 은혜를 발견하는 것이다. 여기서 은혜는 하나님이 우리 안에 거주하시기 위해서 우리에게 약속하셨던 바로 그 은혜이다.

"그러므로 우리가 흔들리지 않는 나라를 받았은즉 은혜를 받자. 이로 말미암아 경건함과 두려움으로 하나님을 기쁘시게 섬길지니"(히 12:28). "그러나 더욱 큰 은혜를 주시나니 그러므로 일렀으되 하나님이 교만한 자를 물리치시고 겸손한 자에게 은혜를 주신다 하였느니라"(약 4:6). "진실로 그는 거만한 자를 비웃으시며 겸손한 자에게 은혜를 베푸시나니"(잠 3:34). "젊은 자들아 이와 같이 장로들에게 순종하고 다 서로 겸손으로 허리를 동이라. 하나님은 교만한 자를 대적하시되 겸손한 자들에게는 은혜를 주시느니라"(벧전 5:5).

이 말씀들 속의 은혜는 이미 주어진 은혜, 혹은 이미 받은 은혜이다. 하나님이 우리를 위해 계획하셨던 구원의 완전성을 위하여 계속해서 간구하시는 그러한 은혜의 뿌리, 은혜의 원리들이다. 그 은혜는 사탄의 사자가 바울을 괴롭히기 위해서 보내졌을 때 바울이 위로를 받았던 바로 그것이다. 예수님으로부터 은혜를 받은 바울은 다음과 같이 말한다. "나에게 이르시기를 내 은혜가 네게 족하도다. 이는 내 능력이 약한 데서 온전하여짐이라 하신지라. 그러므로 도리어 크게 기뻐함으로 나의 여러 약한 것들에 대하여 자랑하리니 이는 그리스도의 능력이 내게 머물게 하려 함이라"(고후 12:9).

예수님이 바울에게 말씀하신 것처럼 은혜는 우리를 절대로 의기소침하게 만들지 않는다. 나는 은혜가 우리를 굳건히 서 있게 하고 시험을 극복해 나가도록 하기 위한 모든 것을 갖고 있다고 생각한다. 그 은혜에 의하여 우리는 모든 것을 공급받게 될 것이고 강건하게 될 것이며 위로받게 될 것이다. 그리고 우리를 무겁게 억누르는 모든 것이 여전히 존재함에도 승리의 삶을 살 수 있게 된다.

그러나 여기서 분명히 주목해야 할 것은 은혜는 우리가 기도하는 중에 나타난다는 사실이다. 바울은 그것 때문에 하나님께 세 번이나 기도했다. "하나님이 능히 모든 은혜를 너희에게 넘치게 하시나니 이는 너희로 모든 일에 항상 모든 것이 넉넉하여 모든 착한 일을 넘치게 하게 하려 하심이라"(고후 9:8).

은혜를 받으면 우리는 세상의 눈이 아니라 은혜의 눈을 통해 우리 삶의 영적인 의미를 보게 된다. 우리는 이것을 통해 내적으로 강건해지고 모든 선한 일을 풍성하게 만들기 위한 계속된 간구를 함으로써 은혜의 원리를 알게 될 것이다. 그러므로 우리의 모든 연약함을 용서받기 위하여 은혜의 보좌 앞에 자비가 있는 것처럼, 그곳에는 또한 그분 앞에서 모든 선한 발걸음으로 삶을 살게 하려고 우리를 더욱더 강하게 할 은혜가 있다. 하나님은 더욱더 많은 은혜를 주셨다. 그러므로 예수님을 통해 풍성한 은혜를 갖고 인생을 주관하게 될 때 그것은 몇 가지 사실을 우리에게 가르쳐준다.

먼저, 인간 본성으로는 하나님께 예배드릴 수 없다는 사실을 가르쳐준다. 본성은 오히려 은혜를 제거해야 할 것으로 여긴다. 누구도 은혜 없이 올바르게 일을 마칠 수 있는 사람은 없다. 은혜 없이는 복음의 책임을 일부분, 아니 한 조각이라도 완수할 수 없다. "그러나 내가 나 된 것은 하나님의 은혜로 된 것이니 내게 주신 그의 은혜가 헛되지 아니하여 내가 모든 사도보다 더 많이 수고하였으나 내가 한 것이 아니요 오직 나와 함께 하신 하나님의 은혜로라"(고전 15:10).

그 무엇이 이 말씀보다 더 아름답겠는가! 바울은 자신의 본성을 철저히 부인하고 있다. 그는 정말로 복음을 위해 희생제물이 된 사람이다. 그러나 그는 자신이 이루어 놓은 위대한 모든 일이 아무것도 아닌 것처럼 결론짓고 있다. 그것은 오직 그 안에 있는 하나님의 은혜로 말미암아 완성된 것이라고 말한다.

본성은 그것이 아무리 희생적이라 할지라도 하나님을 찬양하기 위해서 그 자체로 할 수 있는 것이 아무것도 없다. 모든 거룩한 사람은 이러한 경험이 있다. 그들은 가끔 할 수 있는 것을 항상 할 수 있는가? 그들은 항상 한결같으신 하나님 앞에서 기도하며, 신뢰하며, 사랑하며, 두려워하며, 회개하며, 고개 숙여 절할 수 있는가? 아니다.

왜 그럴까? 그들도 똑같은 인간이며, 똑같은 인간성을 지니고 있으며, 똑같은 성도이기 때문이다. 은혜는 항상 똑같은 정도와 크기로 인간, 자연인, 성도에게 작용하지 않는다. 그러므로 은혜가 존재하고 있음에도 모든 일을 항상 똑같이 할 수 없는 것이다. 본성은 하나님이 받으실 만한 중요한 방법으로부터 떠나려는 기질이 있기 때문이다. 이미 순화된, 정결하게 된, 그리고 거룩하게 된 자연인도 은혜의 영과 원리에 따른 계속적이고 직접적인 공급, 비축, 도움이 없이는 아무것도 할 수 없다.

다음으로, 본성은 은혜 없이는 하나님 앞에 받아들여질 만한 어떠한 일을 하거나 그것 때문에 은혜받을 수 없다는 사실을 가르쳐준다. "그러므로 우리는 긍휼하심을 받고 때를 따라 돕는 은혜를 얻기 위하여 은혜의 보좌 앞에 담대히 나아갈 것이니라." 당신은 이런 질문을 할지 모른다. "만약 은혜를 받았다면 무엇이 더 필요한가? 우리는 필요한 것을 더 많이 얻기 위해서 무슨 기도를 해야 하는가? 더 많은 것을 얻기 위해서 이미 은혜의 보좌 앞에 나아간 우리에게 무엇이 더 필요한가?"

물론 은혜에 따른 현재의 공급은 우리의 필요와 일과 책임을 수행할 수 있도록 우리를 도와주기에 적합하다. 그러나 우리가 갖고 싶어 하는 모든 필요가 겨우 현재의 필요밖에 없는가? 우리가 이 세상에서 해야 하는 모든 일이 현재의 일밖에 없는가? 우리가 받은 은혜가 현재의 일을 할 수 있도록 우리를 도와줄 수 있어도 기도 없이는 앞으로 더 많은 일을 하도록 우리를 도와줄 수 없다.

그런 까닭에 바울은 그가 계속 일하는 것은 그가 받는 도움, 즉 하나님의 계속된 도움을 통해서 하는 것이라고 말한다. "하나님의 도우심을 받아 내가 오늘까지 서서 높고 낮은 사람 앞에서 증언하는 것은 선지자들과 모세가 반드시 되리라고 말한 것밖에 없으니"(행 26:22). 우리가 매일 우리의 일을 하더라도 그 필요를 충족받기 위해서 날마다 하나님께 간청해야 한다.

현재 하나님의 은혜에 대한 섭리는 좋은 고기, 제철에 내린 알맞은 비, 혹은 주머니 속에 있는 돈이다. 이러한 모든 것은 현재의 필요를 만족시켜 줄 것이다. 그러나 지난주에 먹었던 맛있고 좋은 고기가 우리로 하여금 그날이 영원히 세상에서 제일 좋은 날이 되도록 할 수 있겠는가? 지난해에 내렸던 제철의 알맞은 비만으로 더 많은 공급함 없이 지금 막 자라나고 있는 곡물과 잔디를 계속 키울 수 있겠는가? 우리가 과거에 공급받았던 돈이 더 많은 공급함 없이 미래에도 우리를 풍족하게 할 수 있겠는가? 아니다. 계속해서 공급되어야만 한다. 하나님이 "더욱 큰 은혜"(약 4:6)를 주시기 때문에 반드시 공급받아야 한다.

은혜는 뿌리가 그 가지를 유지하고 있는 것과 같은 활력을 준다. 그 활력이 멈춘다면 그 가지는 시들어 말라죽을 것이다. 그러므로 그 공급은 연합된 곳에서 멈추지 않을 것이다. 그 뿌리로부터 그 가지가 공급받는 것처럼 예수님으로부터 우리에게 계속 은혜의 공급이 이루어진다. 만약 그렇게 된다면 "우리가 다 그의 충만한 데서 받으니 은혜 위에 은혜"(요 1:16)이다.

은혜의 날은 값진 날이다. 우리는 이 세상에서 나그네, 혹은 외국인이라고 불린다. 즉 우리는 여기저기로, 이곳에서 저곳으로, 이런 시련에서 저런 시련으로 다니는 여행자이다. "이 사람들은 다 믿음을 따라 죽었으며 약속을 받지 못하였으되 그것들을 멀리서 보고 환영하며 또 땅에서는 외국인과 나그네임을 증언하였으니"(히 11:13).

여행자가 오늘 묵을 여인숙에서 새로운 돈을 쓰는 것처럼 새로운 유혹에 직면해 있는 우리도 새로운 은혜를 공급받아서 써야 한다. 현명한 아버지는 자기 아들이 여행자로 있을 때 그 기간에 사용하기에 충분한 돈을 준비한다. 그리고 자기 아들을 위하여 모든 때 모든 장소에서 모자람 없이 지급하겠다고 약속한다. 아버지를 통해 아들의 필요가 충족되는 것이다. 아버지의 끊임없는 공급 덕에 아들은 바다 너머 아버지 집으로부터 아주 멀리 떨어진 곳을 여행할 수 있는 것이다.

하나님 아버지는 이 같은 장소에서, 이 같은 나라에서, 혹은 이 같은 유혹에서 구출해 주시기 위해 은혜를 예비하셨다. 아버지가 아들의 지갑이 텅 비어 있음을 알고 도움을 청해 오기를 기다리는 것처럼, 지금 어려운 문제로 씨름하고 있음을 알려주기를 기대하는 것처럼 하나님 아버지도 은혜의 보좌 앞에서 그리스도로 말미암아 우리의 필요를 간구하기를 기대하고 계신다. "그러므로 우리는 긍휼하심을 받고 때를 따라 돕는 은혜를 얻기 위하여 은혜의 보좌 앞에 담대히 나아갈 것이니라"(히 4:16).

이것은 왜 우리가 진정으로 하나님의 은혜를 소유해야 하는지에 대한 이유를 보여주고 있다. 그러나 우리는 이 세상에서 비뚤어지게 걷고 있으며, 연약하게 행동하고 있으며, 너무나 지루한 삶을 살고 있다. 우리는 더욱더 나은 삶을 유지하게 될 때도 변변찮은 행동으로 처신하며 더욱더 사치스러운 생활에 빠져든다. 우리가 원하고 있는 것을 하나님이 다 알고 계신다고 방심해서는 안 된다. 그런 이유 때문에 우리는 뒤축이 다 닳아서 없어진 구두를 신고, 구멍 난 양말을 신고, 닳아빠진 초라한 재킷을 입고 다니는 것이다.

이것은 진정으로 할례받지 못한 하나님의 자녀에 대한 상징이다. 이것은 두려움에 빠진 모든 사람, 그리고 많은 성도들의 실패에 대한 이유를 보여주는 것이다. 우리는 일어나는 일을 그냥 관망했어야 하는 것이 아니라 우리의 삶을 떠받치기 위한 은혜의 공급을 위하여 기도했어야 했다. 우리는 다윗처럼 너무 경솔하고, 베드로처럼 너무 확신에 차 있고, 예수님의 제자들처럼 너무 잠에 취해 있다. 그러므로 유혹이 우리에게 다가오는 것이다. 그것은 우리가 부분적으로 원하는 것, 적은 경험, 하나님의 문제에 대한 적은 지식 때문이다. 우리는 더욱더 낮게 서서 처신할 때 우리가 걸치고 있는 옷이 더 희어질 수 있다.

그러므로 우리는 항상 때를 따라 주시는 도움을 얻어야 한다. 우리는 어떻게 흠 없는 삶을 살 수 있을까? 우리는 자비를 얻어야 하며 그다음 때를 따라 도우시는 은혜를 발견해야 한다. "너희는 말세에 나타내기로 예비하신 구원을 얻기 위하여 믿음으로 말미암아 하나님의 능력으로 보호하심을 받았느니라. 그러므로 너희가 이제 여러 가지 시험으로 말미암아 잠깐 근심하게 되지 않을 수 없으나 오히려 크게 기뻐하는도다. 너희 믿음의 확실함은 불로 연단하여도 없어질 금보다 더 귀하여 예수 그리스도께서 나타나실 때에 칭찬과 영광과 존귀를 얻게 할 것이니라. 예수를 너희가 보지 못하였으나 사랑하는도다. 이제도 보지 못하나 믿고 말할 수 없는 영광스러운 즐거움으로 기뻐하니 믿음의 결국, 곧 영혼의 구원을 받음이라. 이 구원에 대하여는 너희에게 임할 은혜를 예언하던 선지자들이 연구하고 부지런히 살펴서 자기 속에 계신 그리스도의 영이 그 받으실 고난과 후에 받으실 영광을 미리 증언하여 누구를 또는 어떠한 때를 지시하시는지 상고하니라"(벧전 1:5-11).

오늘날 신앙 고백의 가장 위대한 부분은 우리가 지은 죄를 자백하고 용서를 구하는 것이다. 만약 우리가 우리의 믿음, 미덕 등을 더욱 강하게 하려고 더 많은 은혜를 소유한다면 우리는 더욱더 평화로울 것이며 더욱더 나은 삶을 살 수 있을 것이다. "감사로 제사를 드리는 자가 나를 영화롭게 하나니 그의 행위를 옳게 하는 자에게 내가 하나님의 구원을 보이리라"(시 50:23).

더욱더 많은 은혜를 위하여 은혜의 보좌 앞에서 끊임없이 공급받지 않으면 이 평화는 이루어질 수 없다. 이것은 왜 모든 새로운 유혹이 당신에게 다가오고 있는지에 관한 이유이다. 당신은 당신의 그림자를 희미하게 고수하도록 하는 죄책감으로부터 회복하게 하는 새로운 변화가 필요할 것이다. 더욱이 새로운 유혹, 갑작스러운 유혹, 예상하지 않았던 유혹은 일반적으로 자기 자신을 잘 관찰하지 않는 사람들에게 찾아온다.

그러기에 우리는 때를 따라 돕는 은혜를 발견해야 한다. 은혜는 우리가 아주 큰 시련 아래 있을 때 우리를 도와줄 은혜의 보좌를 발견한다. "찾으라. 그리하면 찾아낼 것이요"(마 7:7). 그것이 여기에 있다. 여기서 발견할 수 있다. 여기서 그것을 찾는 영혼, 하나님을 찾는 영혼이 발견하게 될 것이다. 그런 까닭에 나는 내가 처음에 시작한 말로 결론을 내리려고 한다. "그러므로 우리는 긍휼하심을 받고 때를 따라 돕는 은혜를 얻기 위하여 은혜의 보좌 앞에 담대히 나아갈 것이니라"(히 4:16).

| **에필로그** | 이 책을 통해 들려주는 여섯 가지 교훈

우리는 이제까지 은혜의 보좌에 대해 말했던 것과 또한 그것이 무엇을 보여주고 있는지에 대해 기억해야 한다. 우리는 희생제물로서의 예수 그리스도에 대해 말했다. 그리고 예수님이 어떻게 은혜의 보좌 앞에서 대제사장의 직분을 수행하고 계신지에 대해서도 말했다. 그것이 우리의 긴 인생행로 가운데 무슨 유익을 주는지도 말했다.

첫째, 이러한 모든 것은 우리에게 죄는 두려운 일이라는 교훈을 준다. 우리는 죄로부터 구원을 받아야만 한다.

그렇다면 악령과 죄는 무슨 관계일까? 죄는 그들을 악령에 사로잡히게 한다. 하늘과 땅 사이에 있는 그 어느 것도 악령으로부터 죄인을 자유롭게 할 수 없다. 죄 때문에 악령에게 매인 사람은 그들을 창조하신 하나님뿐만 아니라 그들 자신까지 완전히 파멸시키려고 한다. 그들은 자신을 위해 선한 것을 계획할 수 없다. 그들은 선한 것이 그들 자신에게 영원히 해가 되는 것으로 생각한다. 죄는 아주 빠르게 그들을 둘러싸고 있다. 그들은 거기에서 스스로 빠져나올 수 없다. 하나님의 아들 예수 그리스도, 오직 한 분만이 그들을 사로잡고 있는 죄를 정복하실 수 있다.

죄는 사람을 믿고 일어서서 사람들로 하여금 하나님의 적이 되게 하며 그 자신의 구원에도 적이 되게 함으로써 승리를 거두기도 한다. 즉 그를 붙잡고 있는 것, 그를 사로잡고 있는 것, 하나님으로부터 그의 마음과 의지와 가슴을 휩쓸어 빼앗는 것, 그로 하여금 헛된 것을 선택하도록 하는 것, 그리고 영원한 지옥에 떨어질 천벌의 위험을 무릅쓰게 하는 것, 함께 즐거워하고 함께 기뻐하는 것으로부터 죄는 승리를 얻어내기도 한다.

그러나 하나님이 이러한 악한 영을 남겨 두신 이유는 영원한 어둠의 속박 아래서 심판하시기 위함이다. 예수님을 통해서 우리를 구속하고 화해시키려고 고안된 것이다. 이것은 이 책의 앞부분에서 논의되었던 것이다. 내가 말하려고 하는 것은 죄가 무슨 일을 하고 있는지, 악령과 악령의 주인이 무슨 일을 하고 있는지를 확실히 알아야 하는 것처럼 오직 하나님의 자비, 하나님의 사랑하는 아들의 마음속에 있는 보혈만을 붙잡는 것이 중요하다는 것이다.

둘째, 영혼의 구속은 귀한 일이다. "그들의 생명을 속량하는 값이 너무 엄청나서 영원히 마련하지 못할 것임이니라. …존귀하나 깨닫지 못하는 사람은 멸망하는 짐승 같도다"(시 49:8,20). 그리스도는 바로 이처럼 우리 영혼의 구속을 위하여 대제사장이 되셨으며, 희생제물이 되셨으며, 제단이 되셨으며, 은혜의 보좌가 되셨던 것이다. 예수님은 죄, 저주, 죽음, 그리고 영원한 지옥으로부터 우리를 구출해내기 위해 반드시 필요한 분이시다. 만약 우리가 영혼의 소중함에 대해 알고 있다면 성경에서 그리스도의 핏값에 대한 기록을 읽게 될 때 그 영혼은 추수될 것이다.

예수님의 죽음은 가볍고 사소하고 대수롭지 않은 일을 위한 것이 아니었다. 예수 그리스도는 이 세상에 계실 때 고통이 무엇인지 경험하셨다. 그리고 우리 영혼을 위하여 자신을 내어주셨다. 영혼은 비록 어떤 사람들에게는 그렇게 사소하게 생각되어도 위대한 보화이다.

어떤 사람은 영혼보다도 그들이 상상하는 어떠한 일을 더 좋아한다. 즉 매춘, 거짓말, 배신하게 하는 많은 돈이나 행동, 만연된 감정에 관심을 바꾸는 것, 그 밖의 어떠한 일이든지 그와 같은 경우가 일어나게 될 그것 자체를 더 좋아한다. 만약 어떤 사람들이 말하는 것처럼 영혼이 그렇게 하찮은 것이라면 그리스도는 아버지의 품과 하나님이 그에게 주셨던 그 영광을 절대 떠나지 않으셨을 것이다. 그 자신에게 내려진 징벌, 고통, 슬픔 앞에서 절대 그렇게 겸손할 수 없으셨을 것이다. 예수님은 자신을 그렇게 경멸의 대상, 멸시의 대상, 책망의 대상으로 절대 만들지 않으셨을 것이다.

그러나 예수님은 우리의 귀한 영혼을 위해 모든 고난과 멸시를 견디셨다. 그 공로로 우리의 영혼은 영광중에 예수님과 함께 생명으로 살아났다. 이 문제에 관한 모든 일이 신비한 일이라고 생각한다. 즉 예수님이 이 같은 형벌을 당하시고 이 같은 구원의 길을 계획하신 것은 신비이다.

셋째, 만약 우리의 영혼이 그렇게 소중한 것이라면 결단코 하나님의 사랑과 돌보심을 붙잡아야 한다. 영혼에 대한 예수님의 사랑, 죄로부터 구원하시는 예수님의 돌보심을 붙잡아야 한다. 죄는 인간이 그 자신을 스스로 구출할 수 있는 성격의 것이 아니다. 그러나 인류를 사랑하시는 하나님, 그리고 죄에 관한 최대의 적이 되시는 하나님은 영혼의 소중함을 일깨우시고 죄를 효과적으로 끌어내려 굴복시키기 위한 수단을 제공하셨다. 영혼을 효과적으로 안전하게 구원하기 위한 수단도 제공하셨다.

그러므로 우리를 향한 하나님의 사랑과 돌보심을 붙잡아야 한다. 왜냐하면 우리가 우리 자신을 사랑할 수도 돌볼 수도 없을 때 하나님이 우리를 사랑하셨을 뿐만 아니라 돌보셨기 때문이다. 하나님은 죄로부터 우리를 구출하시기 위해 독생자 아들을 보내심으로써 우리를 향한 하나님의 사랑을 드러내셨다. 그러므로 "하나님은 사랑이시다"라는 결론이 나온다.

하나님이 우리에게 보이신 그 사랑을 우리는 우리 자신을 위해서 절대 할 수 없다. 우리는 가끔 우리 자신을 향한 사랑을 시도하기도 한다. 그것은 몇 번이고 되풀이된다. 하지만 심지어 우리가 그리스도인이 되었음에도 그것은 역겹도록 싫은, 그리고 짐승 같은 정욕을 위하여 우리 자신을, 영혼을, 그리고 그리스도 안에 있는 우리의 관심을 저당 잡힐 가능성이 있다는 것을 증명할 뿐이다. 그러나 자비하신 하나님은 우리를 향한 위대하신 사랑으로 우리를 위해 예수 그리스도를 내어주셨다. 하나님은 이 세상을 구원할 아들을 주셨다.

넷째, 죄인들의 영혼을 구원하기 위한 하나님의 사랑은 우리가 우리 자신을 돌보는 것보다 더 위대하다. 간혹 이 진리가 우리로 하여금 얼굴을 붉히고 부끄럽게 만들고 수치심을 느끼게 한다. 그러나 내가 알고 있는 바로는 얼굴을 붉히거나 수치심을 느끼는 것보다 더한 죄인이 되는 것은 없다. 왜냐하면 하나님은 가장 악한 것을 죄라고 부를 수 있는 피난처이며 유모이며 양육자이시기 때문이다. 죄는 하나님께 있어서 가장 큰 적이고, 또한 영혼에게 있어서도 가장 큰 적이다. 그것은 우리로 하여금 창조주 하나님이 그 영혼을 만드신 것을 후회하게 한다.

그러나 이제 예수 그리스도의 공로를 의지하여 죄로 하여금 그 자신의 몸을 하나님 앞에 구부리고 엎드리게 하자. 그 보혈은 우리 자신을 죄로부터 영원히 자유롭게 해줄 것이다. 그 보혈로 우리는 더욱 좋은 모습으로 서 있게 될 것이다. 그렇다. 우리가 어떻게 우리를 창조하신 하나님과 우리를 구속하기 위해 오셨던 예수 그리스도의 사랑을 던져버릴 수 있겠는가? 하나님과 그 아들 앞에서 영혼의 파멸을 추구하던 우리를 포옹하고 사랑하고 헌신하셨던 그 사랑을 어떻게 던져버릴 수 있겠는가?

오, 당신은 얼굴을 붉히기 위해서 은혜를 받았는가! 이것은 하나님께 불평하는 것이다. "그들이 가증한 일을 행할 때에 부끄러워하였느냐. 아니라. 조금도 부끄러워하지 않을 뿐 아니라 얼굴도 붉어지지 아니하였느니라. 그러므로 그들이 엎드러질 자와 함께 엎드러질 것이라. 내가 그들을 벌할 때에 그들이 거꾸러지리라. 여호와의 말씀이니라"(렘 8:12). 그러므로 인간이 공허한 생각을 하는 것은 악한 일이다. 그런데도 그들은 계속해서 그렇게 하고 있다. 그들은 하나님과 그의 말씀을 향해 사탄과 죄를 가지고, 지옥과 심판을 가지고 계속해서 조롱하고 있다. 그러나 때가 되면 그들은 후회하게 될 것이다.

다섯째, 죄가 그렇게 두려운 것이라 할지라도 하나님은 그 죄를 대항하기 위한 효과적인 구속을 준비하셨다. 하나님은 영혼을 억누르는 저주와 사탄으로부터 우리를 구원하시기 위한 계획을 세우셨다. 그때 거룩한 사람들의 마음속에는 감사가 생기게 된다. 그 자신이 그 은혜의 참예자가 되었기 때문이다. 사도 바울은 "말할 수 없는 그의 은사로 말미암아 하나님께 감사하노라"(고후 9:15)고 말했다.

그것은 선을 행하려고 하는 인간의 의지에 대한 것이다. 그것은 하나님의 선에 대한 것이다. 그것은 가난한 성도에게 돈을 주려고 하는 인간의 의지에 대한 것이다. 그것은 그 아들 예수 그리스도를 이 세상에 주셨던 우리 하나님의 의지에 대한 것이다. 그것은 다윗의 날에 있었던 구속과 구원에 대한 생각이다. "내 영혼아 여호와를 송축하라. 내 속에 있는 것들아 다 그의 거룩한 이름을 송축하라"(시 103:1).

거룩한 사람들은 구속받은 은혜에, 은혜의 보좌에, 은혜의 언약에, 그리고 그리스도에 참예한 자들이다. 그것은 아들에 대한 하나님의 사랑이다. 예수님은 우리로 하여금 감사하는 백성이 되게 하려고 이 땅에 오신 것이다.

지금 예수님은 무엇을 하고 계신가? 예수님은 제사장의 예복을 입고 은혜의 보좌 앞에서 자신의 피를 뿌리고 계신다. "지금 우리가 하는 말의 요점은 이러한 대제사장이 우리에게 있다는 것이라. 그는 하늘에서 지극히 크신 이의 보좌 우편에 앉으셨으니 성소와 참 장막에서 섬기는 이시라. 이 장막은 주께서 세우신 것이요 사람이 세운 것이 아니니라"(히 8:1-2).

축복된 그리스도의 직분은 선한 것으로 가득 차 있다. 이것은 달콤한 것으로 가득 차 있다. 이것은 하늘의 것으로 가득 차 있다. 이것은 유혹받았거나 거절당했던 사람들을 위한 도움과 구조로 가득 차 있다. 그런 까닭에 나는 단호히 말한다. 우리를 위해 자신의 전부를 드리신 그리스도를 따르라!

여섯째, 하나님은 어린양, 희생제물, 제사장, 은혜의 보좌를 준비해 놓으셨다. 그리고 당신으로 하여금 나아오라고 명령하고 계신다. 보좌에 앉아 있는 하나님께 나아오라고 명령하고 계신다. 담대하게 나아오라고 명령하고 계신다. 어떤 선한 사람이 거지에게 자기 집에 오라고 명령했다면 그 거지는 곧 갈 것이다. 그때 거지는 담대하게 갈 것이다. 초청의 이런 성격은 우리를 격려한다.

예수님은 희생제물로서, 대제사장으로서 거기에 계신다. "우리가 그 안에서 그를 믿음으로 말미암아 담대함과 확신을 가지고 하나님께 나아감을 얻느니라"(엡 3:12). "또한 그로 말미암아 우리가 믿음으로 서 있는 이 은혜에 들어감을 얻었으며 하나님의 영광을 바라고 즐거워하느니라"(롬 5:2). "그러므로 형제들아 우리가 예수의 피를 힘입어 성소에 들어갈 담력을 얻었나니 그 길은 우리를 위하여 휘장 가운데로 열어 놓으신 새로운 살 길이요, 휘장은 곧 그의 육체니라"(히 10:19-20).

자비를 얻은, 때를 따라 돕는 은혜를 발견한 사람들보다 더 행복한 이가 어디 있겠는가? 이보다 더 큰 격려가 어디 있겠는가? 이보다 더 큰 평안이 어디 있겠는가? 당신이 은혜의 보좌 앞으로 담대히 나아가는 것을 망설일 때, 두려워하는 것처럼 보일 때 그것은 하나님을 욕되게 하는 것이다. 당신에게는 불편함이고 사탄에게는 격려가 되는 것이다. "우리가 마음에 뿌림을 받아 악한 양심으로부터 벗어나고 몸은 맑은 물로 씻음을 받았으니 참 마음과 온전한 믿음으로 하나님께 나아가자. 또 약속하신 이는 미쁘시니 우리가 믿는 도리의 소망을 움직이지 말며 굳게 잡고 서로 돌아보아 사랑과 선행을 격려하며"(히 10:22-24). 우리는 우리의 모든 것을 하나님께 내어드리고, 서로 돌아보아 사랑과 선행을 격려하며, 담대히 하나님 앞으로 나아가야 한다. 우리를 한없이 사랑하시는 하나님 앞으로….

기도 베스트 컬렉션 시리즈는?

이 시리즈는 앤드류 머레이, 존 번연, 찰스 피니, E. M. 바운즈 등 위대한 영적 거장들의 대표 기도서만을 모아 성도들에게 놀라운 기도의 세계를 경험하도록 하는 데 그 기획 의도가 있습니다.

〈〈〈 글쓴이에 대하여

존 번연 John Bunyan

우리에게 「천로역정」의 작가로 잘 알려진 존 번연은 1628년 영국의 베드포드 근방의 엘스토우에서 가난하고 비천한 땜장이의 아들로 태어났다. 그는 겨우 책읽기와 글쓰기 정도를 깨쳤을 뿐 정규 학교 교육은 받지 못한 채 부친의 일을 배워야 했다. 몽상적이며 우울한 아동기를 보낸 그는 17세가 되던 1645년, 의회파 군대의 병사로 징집되었다. 군대 해산 후 귀향, 가업을 잇던 그는 1649년 첫 번째 결혼을 하게 되는데, 가난한 신부가 결혼 지참금으로 가져온 아서 덴토와 루이스 베일리가 쓴 두 권의 기독교 서적이 그의 삶의 행로를 변화시키는 커다란 계기가 되었다. 이 무렵 그에게 또 다른 커다란 영향을 준 것이 하나 있는데, 그것은 베드포드교회의 목사인 존 기포드의 목회였다. 그리하여 그는 베드포드로 이주, 1655년 설교를 시작했다. 그러나 그 해 첫 번째 부인과 사별하고, 두 번째 아내인 엘리자벳을 1660년에 맞았다. 1656년에는 번연의 첫 번째 저서인 「Some Gospel-Truths Opened」가 출간되었다. 1660년 11월, 그는 불법 집회 및 설교 혐의로 투옥되어 1672년까지 12년 동안 수감되었다. 감옥에 있는 동안 그는 몇 권의 책을 저술하였는데, 그의 영적 자서전이라 할 수 있는 「Grace Abounding to the chief of sinners」가 그때 저술된 책이다. 1672년 1월, 베드포드교회가 그를 목사로 초빙하였고, 그해 3월 그는 방면되었다. 같은 해 5월 찰스 2세의 관용령에 의거, 그는 설교자로서의 정식 자격을 얻었다. 그러나 1675년, 그는 또다시 설교건으로 6개월간 투옥되는데, 이때 기독교 최고의 작품이라 할 수 있는 「천로역정」을 집필하였다. 그 후 그는 60여 권에 달하는 책을 저술하였다. 설교자이자 복음전파자, 목회자로서 헌신 봉사하면서도 일생을 통해 수많은 역작을 저술한 존 번연은 1688년 8월, 런던으로 가던 중 심한 비를 맞고 열병에 걸려 런던의 친구집에서 치료받다가 영면에 들었다.